Problemas centrais em teoria social

Dados Internacionais de Catalogação na Publicação (CIP)
(Câmara Brasileira do Livro, SP, Brasil)

> Giddens, Anthony
> Problemas centrais em teoria social : ação, estrutura e contradição na análise sociológica / Anthony Giddens ; tradução de Marcus Penchel. – Petrópolis, RJ : Vozes, 2018. – (Coleção Sociologia)
>
> Título original em inglês : Central problems in social theory : action, structure and contradiction in social analysis
>
> Bibliografia.
>
> ISBN 978-85-326-5768-8
>
> 1. Estruturalismo 2. Funcionalismo (Ciências Sociais) 3. Sociologia I. Título. II. Série.

18-14365   CDD-301

Índices para catálogo sistemático:
1. Sociologia   301

Anthony Giddens

Problemas centrais em teoria social

Ação, estrutura e contradição na análise sociológica

Tradução de Marcus Penchel

EDITORA
VOZES

Petrópolis

Título do original em inglês: *Central Problems in Social Theory – Action, Structure and Contradiction in Social Analysis*

Direitos de publicação em língua portuguesa:
2018, Editora Vozes Ltda.
Rua Frei Luís, 100
25689-900 Petrópolis, RJ
www.vozes.com.br
Brasil

CONSELHO EDITORIAL

Diretor
Gilberto Gonçalves Garcia

Editores
Aline dos Santos Carneiro
Edrian Josué Pasini
Marilac Loraine Oleniki
Welder Lancieri Marchini

Conselheiros
Francisco Morás
Ludovico Garmus
Teobaldo Heidemann
Volney J. Berkenbrock

Secretário executivo
João Batista Kreuch

Editoração: Leonardo A.R.T. dos Santos
Diagramação: Mania de criar
Revisão gráfica: Alessandra Karl
Capa: Juliana Teresa Hannickel
Arte-finalização: Editora Vozes

ISBN 978-85-326-5768-8 (Brasil)
ISBN 0-333-27294-3 (Reino Unido)

Editado conforme o novo acordo ortográfico.

Este livro foi composto e impresso pela Editora Vozes Ltda.

A filosofia e a sociologia vivem há muito tempo sob um sistema de segregação que só conseguiu esconder sua rivalidade por recusar-lhes um terreno comum, impedindo que cresçam, tornando-as incompreensíveis uma à outra e, assim, colocando a cultura em uma situação de crise permanente.

Merleau-Ponty

Sumário

Apresentação da coleção

Brasilio Sallum Jr.

A *Coleção Sociologia* ambiciona reunir contribuições importantes desta disciplina para a análise da sociedade moderna. Nascida no século XIX, a sociologia expandiu-se rapidamente sob o impulso de intelectuais de grande estatura – considerados hoje clássicos da disciplina –, formulou técnicas próprias de investigação e fertilizou o desenvolvimento de tradições teóricas que orientam o investigador de maneiras distintas para o mundo empírico. Não há o que lamentar o fato de a sociologia não ter um *corpus* teórico único e acabado. E, menos ainda, há que esperar que este seja construído no futuro. É da própria natureza da disciplina – de fato, uma de suas características mais estimulantes intelectualmente – renovar conceitos, focos de investigação e conhecimentos produzidos. Este é um dos ensinamentos mais duradouros de Max Weber: a sociologia e as outras disciplinas que estudam a sociedade estão condenadas à eterna juventude, a renovar permanentemente seus conceitos à luz de novos problemas suscitados pela marcha incessante da história. No período histórico atual este ensinamento é mais verdadeiro do que nunca, pois as sociedades nacionais, que foram os alicerces da construção da disciplina, estão passando por processos de inclusão, de intensidade variável, em uma sociedade mundial em formação. Os sociólogos têm respondido com vigor aos desafios desta mudança histórica, ajustando o foco da disciplina em suas várias especialidades.

A *Coleção Sociologia* pretende oferecer aos leitores de língua portuguesa um conjunto de obras que espelhe o tanto quanto possível o desenvolvimento teórico e metodológico da disciplina. A coleção conta com a orientação de comissão editorial, composta por profissionais relevantes da disciplina, para selecionar os livros a serem nela publicados.

A par de editar seus autores clássicos, a *Coleção Sociologia* abrirá espaço para obras representativas de suas várias correntes teóricas e de suas especialidades, voltadas para o estudo de esferas específicas da vida social. Deverá também suprir as necessidades de ensino da Sociologia para um público mais amplo, inclusive por meio de manuais didáticos. Por último – mas não menos importante –, a *Coleção Sociologia* almeja oferecer ao público trabalhos sociológicos sobre a sociedade brasileira. Deseja, deste modo, contribuir para que ela possa adensar a reflexão científica sobre suas próprias características e problemas. Tem a esperança de que, com isso, possa ajudar a impulsioná-la no rumo do desenvolvimento e da democratização.

Prefácio

Organizei este livro sob a forma de ensaios separados, mais do que em capítulos. Cada ensaio pode ser lido por si só, independente dos outros; mas estão todos ligados a aspectos de um número limitado de questões que entendo de especial importância para a análise social. Quem não estiver familiarizado com os argumentos que esbocei em *New Rules of Sociological Method* pode achar útil a leitura preliminar do ensaio-síntese que conclui o presente trabalho, "Perspectivas da teoria social hoje".

Gostaria de agradecer as seguintes pessoas que me deram ajuda especial ao escrever este livro: David Held, Lesley Bower, Rob Shreeve, John Thompson e Sam Hollick.

A.G.

Cambridge, dezembro de 1978

Prefacio

Introdução

Há uns dez anos concebi o projeto de examinar os remanescentes da teoria social europeia do século XIX em relação aos problemas contemporâneos das ciências sociais. Praticamente todo o meu trabalho desde então envolveu o desenvolvimento desse projeto. Parecia-me à época e ainda me parece agora que a ciência social contemporânea carrega a forte marca de ideias elaboradas na Europa no século XIX e início do século XX. Tais ideias devem ser radicalmente revistas hoje: qualquer apropriação que fazemos do pensamento social do século XIX tem que ser absolutamente crítica. E este juízo inclui os textos de Marx. Não mudei minha opinião expressa em *Capitalism and Modern Social Theory*[1] – que via como preparação para uma crítica ampliada do pensamento social do século XIX – de que não há como traçar linhas divisórias fáceis entre o marxismo e a "teoria social burguesa". Sejam quais forem as diferenças que possam existir, um e outro partilham certas deficiências comuns derivadas do contexto de sua formação; acho que, hoje, ninguém pode se manter fiel ao espírito de Marx ficando preso à letra das obras de Marx.

Este livro representa uma continuação do projeto referido acima e pretende ser tanto um texto metodológico quanto substantivo. Em *New Rules of Sociological Method*[2] e algumas seções de *Studies in Social and Political Theory*[3] critiquei duas amplas abordagens programáticas em teoria social, a hermenêutica ou "sociologia interpretativa" e o funcionalismo. No primeiro ensaio do presente livro complemento isso com um estudo crítico de algumas correntes centrais do pensamento estruturalista. Meu objetivo no resto do livro é desenvolver uma posição teórica que, embora informada por ideias tomadas de cada uma dessas três abordagens, a hermenêutica, o funcionalismo e o estruturalismo, difere de todas elas. Chamo essa posição de *teoria da estruturação*. O livro é tanto uma conclusão como um prefácio. Ele amplifica a afirmação de um ponto de vista metodológico introduzido nos dois livros mencionados. Mas ao mesmo tempo o vejo como preparação para um estudo do capitalismo e do socialismo contem-

---

1. GIDDENS, A. *Capitalism and Modern Social Theory*. Cambridge: Cambridge University Press, 1971.

2. GIDDENS, A. *New Rules of Sociological Method*. Londres: Hutchinson, 1976.

3. GIDDENS, A. *Studies in Social and Political Theory*. Londres: Hutchinson, 1977.

porâneos a ser publicado em seguida, no qual desenvolverei temas abordados aqui apenas sumariamente.

A teoria da estruturação começa a partir de uma carência: a falta de uma teoria da ação nas ciências sociais. Já discuti isso com algum detalhe em *New Rules of Sociological Method*. Há uma vasta literatura filosófica sobre os propósitos, razões e motivos da ação, mas que até esta data causou pouco impacto nas ciências sociais. Em parte isso é compreensível, porque a filosofia da ação, tal como desenvolvida por filósofos britânicos e americanos, não deu muita atenção a questões que são essenciais em ciência social: a análise institucional, o poder e a mudança social. Mas as tradições do pensamento que se concentraram nesses problemas, em especial o funcionalismo e o marxismo ortodoxo, fizeram-no de um ponto de vista social determinista. Na sua ânsia de "se colocar por trás" dos atores sociais cuja conduta elas tentam entender, essas escolas de pensamento em grande parte ignoram exatamente aqueles fenômenos que a filosofia da ação vê como centrais na conduta humana.

É inútil supor que tal oposição entre voluntarismo e determinismo possa ser superada simplesmente juntando essas abordagens rivais, combinando-as. Os problemas envolvidos são muito mais profundos. A filosofia da ação, como argumento neste livro, sofre normalmente de duas fontes de limitação além da falha em não teorizar problemas de análise institucional. Uma explicação adequada da atuação humana deve, primeiro, estar ligada a uma teoria do sujeito atuante e, segundo, situar a ação *no tempo e no espaço* como um fluxo contínuo de conduta, em vez de tratar propósitos, razões etc. como uma espécie de agregado. A teoria que esboço sobre o sujeito envolve o que chamo de "modelo de estratificação" da personalidade, organizada em três conjuntos de relações: inconsciente, consciência prática e consciência discursiva. Encaro a noção de *consciência prática* como aspecto fundamental da teoria da estruturação.

Mas se as abordagens estabelecidas da filosofia da ação têm que ser substancialmente modificadas a fim de incorporar uma noção de atuação, de agente, dentro da teoria social, o mesmo se aplica às concepções de estrutura e sistema que parecem tão proeminentes na literatura sociológica. A interpretação característica de "estrutura" entre os autores funcionalistas difere de forma básica da que é típica no pensamento estruturalista. Mas em ambas escolas de pensamento as noções de estrutura e sistema são com frequência usadas de modo mais ou menos intercambiável. Reclamo que não apenas é importante distinguir entre estrutura e sistema, mas que as duas coisas devem ser entendidas de maneira bem diferente do que comumente ocorre. Um importante tema do livro é que assim como na teoria da atuação – e a fim de mostrar a interdependência entre ação e estrutura – temos que captar *as relações tempo-espaço inerentes à constituição de toda interação social*. Encarrego-me de mostrar que a repressão do tempo na teoria social é um resultado inevitável da manutenção das distinções entre sincronia e diacronia ou entre estático e dinâmico, distinções que figuram igualmente em toda a literatura estruturalista e funcionalista. De acordo com a teoria da estruturação, uma compreensão dos sistemas sociais como situados no tempo-espaço pode ser obtida considerando-se a estrutura como não temporal e não espacial, como *uma ordem virtual de diferenças* produzida e reproduzida na interação social como seu meio e resultado. *Unser Leben geht hin mit Verwandlung*, diz Rilke: Nossa vida se passa em transformação. É o que eu tento captar na teoria da estruturação.

O ponto de vista que advogo nestes ensaios é fortemente influenciado pelo tratamento que Heidegger dá ao ser e ao tempo: não tanto como uma ontologia, mas como uma fonte filosófica para desenvolver uma conceituação da constituição tempo-espacial dos sistemas sociais. William Jones faz eco a aspectos da visão de Heidegger quando diz do tempo: "O momento literalmente presente é uma suposição puramente verbal, não uma posição; o único presente jamais realizado concretamente é 'o momento que passa', no qual a morte do tempo para trás e sua alvorada futura misturam luzes para sempre"[4]. Quer dizer, a temporalidade do entrelaçamento entre natureza e sociedade expressa-se na finitude e contingência do ser humano, do *Dasein*, que é o único laço entre a continuidade da "primeira" e da "segunda natureza". A "passagem" ou escoamento incansável do tempo é capturada pela afinidade linguística com o inevitável "passamento" do ser humano. A contingência do *Dasein* não está meramente na associação do ser-no-tempo com o ser-no-espaço; mas, como mostra Heidegger, na própria constituição dos "existentes" (em teoria social, a constituição da sociedade em estruturação). Como ele assinala, se o tempo fosse meramente uma sucessão de "agoras", contingentemente associados à presença espacial, seria impossível compreender por que o tempo não volta – mas se o tempo é o "vir-a-ser do possível", sua "progressão" se esclarece.

Heidegger e Wittgenstein são com frequência associados à chamada "virada linguística" da filosofia moderna. Dito assim, acho isso equivocado; pelo menos sugere certas visões a que me oponho. Rejeito a concepção segundo a qual "a sociedade é como um idioma", uma língua, concepção que sob variadas formas se encontra tanto no estruturalismo quanto na maior parte das sociologias interpretativas. Tento esclarecer no ensaio de abertura algumas "das dificuldades que persistentemente aparecem no pensamento social estruturalista; e critiquei a esse respeito as sociologias hermenêuticas em *New Rules of Sociological Method*. Considero a filosofia posterior de Wittgenstein excepcionalmente importante para os problemas atuais da teoria social, mas não da maneira como essa filosofia foi normalmente entendida pelos "pós-wittgensteinianos". Considero que a importância para a teoria social do que Wittgenstein escreveu consiste na associação que faz da linguagem com *práticas sociais* definidas. Não acho

---

4. JAMES, W. *A Pluralistic Universe*. Nova York: Longman, 1943, p. 254.

particularmente válido fazer o tipo detalhado de paralelismo entre Marx e Wittgenstein que tentam Rossi-Landi e outros; mas quero propor que existe de fato uma continuidade direta entre Marx e Wittgenstein no que diz respeito à produção e reprodução da sociedade como *práxis*. Acho que cada forma de filosofia da linguagem implica uma posição (geralmente implícita) sobre "os limites da linguagem": aquilo que não pode ser diretamente expresso em linguagem, porque é o que torna possível a linguagem. Na filosofia posterior de Wittgenstein "os limites da linguagem" se fazem explícitos e se tornam a base de uma teoria semântica. A linguagem está intrinsecamente envolvida com *o que tem de ser feito*: a constituição de "sentido" da linguagem é inseparável da constituição das formas da vida social como práticas contínuas.

Encaro as práticas sociais, junto com a consciência prática, como momentos mediadores cruciais entre dois dualismos tradicionalmente estabelecidos em teoria social. A um já aludi em relação ao contraste entre tipos teóricos voluntaristas e deterministas: é o dualismo do indivíduo e da sociedade ou do sujeito e do objeto; o outro é o dualismo dos modos conscientes e inconscientes de cognição. Em lugar de cada um desses dualismos, a teoria da estruturação propõe num único movimento conceitual a troca pela noção central de *dualidade de estrutura*. Por dualidade de estrutura entendo a recursividade essencial da vida social, enquanto constituída em práticas sociais: a estrutura é ao mesmo tempo meio e resultado da reprodução das práticas. A estrutura entra simultaneamente na constituição do agente e das práticas sociais e "existe" nos momentos geradores dessa constituição.

Como teorema principal da teoria da estruturação proponho o seguinte: *todo ator social sabe bastante sobre as condições de reprodução da sociedade que integra*. Não reconhecer isso é uma insuficiência básica tanto do funcionalismo quanto do estruturalismo; e se aplica ao "marco referencial de ação" de Parsons como a outras variedades do pensamento funcionalista. A proposição de que todos os agentes sociais estão bem informados sobre os sistemas sociais que constituem e reproduzem em sua ação é um aspecto logicamente necessário da concepção de dualidade da estrutura. Mas precisa ser cuidadosamente elucidado. Há várias maneiras pelas quais tal conhecimento dos sistemas sociais pode se apresentar na conduta social prática. Uma delas é em fontes inconscientes de cognição: não parece haver razão para negar que o conhecimento existe no nível do inconsciente. Com efeito, pode-se invocar nesse sentido que a mobilização de desejo inconsciente normalmente envolve elementos cognitivos inconscientes[5]. Mais significativas para os argumentos desenvolvidos neste livro são as diferenças entre consciência prática, como estoques tácitos de conhecimento a que os atores recorrem na constituição da atividade social, e o que eu chamo de

---

5. Para uma discussão sobre o tema, cf.: GOLDMAN, A.I. *A Theory of Human Action*. Englewood Cliffs: Prentice-Hall, 1970, p. 123-124.

"consciência discursiva", que envolve conhecimento que os atores são capazes de expressar no nível do discurso. Todos os atores têm algum grau de *penetração discursiva* dos sistemas sociais para cuja constituição contribuem.

No parágrafo acima e em muitos pontos do livro eu coloco entre parênteses as alegações de validade implicadas no termo "conhecimento", embora normalmente prefira falar deliberadamente de "conhecimento" em vez de "crença". A condição lógica do conhecimento aplicado pelos atores sociais na produção e reprodução dos sistemas sociais, como ressalto no ensaio conclusivo[6], tem que ser considerada em dois níveis. No nível metodológico, o que eu chamo de "conhecimento mútuo" é um recurso irretificável do qual necessariamente depende o analista social como meio de gerar descrições "válidas" da vida social. Como mostra Wittgenstein, conhecer uma forma de vida é ser capaz, em princípio, de participar dela. Mas a validade de descrições ou caracterizações da atividade social é uma questão distinta da validade do "conhecimento" como reivindicação de crença constituída no discurso dos atores sociais.

O alcance e natureza da penetração discursiva do sistema social pelos atores que dele participam é questão de grande importância para o que denomino *dialética do controle* em coletividades. Este é um dos aspectos do que tento demonstrar ser *uma relação intrínseca entre atuação e poder.* Conceituo as relações de poder nos sistemas sociais como relações regradas de autonomia e dependência. As relações de poder têm sempre mão dupla; quer dizer, por mais subordinado que seja um ator no relacionamento social, o próprio fato do envolvimento nessa relação lhe dá certo poder sobre o outro. Os que ocupam posições subordinadas nos sistemas sociais são com frequência adeptos de converter quaisquer recursos que possuam em algum grau de controle sobre as condições de reprodução desses sistemas. Não quero dizer com isso que a vida social possa de algum modo se reduzir a lutas pelo poder, por mais importantes e crônicas que sejam essas lutas; o conflito e o poder não se associam de forma lógica, mas contingente.

As restrições e distorções da penetração discursiva que os atores são capazes de alcançar sobre as circunstâncias de sua ação estão diretamente relacionadas ao *impacto da ideologia.* Ao discutir a questão da ideologia, quero mostrar que problemas de crítica ideológica têm que ser radicalmente separados das questões epistemológicas com que com frequência se mesclam. A ideologia não é um tipo específico de sistema simbólico a ser contrastado com outros como, por exemplo, a ciência. Como a conceituo, ideologia refere-se ao *ideológico*, entendido isto como a capacidade de grupos ou classes dominantes fazerem seus interesses parecerem universais para outros grupos ou classes. Tal capacidade é, portanto, um tipo de recurso envolvido na dominação. Não pretendo desenvolver neste livro mais do que um esboço sumário de como conceber a crítica ideológica nem

---

6. Cf. tb. GIDDENS, A. *New Rules of Sociological Method*, p. 144ss.

de como devem ser entendidas no mundo contemporâneo as tarefas da ciência social como teoria crítica; estas reservo para um volume a seguir. Tal observação também se aplica em considerável grau à análise da contradição e do conflito. Desenvolvo com certo detalhamento um conceito de contradição social e indico o alcance de sua aplicação em potencial, como prefácio teórico a um estudo mais exaustivo das contradições do capitalismo e do socialismo de Estado. Esse estudo deve constituir o substancial de uma teoria crítica da sociedade contemporânea, uma teoria crítica que tem que confrontar o fato óbvio de que o próprio marxismo pode ser e é usado como instrumento ideológico de dominação.

A teoria da estruturação elaborada neste livro pode ser lida como um *manifesto antifuncionalista*. Argumento que a importância das teorias funcionalistas, incluindo as várias formas de funcionalismo marxista, é que elas sempre se concentraram na relevância das consequências não intencionais da ação. Tal ênfase é muito importante quando contrastada às filosofias da ação, que em sua maioria simplesmente ignoram as consequências não intencionais. A fuga da história humana às intenções humanas e o retorno das consequências dessa fuga como influências causais da ação humana é um aspecto crônico da vida social. Mas o funcionalismo traduz esse retorno como "razões da sociedade" para a existência de reproduções sociais. Pela teoria da estruturação, os sistemas sociais não têm propósitos, razões ou necessidades quaisquer; só os indivíduos os têm. *Qualquer explicação da reprodução social que impute teleologia a sistemas sociais deve ser declarada inválida*. Mas muitos que declaram oposição ao funcionalismo em princípio são propensos a usar argumentos funcionalistas na prática. Uma coisa é rejeitar as visões funcionalistas, quer em termos lógicos ou ideológicos. Outra bem diversa é fazê-lo, mas ao mesmo tempo reconhecendo a importância cardeal das consequências não intencionais na reprodução dos sistemas sociais: para mostrar o que uma ciência social não funcionalista efetivamente envolve.

Ao analisar as condições da reprodução social e, portanto, da estabilidade e da mudança na sociedade, tento mostrar a importância essencial da tradição e da rotina na vida social. Não devemos entregar a tradição aos conservadores! A sedimentação de formas institucionais em processos de desenvolvimento social a longo prazo é uma característica inevitável de todos os tipos de sociedade, por mais rápidas que sejam as mudanças sofridas. Apenas se entendermos isso conceitualmente, em vez de repudiá-lo, podemos de fato abordar o estudo das mudanças sociais. A exclusão do tempo no nível da *durée* [duração, temporalidade] da atuação humana tem como contrapartida a repressão da temporalidade das instituições sociais em teoria social – repressão efetuada em larga medida separando-se a sincronia da diacronia. Com base nessa divisão, os sociólogos têm-se contentado em deixar a sucessão temporal dos eventos aos historiadores, alguns dos quais, como parte da barganha, estão prontos a abandonar aos sociólogos as propriedades dos sistemas sociais. Mas esse tipo de separação não tem justificativa racional com a recuperação da temporalidade como elemento integrante da teoria social: a história e a sociologia tornam-se metodologicamente indistintas.

"Sociologia", como observei em outra parte, não é um termo inocente[7]. Está intimamente identificado, nas suas origens e uso corrente, ao triplo conjunto de associações que aponto no ensaio conclusivo: naturalismo, funcionalismo e teoria da sociedade industrial. O termo sociologia é tão amplamente utilizado hoje em dia que seria apenas um complicador tentar deixá-lo inteiramente de lado. Continuei a usá-lo em *New Rules of Sociological Method* e também neste livro para me referir de maneira geral ao estudo das instituições das sociedades industrializadas. Mas essa diferenciação em relação às outras ciências sociais é, no máximo, uma conveniente inconveniência e, como muitos dos argumentos que desenvolvo se aplicam a todas elas, utilizei com frequência a designação "ciência social" de maneira genérica.

---

7. GIDDENS, A. *Studies in Social and Political Theory*, p. 23-24.

1
Estruturalismo e a teoria do sujeito

O "funcionalismo" e o "estruturalismo" foram talvez as correntes intelectuais amplas mais importantes em teoria social nos últimos trinta ou quarenta anos. Os dois termos de há muito perderam um significado preciso, mesmo assim é possível identificar algumas noções centrais que cada um envolve. Funcionalismo e estruturalismo em algum ponto partilham origens semelhantes e têm importantes características comuns. A linhagem de ambos pode ser rastreada até Durkheim, refratadas no caso do funcionalismo na obra de Alfred Reginald Radcliffe-Brown e Bronisław Malinowski e no caso do estruturalismo na de Ferdinand de Saussure e Marcel Mauss[8]. Os dois primeiros reagiram contra a antropologia especulativa e evolucionária, enquanto Saussure reagiu às noções não tão diversas defendidas por seus antecessores, os neogramáticos. Os três autores ressaltaram a sincronia, separando o sincrônico do diacrônico. Todos acentuaram a importância do "sistema", seja social ou linguístico, em contraste com os elementos que o compõem. Mas a partir deles a ênfase típica diverge. No funcionalismo, o modelo guia do "sistema" é geralmente o do organismo e os autores funcionalistas têm feito da biologia o seu banco conceitual continuamente saqueado com todo tipo de finalidade. Na obra de Saussure, claro, e em seguida na do Círculo de Praga, o estruturalismo começou como uma abordagem linguística; sob a forma de teoria social, no entanto, o estruturalismo pode ser mais convincentemente definido como a aplicação de modelos linguísticos influenciados pela linguística estrutural à explicação dos fenômenos sociais e culturais[9].

O contraste tem sido uma consequência para o desenvolvimento da teoria social no mundo anglo-saxônico em comparação com o que ocorre na França: tentarei indicar algumas das divergências mais significativas na sequência. Não vou me preocupar com uma avaliação geral do estruturalismo – que, afinal, se interpretado de forma ampla, traz à mente as contribuições de uma impressio-

---

8. A natureza e extensão da influência de Durkheim sobre Saussure têm sido objeto de discussão (cf., p. ex., KOERNER, E.F.K. *Ferdinand de Saussure*. Braunschweig: Hunold, 1973, p. 45-71).

9. Cf., p. ex., BARTHES, R. *Essais critiques*. Paris: Seuil, 1964, p. 155: "Tenho me engajado em uma série de análises estruturais, todas visando definir algumas 'linguagens' extralinguísticas".

nante variedade de autores, incluindo Roland Barthes, Michel Foucault, Louis Althusser, Jacques Lacan, Jean Piaget, Algirdas Julius Greimas etc. – e vou confinar meu foco estritamente sobre um limitado número de questões levantadas pela teoria linguística de Saussure, pela concepção de mito de Claude Lévi-Strauss e pela "crítica do signo" dos que buscaram desenvolver uma nova teoria do estruturalismo (Jacques Derrida, Julia Kristeva).

Vários temas que proponho levantar neste ensaio não são discutidos aqui no grau que permitiriam, porque são mais analisados ou exemplificados nos ensaios subsequentes deste livro. Minha discussão é parcial ou seletiva porque quero utilizar este ensaio em conjunto com críticas previamente publicadas da hermenêutica e da filosofia da ação, por um lado, e do funcionalismo, por outro[10], e porque ele pretende ser um prefácio para os ensaios que compreendem o corpo geral do livro. Além disso, até o final do ensaio vou me ocupar sobretudo de análise crítica, em vez de pinçar virtudes do pensamento estruturalista.

Saussure: linguística estrutural

Das várias doutrinas de Saussure, as mais importantes para os desdobramentos posteriores do estruturalismo e da semiologia foram: a distinção entre *langue* (língua) e *parole* (discurso); o caráter arbitrário do signo; a noção de diferença; a constituição do signo pela conjunção de significante e significado; e a separação entre sincronia e diacronia. Tudo isso tornou-se tão familiar que requer apenas um comentário esquemático.

Saussure não usou o termo "estrutura", que foi introduzido mais tarde na linguística europeia continental por Nikolai Trubetskoy; para Saussure o termo preferido foi "sistema". O caráter sistemático da *langue* é, para Saussure, o fator central que a distingue da *parole*, ou seja, da palavra escrita ou falada. A separação entre *langue* e *parole*, sustentava Saussure, diferencia tanto "o que é social do que é individual" quanto "o que é essencial do que é acessório e mais ou menos acidental"[11]. A língua é uma instituição social e, como tal, não é criação de um falante individual: o falante "assimila passivamente" as formas preexistentes que a língua assume, como diz Saussure. Em contraste com a *langue*, já a *parole* é uma "massa heterogênea" de eventos díspares. O aparelho vocal tornou-se o principal instrumento da língua entre os seres humanos, mas isso não tem qualquer influência sobre as características mais integrais da *langue*, as quais derivam da capacidade humana de captar e ordenar um sistema de sinais. Tal faculdade não está confinada à língua, uma vez que sinais podem ser outra coisa além de linguísticos; de onde Saussure visualizou a pos-

10. *New Rules of Sociological Method*. Londres: Hutchinson, 1976. • "Functionalism: après la lute". In: *Studies in Social and Political Theory*. Londres: Hutchinson, 1977.

11. SAUSSURE, F. *Course in General Linguistics*. Londres: Peter Owen, 1960, p. 14.

sibilidade de uma ciência geral dos signos, a semiologia, da qual a linguística seria um ramo[12].

A natureza arbitrária dos signos linguísticos e sua constituição através da diferença são as noções principais por meio das quais Saussure tentou explicar a *langue* como sistema. Cada noção dá ênfase à forma em detrimento do conteúdo ou, mais precisamente, ao relacional em vez do substancial. Saussure apontou o caráter arbitrário do signo de duas maneiras. Uma simplesmente comparando as palavras entre as línguas: embora tenham um significado semelhante, os sons expressos pela pronúncia de "*ox*" em inglês e "*boeuf*" em francês ["boi" em português] nada têm em comum entre si. Nesse sentido, a arbitrariedade do signo "é provada... pela própria existência de línguas diferentes"[13]. Mas isso é secundário à demonstração de que os sons que formam palavras numa língua não têm ligação intrínseca com os objetos físicos que designam: o som inglês "*tree*" não é mais apropriado ou menos apropriado a uma árvore do que o francês "*arbre*". Devido à controvérsia provocada pela afirmação de Saussure sobre a natureza arbitrária do signo – que ele considerava "indiscutível" – vale a pena talvez observar que ele qualificava o signo de várias maneiras. Os signos não são arbitrários, claro, como ele teve o cuidado de ressaltar, em relação a um falante individual. Bem ao contrário: o falante não tem escolha a não ser seguir o que já é estabelecido na língua. Saussure também distinguia o que chamou de signos "radicalmente arbitrários" de signos "relativamente arbitrários", sendo estas palavras de segunda ordem construídas a partir daqueles. "*Neuf*" ["nove" em francês] é radicalmente arbitrário, mas "*dix-neuf*" ["dezenove"] é apenas relativamente arbitrário, uma vez que é um termo composto.

O princípio da arbitrariedade relativa claramente só afeta a composição interna da língua, que como um todo é "radicalmente arbitrária" em relação ao mundo-objeto. Segue-se daí que os termos da língua só podem ser definidos *sui generis*: eles só adquirem identidade ou continuidade na medida em que são diferenciados entre si como oposições ou diferenças dentro da totalidade que é a *langue*. O famoso exemplo dado por Saussure do "trem Genebra-Paris" vale a pena ser citado aqui porque, como indicarei mais adiante, guarda uma nítida semelhança com questões que filósofos anglo-saxões discutiram no contexto da filosofia da ação. Dizemos que o "mesmo" trem Genebra-Paris deixa Genebra todo dia às 20h25 mesmo que de um dia para outro a locomotiva, os vagões e a tripulação sejam diferentes. O que dá ao trem sua identidade, argumenta Saussure, são as maneiras pelas quais é diferenciado de outros trens: a hora da

---

12. Houve muito debate subsequente sobre essa questão. Alguns aceitaram a visão de Saussure sobre a relação entre semiologia e linguística; outros inverteram-na, considerando a semiologia derivada da linguística. A não ser quando me referindo a Saussure, usarei o termo "semiótica" em vez de "semiologia".

13. SAUSSURE, F. *Course in General Linguistics*, p. 68.

partida, o trajeto etc. De forma similar, na língua a identidade de unidades linguísticas, quer vocalizadas ou como termos escritos, depende das diferenças ou oposições que as separam umas das outras, não de seu conteúdo intrínseco. Um "t", por exemplo, pode ser escrito de várias maneiras diferentes; sua identidade é preservada não por uma unidade de substância, mas por sua demarcação face a outras letras. Exatamente o mesmo se aplica aos sons que compreendem as emissões linguísticas. A ideia de diferença, como Saussure a formula, completa assim o isolamento da *langue* como sistema autocontido: o valor dos componentes da língua deriva unicamente das demarcações traçadas entre eles. "Em língua – segundo Saussure – há apenas diferenças. Mais importante ainda: uma diferença geralmente implica termos positivos entre os quais a diferença é estabelecida; mas em língua há apenas diferenças sem *termos positivos*"[14].

A constituição da identidade negativamente através da diferença aplica-se a cada um dos dois aspectos dos signos linguísticos, o significante e o significado. Mas sua combinação no signo transforma o negativo no positivo. O único aspecto positivo que a língua possui – mas aspecto muito fundamental – é a articulação dos significantes e significados no processo da fala ou da escrita. A língua, para Saussure, é basicamente um sistema vocal/auditivo no nível do significante, mas nas duas emissões e também na escrita as conexões entre significantes e significados são organizadas como sequências lineares que se desdobram no tempo. Embora Saussure por vezes se porte como se cada significante tivesse um significado definido, um conceito ou "ideia" colado a ele, também deixou claro que essa é uma maneira equivocada de representar a ligação entre os dois. Tal visão implicaria em que os conceitos se formaram antes e independentemente dos termos usados para expressá-los. A relação entre significante e significado é muito mais íntima que isso; sem ser articulado através dos valores criados pela diferença fonológica, o pensamento seria apenas um fluxo incipiente. Os signos linguísticos só vêm a existir por meio da mútua conexão de significantes e significados nas conjunções temporais efetuadas na fala e na audição, na leitura e na escrita.

O tempo, portanto, não está ausente da linguística de Saussure, como por vezes sugerem. O fato de que Saussure tornou básico a toda língua o caráter serial ou linear dos significantes e relacionou isso a uma continuidade dos significados que se encontram em determinados pontos da articulação significa que sua visão não é tão distante como pode parecer das que foram desenvolvidas posteriormente por Lacan e Derrida. Ele não eliminou tanto o tempo de sua teoria quanto distinguiu radicalmente entre duas formas de temporalidade: a que está envolvida na ordem sintagmática da língua e que, portanto, é a própria condição da sincronia, e a que está envolvida na evolução das características da *langue*. No primeiro sentido, o tempo é parte integrante da compreensão de

---

14. Ibid., p. 120.

Saussure sobre o caráter sistemático da língua, porque aqui é vital à noção de "sistema" que o todo seja disponível apenas nas suas articulações específicas. Essa noção é bem distinta da concepção do todo pelo funcionalismo em teoria social, baseada na analogia com sistemas orgânicos ou mecânicos. Não obstante, Saussure acentuou fortemente a independência entre sincronia e diacronia. A distinção entre os pontos de vista sincrônico e diacrônico, segundo ele, "é absoluta e não permite compromisso"; a perspectiva diacrônica diz respeito a fenômenos "que não são relacionados a sistemas embora de fato os condicionem"[15]. Para estudar os estados de um sistema temos que abstrair por completo as mudanças em seus elementos. Isso remete novamente à distinção entre *langue* e *parole*. Só a sincronia nos permite captar a natureza da *langue*[16]. A diacronia opera no nível do evento, das modificações na língua trazidas pela fala.

Limitações das visões de Saussure

A avaliação crítica da visão de Saussure tem um duplo interesse: como teoria linguística propriamente e como um modelo de língua que serviu para moldar algumas perspectivas características do estruturalismo – embora, claro, várias ideias de Saussure tenham sido rejeitadas pelo Círculo de Praga e por Lévi-Strauss. A recepção crítica da linguística de Saussure está a esta altura bem desenvolvida na literatura. Quero examinar de forma breve apenas certos pontos que têm algumas implicações bem diretas para problemas de teoria social. Há dificuldades básicas com cada um dos cinco elementos da obra de Saussure que enumerei acima.

1) Entre os temas saussurianos, talvez o mais extensamente debatido tenha sido a doutrina do caráter arbitrário do signo. A concentração crítica nesse elemento do pensamento de Saussure não é injustificada uma vez que, como indiquei anteriormente, as noções gêmeas de arbitrariedade e diferença são os principais aspectos constitutivos que definem o caráter sistemático da *langue*. O termo "arbitrário" é provocativo e não há dúvida de que algumas das confusões a que deu margem a doutrina de Saussure derivam das implicações equívocas que ele sugere – embora Saussure tenha tentado se proteger de algumas dessas confusões ao substituir às vezes "arbitrário" por "imotivado". Esse termo, "imotivado", no entanto, assim como "arbitrário", é um termo voluntarista, sugerindo apenas aquele fator de escolha que Saussure negava que o falante possua, como prisioneiro passivo da língua. A noção de arbitrariedade, como Saussure a empregou, parece ter sido usada para indicar ao menos duas coisas que vale a pena identifi-

---

15. Ibid., p. 83 e 85.

16. Edições críticas do *Cours de Linguistique Générale* produzidas por Mauro, Engler e Godel demonstraram, entre outras coisas, que Saussure não afirmava uma prioridade para a linguística sincrônica sobre a linguística histórica.

car: uma é afirmar que a *langue* existe independentemente dos ou não pode ser explicada pelos atos intencionais dos falantes no nível da *parole*, que em nenhum sentido a língua é produto intencional da atividade dos sujeitos que a falam. Voltarei em breve a algumas das questões que isso levanta. A outra coisa que o emprego da noção de arbitrariedade por Saussure parece ressaltar é a natureza convencional do signo, no sentido em que o termo "convenção" é normalmente usado pelos filósofos britânicos e americanos. Vou primeiro examinar isto[17].

Podemos ver que há importantes dificuldades não resolvidas na concepção de Saussure se fizermos a pergunta: O que se pode considerar convencional ou "arbitrário" nos signos? Será algo na natureza do significante? Na natureza do significado? Ou na ligação entre eles? Saussure não parecia ter dúvidas: é a conexão – "O laço entre significante e significado é arbitrário"[18]. No entanto, os exemplos que deu para fundamentar a alegação *não se referem a esse laço*, mas apenas à natureza do significante. Os sons produzidos por um falante ou as marcas inscritas numa página não têm qualquer semelhança "intrínseca" ou isomórfica com os fenômenos ou eventos no mundo-objeto. Émile Benveniste, em uma famosa discussão, expressou bem essa relevante questão. O argumento de Saussure

> é falseado pelo recurso inconsciente e sub-reptício a um terceiro termo que não foi incluído na definição inicial. Esse terceiro termo é a própria coisa, a realidade. Embora Saussure tenha dito que a ideia de "irmã" não está ligada ao significante s-ö-r, nem por isso estava pensando menos na *realidade* dessa noção. Quando falou da diferença entre b-ö-f e o-k-s, estava se referindo apesar de si mesmo ao fato de que esses dois termos se aplicam à mesma *realidade*. Aqui está, então, a *coisa*, expressamente excluída da definição inicial de signo, mas que agora rasteja para dentro dela por um atalho...[19]

O argumento de Saussure resume-se então, pelo menos no que toca aos exemplos oferecidos para dar suporte a sua ideia, a que a relação entre *significante* e *mundo-objeto* é convencional, com a possível exceção de algumas palavras onomatopaicas (e de qualquer forma, como ele assinalou, tais palavras ou expressões são normalmente estilizadas ou convencionais). Como ele enfocou a relação significante/significado como arbitrária, tendeu a elidir o "significado" e o "*objeto* significado" (ou referido) por uma palavra ou declaração.

2) Isso teve duas consequências com implicações de longo alcance, mesmo entre os autores estruturalistas apenas difusamente influenciados por Saussure. (a) Como a "coisa", para repetir Benveniste, foi banida de vista por assim dizer

---

17. Cf. LEWIS, D. *Convention*. Cambridge: Harvard University Press, 1969, para uma relevante discussão recente a respeito.

18. SAUSSURE, F. *Course in General Linguistics*, p. 67.

19. BENVENISTE, É. "The nature of the linguistic sign". In: *Problems in General Linguistics*. Miami: University of Miami Press, 1971, p. 44.

por decreto, Saussure não desenvolveu um arrazoado extenso contra definições ostensivas de significado, como Wittgenstein faria posteriormente. Problemas de referência com efeito desaparecem quase por completo da discussão de Saussure; todo o peso da teoria linguística é jogado na relação entre significante e significado. (b) O *status* do significado, que afinal de contas sempre foi empregado por Saussure como equivalente genérico de "sentido" e que dificilmente se pode supor à margem de uma teoria da linguagem, foi deixado relativamente obscuro. Saussure descreveu os significados de forma variada como "imagens mentais", "ideias" e "conceitos", portanto como propriedades da mente. Ideias ou conceitos participam do processo semiótico por combinação com significantes; mas como as ideias ou conceitos alcançam a capacidade de referir a objetos ou eventos no mundo fica completamente sem explicação[20]. Pode bem ser o caso, como observaram vários intérpretes de Saussure, de que a implicação geral de sua concepção é que não seja a palavra ou a sentença que "representa" os objetos ou eventos no mundo, mas antes que o sistema da *langue* como um todo "seja paralelo à própria realidade"[21]. No entanto, não fica absolutamente claro na análise de Saussure em que sentido a *langue* seria "paralela à realidade". A falta de clareza sobre a natureza do significado, junto com a tendência correlata de fundir significado e objeto significado, produziu importantes consequências para o desenvolvimento posterior do pensamento estruturalista, como vou argumentar.

3) Problemas correlatos surgem com respeito à tentativa de Saussure de ressaltar as qualidades puramente formais da língua enquanto constituída pela diferença. A língua é inteiramente forma, sem qualquer substância; os valores linguísticos decorrem unicamente das diferenças. Essa ênfase sem dúvida permitiu a Saussure avançar consideravelmente além de seus antecessores em linguística, concentrando-se nas relações entre valores linguísticos em vez de nos termos da língua considerados individualmente. Mas nenhum sistema pode ser compreendido como pura forma se definido inteiramente em si mesmo: nem sequer um sistema matemático, como é de concordância geral desde Kurt Gödel. Quando Charles Kay Ogden e Ivor Armstrong Richards dizem que a caracterização da diferença por Saussure oculta ou suprime no signo um processo de interpretação[22], trata-se de uma observação essencial – e que leva diretamente à distância que na sequência separou o estruturalismo da hermenêutica. O próprio exemplo de Saussure pode ser usado para fundamentar o ponto em questão. A identidade do "trem Genebra-Paris" não pode ser especificada independentemente do *contexto no qual a frase se insere*; e esse contexto não é o sistema das

---

20. Cf. RICOEUR, P. *Interpretation Theory:* Discourse and the Surplus of Meaning. Fort Worth: Texas Christian University Press, 1976, p. 6ss.

21. JAMESON, F. *The Prison-House of Language.* Princeton: Princeton University Press, 1974, p. 32-33.

22. OGDEN, C.K. & RICHARDS, I.A. *The Meaning of Meaning.* Londres: Routledge, 1960, p. 5-8.

próprias diferenças, como diz Saussure, mas fatores que se relacionam ao uso delas *na prática*. Ao dar a identidade do trem, Saussure implicitamente supõe o ponto de vista prático do viajante ou o do funcionário responsável pela tabela de horários; daí o "mesmo" trem poder consistir de locomotivas e vagões bem distintos em dois momentos separados. Mas estes não contam como exemplos do "mesmo" trem para um engenheiro ferroviário encarregado da manutenção ou para um observador dos comboios. O exemplo pode ser trivial e não é particularmente significativo em si mesmo, mas suas ramificações são muito importantes e emergem constantemente nos desdobramentos posteriores ligados ao pensamento dos que são próximos do estruturalismo ou foram influenciados por ele. A barragem erguida por Saussure para proteger o sistema da *langue* dos laços semânticos e referenciais com o mundo dos objetos e eventos é contínua e necessariamente rompida.

4) Dos vários dualismos bem destacados no pensamento de Saussure, os da *langue/parole* e da sincronia/diacronia têm as mais íntimas conexões entre si. A *langue* só pode ser isolada por análise sincrônica; estudar a diacronia é reverter ao nível da *parole*. Não é necessária uma leitura atenta do *Cours* de Saussure – pelo menos na forma em que nos chegou – para ver que cada distinção cobre uma gama de oposições: sistema/evento, necessário/contingente, social/individual, formal/substancial etc. As ambiguidades envolvidas nisso provavelmente ajudam a explicar tanto a fecundidade das ideias de Saussure quanto o caráter confuso de grande parte da discussão subsequente sobre as oposições *langue/parole* e sincronia/diacronia. A inadequação básica pode ser atestada de forma simples: Saussure não mostrou o que media o caráter sistemático, não contingente e social da *langue*, de um lado, e o caráter específico, contingente e individual da *parole*, de outro. *O que falta é uma teoria do falante competente ou usuário da língua*. Isso foi reconhecido por Noam Chomsky no nível sintático. Saussure, diz Chomsky, via a *langue* primordialmente como um repositório de "elementos tipo palavras" e "frases fixas", assim contrapondo a natureza dada e estabelecida da *langue* à forma livre e voluntária da *parole*. Daí ter sido incapaz de captar o que Chomsky chama de "criatividade governada pela regra" da formação da sentença no uso cotidiano da língua[23].

5) Relacionando esse tipo de crítica à distinção de Saussure entre sincronia e diacronia, podemos retornar a algumas semelhanças entre estruturalismo e funcionalismo. Saussure esforçou-se em ressaltar que a diferenciação entre sincronia e diacronia é feita pelo linguista para fins de análise. Daí não se tratar de objeção a suas concepções afirmar, como fizeram alguns, que a língua está constantemente em estado de mutação; Saussure muitas vezes reconheceu que é esse o caso. O mesmo se aplica a autores funcionalistas em ciências sociais que distinguiram entre sincronia e diacronia ou estático e dinâmico: normalmente só o fizeram

---

23. CHOMSKY, N. *Current Issues in Linguistic Theory*. Haia: Mouton, 1964, p. 23.

como divisão metodológica e não estão sujeitos à crítica de que as sociedades passam constantemente por processos de mudança. O ponto importante é se é justificado alegar que um sistema linguístico ou social pode ser estudado abstraindo-se a mudança e ainda assim se captar adequadamente a natureza desse sistema. E tal alegação não é de fato algo que se possa sustentar. O caráter recursivo da língua – e, por generalização, também dos sistemas sociais – não pode ser entendido a não ser que entendamos também que o meio pelo qual tais sistemas são reproduzidos e, portanto, existem *como* sistemas contém dentro deles as sementes da mudança. A "criatividade governada pela regra" não é meramente (como sugere a linguística de Chomsky) o emprego de regras dadas, fixas, pelo qual novas sentenças são geradas: *é ao mesmo tempo o meio pelo qual essas regras são reproduzidas e daí, em princípio, modificadas.*

Tratada como *dualidade de estrutura*, voltarei a essa noção em inúmeras ocasiões ao longo deste livro. Uma das minhas principais alegações é de que tanto a teoria estruturalista quanto a teoria funcionalista carecem tipicamente de uma concepção da dualidade estrutural; e que, no que toca ao estruturalismo, isso se deve de certo modo à influência geral de Saussure.

Lévi-Strauss: antropologia estrutural

Nos escritos de Lévi-Strauss, estruturalismo e funcionalismo de certa forma se unem. Uma das principais fontes de Lévi-Strauss é a obra de Durkheim[24] e, em menor grau, as de Radcliffe-Brown e Malinowski. Mas só recorreu a essas fontes com alto senso crítico, sendo também devedor de grande variedade de pensadores outros. Além da influência bem geral de Jean-Jacques Rousseau, Karl Marx e Sigmund Freud, os mais importantes autores na evolução do pensamento de Lévi-Strauss foram Saussure, Trubetskoy e Roman Jakobson. A obra dos dois últimos é a avenida através da qual Lévi-Strauss veio a abordar as ideias de Saussure – e ele aceita elementos básicos da avaliação crítica que os dois fazem de seu precursor. No entanto, certos temas saussurianos destacam-se nos escritos de Lévi-Strauss, embora com frequência consideravelmente modificados. Aí se incluem: a prioridade do coletivo e universal sobre o individual e contingente; uma ênfase no relacional em detrimento da unidade isolada; e aceitação da aplicação do conceito de signo a fenômenos não linguísticos, isto é, o programa da semiologia. A implicação desse último ponto, tal como construído por Lévi-Strauss, não é apenas a de que conceitos empregados pela linguística podem ser aplicados ao estudo de fenômenos sociais e

24. Sobre o pensamento inicial de Lévi-Strauss sobre Durkheim, cf. "French sociology". In: GURVICH, G. & MOORE, W.E. *Twentieth Century Sociology*. Nova York: Philosophical Library, 1945. Sobre Durkheim e Lévi-Strauss, cf. CLARKE, S. "The origins of Lévi-Strauss's structuralism". *Sociology*, vol. 12, 1978. Cf. tb. SIMONIS, Y. *Claude Lévi-Strauss ou la passion de l'inceste.* Paris: Aubier, 1968, p. 81ss.

culturais, mas a de que se trata de "fenômenos cuja natureza mais íntima é a mesma que a da língua"[25].

Os escritos de Lévi-Strauss dividem-se em várias áreas principais quanto ao tema ou assunto: o estudo dos sistemas de parentesco, que foi a primeira de suas preocupações; a teoria da classificação primitiva e do totemismo; e a análise da lógica do mito. Desses tratarei aqui apenas do último, que por seu conteúdo é geralmente reconhecido como o campo mais persuasivo da obra de Lévi-Strauss e aquele em que os preceitos teóricos de sua abordagem se desenvolvem de modo mais sofisticado. Três desses preceitos são particularmente relevantes no impacto geral do pensamento de Lévi-Strauss sobre as ciências sociais e a filosofia: sua compreensão da própria noção de "estrutura", sua concepção de inconsciente e sua abordagem histórica.

Estruturas, para Lévi-Strauss, envolvem modelos postulados pelo observador antropológico. Não são representações da atividade social ou ideias, mas um modo de mergulhar sob os fenômenos superficiais da vida social para descobrir relações subjacentes pelas quais é ordenado, de modo similar àquele no qual elementos combinatórios são revelados em linguística. Lévi-Strauss cedo moldou sua abordagem segundo a chamada "revolução fonológica" em teoria linguística, de acordo com a qual elementos da cultura podem ser tratados como análogos aos fonemas, cuja importância só pode ser captada nas suas relações mútuas. Estruturas: (a) consistem em elementos interligados, "nenhum dos quais pode sofrer mudanças sem provocar mudanças em todos os demais", em outras palavras, são sistemas; (b) envolvem transformações, pelas quais podem ser explicadas equivalências em materiais diferentes; (c) possibilitam a previsão de como modificações em um elemento vão alterar o modelo como um todo[26]. Lévi-Strauss foi sensível à acusação de formalismo que recaiu sobre a ideia de diferença de Saussure e aceita o essencial da crítica de Benveniste à natureza arbitrária do signo. O alvo da análise estruturalista é recuperar o conteúdo de "realidade inteligível"; "conteúdo e forma", ele argumenta, "não são entidades separadas, mas pontos de vista complementares essenciais para a profunda compreensão de um mesmo e único objeto de estudo"[27]. Em contraste específico com o formalismo de Propp, sustenta Lévi-Strauss que estruturas não podem ser definidas independentemente do seu conteúdo, pois a percepção da estrutura é ao mesmo tempo a identificação do conteúdo. Para Lévi-Strauss, esse é um ponto com amplas implicações, que entre outras coisas o afastam do positivismo; o conhecimento científico não é induzido a partir de observações sensórias, mas envolve a construção de esquemas pelos quais essas observações se tornam inteligíveis.

---

25. LÉVI-STRAUSS, C. *Structural Anthropology*. Londres: Allen Lane, 1968, p. 62.

26. Ibid., p. 280. Compare tb. PIAGET, J. *Structuralism*. Londres: Routledge, 1971, que recebeu comentário aprovador de Lévi-Strauss.

27. LÉVI-STRAUSS, C. *The Elementary Structures of Kinship*. Boston: Beacon, 1969, p. 98.

Lévi-Strauss com frequência qualificou a aplicabilidade dos modelos estruturais. É um "patente absurdo", diz ele, supor que o método estruturalista possa alcançar "um conhecimento exaustivo das sociedades"[28], mesmo daquelas que são "frias" ou relativamente imóveis. Muitas vezes ele descreveu seu trabalho como "experimental", como uma "primeira abordagem", e manteve-se reservado ante as reivindicações mais abrangentes do estruturalismo como uma filosofia ou uma "nova concepção do mundo"[29]. Embora tenha desautorizado os termos "método" e "filosofia", estava preparado para endossar o de epistemologia como uma designação adequada de suas preocupações[30]. Isso sem dúvida reflete tanto sua convicção de que a base da sociologia e da antropologia tem que ser "sócio-lógica" quanto sua absorção do inconsciente como a fonte da significação. O objeto central da obra de Lévi-Strauss é identificar o que alternadamente chama de "estruturas psíquicas inconscientes" ou a "teleologia inconsciente da mente" subjacente às instituições sociais humanas. Embora se incline na direção de Freud, parece bem evidente que o inconsciente em Lévi-Strauss não é o de Freud e, mais do que a este, deve antes a Trubetskoy e Jakobson. O inconsciente, para Lévi-Strauss, é a fonte dos princípios estruturantes básicos que regem a língua; como ele coloca, língua "é uma razão humana que tem suas razões, que o homem não conhece" (*"Totalisation non réfléxive, la langue est une raison humaine qui a ses raisons, et que l'homme ne connait pas"*)[31]. O estudo do inconsciente, que reflete operações básicas na estrutura do cérebro, revela os mecanismos de significação subjacentes à atividade consciente do sujeito humano. Esse "kantianismo sem um sujeito transcendental" oferece menos uma teoria das origens da subjetividade humana – como autores posteriores tentaram fazer – do que impõe uma *epoché*[32] ao sujeito enquanto objeto antropológico.

A visão de Lévi-Strauss sobre a relação entre análise estrutural e história é complexa e ocasionalmente bem obscura. Mas a tese principal que ele tenta desenvolver é colocada de maneira incisiva e sem rodeios. A história, entendida como uma tentativa de descrever ou explicar ocorrências no tempo, não desfruta do primado epistemológico com frequência atribuído a ela: a análise histórica é apenas um código dentre outros, baseado no modo interpretativo,

---

28. *Structural Anthropology*, p. 82.

29. Entrevista com Lévi-Strauss, *Le Monde*, 13/01/1968. Cf. tb. *The Raw and the Cooked*. Nova York: Harper and Row, 1969, p. 31ss.

30. Cf. ROSSI, I. "Structuralism as a scientific method". In: ROSSI, I. *The Unconscious in Culture*. Nova York: Dutton, 1974, p. 77.

31. LÉVI-STRAUSS, C. *The Savage Mind*, University of Chicago Press, 1966, p. 252. Cf. tb. os comentários sobre psicanálise em *L'Homme nu*. Paris: Plon, 1971, p. 561ss.

32. Termo grego que significa "parada", "interrupção". Muito usado pelos céticos antigos, é conceito central na fenomenologia de Husserl, indicando suspensão do juízo, das certezas e pré-conceitos, da negação e da afirmação prévias, para se alcançar uma visão a mais desinteressada possível [N.T.].

que expressa o contraste entre "antes" e "depois", entre "precedente" e "seguinte". A seção conclusiva de *La pensée sauvage* toma os textos de Sartre como um exemplo maior da tendência geral do pensamento no Ocidente de dar um papel dominante à consciência histórica. "Sartre", assinala Lévi-Strauss, "certamente não é o único filósofo contemporâneo a ter valorizado a história acima de outras ciências humanas e a ter criado quase uma concepção mítica sobre ela"[33]. A história, no sentido de sucessão de eventos, não é o meio primordial através do qual se organiza a experiência humana, nem a compreensão histórica é a forma pela qual os elementos mais básicos da vida social podem ser revelados[34]. Lévi-Strauss encara a história, em cada um dos sentidos do termo (ocorrência temporal e relatos de tal ocorrência), praticamente da mesma maneira com que encara o sujeito pensante e atuante: para penetrar mais fundo nos fundamentos da experiência humana, tal como expressa em especial nas sociedades que têm "uma obstinada fidelidade ao passado concebido como modelo atemporal e não como um estágio no processo histórico"[35].

Os mitos, "máquinas para a supressão do tempo", são peculiarmente objetos apostos de estudo com essa finalidade. Ao comparar a estrutura do mito a uma partitura musical, Lévi-Strauss pretende muito mais do que uma mera analogia. Uma partitura orquestral "suprime" o tempo ao encapsulá-lo numa esfera que torna possível um número indefinido de execuções. Seria impreciso dizer que a música é pura forma, pois Lévi-Strauss não reconhece a possibilidade de tal fenômeno; mas os princípios estruturantes da música expressam propriedades da mente que são anteriores à organização do pensamento ou da atividade em pala-

---

33. *The Savage Mind*, p. 256.

34. Lévi-Strauss com frequência ressalta, no entanto, a inevitabilidade de se começar pelo estudo histórico: "Mesmo a análise das estruturas sincrônicas... requer que se recorra constantemente à história. Mostrando as instituições no processo de transformação, só a história torna possível abstrair a estrutura subjacente a muitas manifestações e que permanece ao longo de uma sucessão de eventos". *Structural Anthropology*. Vol. I. Londres: Allen Lane, 1968, p. 21. Isso é dito em parte como uma crítica a Malinowski. Cf. tb. a aula inaugural de Lévi-Strauss no segundo volume de *Structural Anthropology* (Londres: Allen Lane, 1977), onde faz acenos frequentes de assentimento aos historiadores. Uma afirmação posterior típica diz: "Não estou, portanto, rejeitando a história. Ao contrário, a análise estrutural atribui à história um lugar primordial, o lugar que por direito pertence àquela contingência irredutível sem a qual a necessidade seria inconcebível" (*From Honey to Ashes*. Londres: Cape, 1973, p. 474-475). Por outro lado, Lévi-Strauss nunca deixou de sustentar que o objetivo da antropologia é "elucidar, por uma espécie de retrocesso, tudo o que... [os mitos] devem ao processo histórico e ao pensamento consciente" (vol. I, p. 23). Típica é a leitura de Lévi--Strauss para o aforisma de Marx: "Os homens fazem a sua própria história, mas não sob condições que eles mesmos escolham", o que, para Lévi-Strauss, "justifica, primeiro, a história e, em seguida, a antropologia" (ibid.), quer dizer, o consciente e o inconsciente. Mas outra leitura seria a de que a vida social é encenada sob condições de compreensão amarrada e alienada, tal como expressa tanto pelas condições não reconhecidas quanto pelas condições inesperadas da ação.

35. Ibid., p. 236. Cf. tb. CHARBONNIER, G. *Conversations with Claude Lévi-Strauss*. Londres: Cape, 1969, p. 39ss.

vras. A dimensão temporal da música, assim como do mito, é o que Lévi-Strauss por vezes chama de "reversível" ou "não cumulativa", em contraste com o caráter "estatístico" ou "cumulativo" do tempo histórico. A música e o mito expressam a *langue*, o inconsciente, na sua forma mais acessível. Tanto a música quanto o mito, considerados como "narrativas" – ao serem, aquela, executada e, este, contado – operam pela conexão de duas ordens de relações, horizontal e verticalmente. Ambos combinam o que Saussure chamou de sintagmático e associativo ou, mais amplamente, as dimensões metonímica e metafórica de Jakobson.

Só alguns outros elementos nas discussões do mito em Lévi-Strauss vale a pena mencionar aqui. Há certas variações no seu tratamento anterior e posterior do mito, mas os temas gerais são bem consistentes. O princípio da oposição binária como origem das estruturas é sustentado tanto nos seus primeiros estudos do mito quanto ao longo das *Mythologiques*. Nesses últimos volumes ele esclarece por que os mitos não podem ser estudados isoladamente: cada mito é um, antes um sinal do que uma ordem de significação completa. Ao decodificar os mitos temos que proceder em um "movimento espiral" pelo qual cada mito é usado para fornecer chaves que elucidem a estrutura de outro e assim por diante. A oposição binária é usada tanto como uma maneira de identificar os componentes estruturais do mito quanto, ao mesmo tempo, como um modo de confirmar a análise estrutural pela técnica "em espiral": um eixo estrutural inicial é identificado e fundamentado pela revelação de outro eixo ao qual ele próprio está em oposição. A antinomia entre natureza e cultura é a oposição central que Lévi-Strauss discute em toda a sua obra. Mas uma parte crucial de sua teoria é que essa antinomia é ela própria cultural e, assim, representada de maneira bem diferente em diferentes culturas[36].

Lévi-Strauss: estrutura e subjetividade

Quando contrastada ao funcionalismo da moderna sociologia americana, a obra de Lévi-Strauss traz a um foco claro a dupla influência de Durkheim nas ciências sociais. Cada uma elaborou um fio do teorema de Durkheim acerca da supremacia da sociedade sobre o indivíduo. Mas enquanto os funcionalistas se concentraram na atividade prática, Lévi-Strauss concentra-se na cognição; e enquanto o funcionalismo, tal como operado em especial por Talcott Parsons, desenvolveu o tema da sociedade como consenso moral, Lévi-Strauss bebeu primordialmente no "kantianismo sociológico" de Durkheim. Para cada um deles, a sociedade "tem suas razões que seus membros pouco conhecem". No caso do funcionalismo, essas razões são os imperativos da coordenação societária, da ordem normativa; para Lévi-Strauss, as razões são os mecanismos organizadores do inconsciente.

---

36. LÉVI-STRAUSS, C. "J.-J. Rousseau, fondateur des sciences des hommes". In: *Jean-Jacques Rousseau*. Neuchâtel: Éditions de la Baconnière, 1962.

As distinções entre *langue* e *parole*, ou código e mensagem, não tiveram impacto no desenvolvimento do funcionalismo, embora o pensamento funcionalista tão tenha carecido inteiramente de contato com linguistas de forma mais geral (como na obra de Malinowski). Como essas distinções foram muito importantes para a noção de "estrutura" que se desenvolveu no estruturalismo, não é de surpreender que o termo tenha sido empregado de modo bem diferente pelos funcionalistas modernos. Para estes, estrutura é basicamente um termo descritivo, empregado por analogia com anatomia como equivalente a algo como que um "padrão fixo". Estrutura, aqui, não tem qualquer relação com movimento: é um arranjo de ossos ressecados que só chacoalham pela conjunção de estrutura e função. Função é o conceito explicativo, o meio pelo qual a parte é relacionada ao todo. No estruturalismo de Lévi-Strauss a contrapartida da divisão estrutura/função dos funcionalistas é a diferenciação entre estrutura e evento: a estrutura desempenha um papel explicativo apenas porque está ligada à ideia de transformações.

Nem os funcionalistas nem Lévi-Strauss distinguem claramente estrutura e sistema – poderíamos dizer que uma e outra noções são redundantes em ambas as escolas de pensamento. Não há "anatomia" na vida social independente da sua "fisiologia": de onde estrutura e sistema viram termos intercambiáveis no funcionalismo[37]. Parece pela definição de estrutura citada anteriormente que algo similar é verdadeiro na utilização que faz Lévi-Strauss: à parte a noção de transformações, todos os outros elementos referidos são, simplesmente, características de sistemas. Pretendo argumentar mais adiante, embora não neste ensaio, que uma distinção entre estrutura e sistema é altamente importante para a teoria social.

Os textos de Lévi-Strauss tiveram recepção crítica dos antropólogos britânicos e americanos (especialmente os inclinados ao funcionalismo), muitos dos quais consideram o suporte empírico a suas afirmações bem pouco convincente. Não vou me ocupar aqui desse tipo de crítica, embora não haja dúvida de que decorre em certa medida de uma leitura positivista de Lévi-Strauss, que não entende o método que ele tenta aplicar. Pretendo abordar apenas certas limitações conceituais do estruturalismo de Lévi-Strauss – limitações que em parte ele admite, mas que decorrem mais do que das restrições que ele faz à análise estrutural. As questões relevantes podem ser tratadas de maneira bastante breve.

1) A primeira diz respeito ao tratamento que Lévi-Strauss dá às propriedades estruturantes do inconsciente. Argumento que a mesma defasagem entre as propriedades inconscientes da mente e a atividade consciente intencional dos sujeitos humanos aparece em Lévi-Strauss como aparece entre *langue* e *parole* em Saussure; e que isso está na origem de uma fonte de dificuldade primordial no estruturalismo de Lévi-Strauss. No último volume das *Mythologiques*

---

37. "Functionalism: après la lutte".

(*L'Homme nu*) Lévi-Strauss confronta especificamente acusações de que elimina da análise estrutural o autoentendimento consciente dos atores sociais. Enquanto registra mais uma vez sua rejeição às versões do sujeito encontradas na fenomenologia existencialista (no existencialismo, "o homem contemporâneo fecha-se num *tête-à-tête* [confronto cara a cara] autoenclausurado e cai em êxtase diante de si mesmo")[38], Lévi-Strauss afirma que sua exclusão da reflexividade é apenas um suporte metodológico.

> Deve-se admitir [escreve] que apenas os sujeitos falam e que cada mito, em última instância, tem sua origem numa criação individual. Isso é sem dúvida verdadeiro, mas para passar ao nível do mito é necessário precisamente que uma criação deixe de ser individual; e que no curso dessa transição ela descarte essencialmente aquelas características que contingentemente a marcaram de início e que podem ser atribuídas ao temperamento, talento, imaginação e experiência pessoal do autor[39].

Poderia haver, no entanto, uma reafirmação mais clara do contraste saussuriano entre *langue* e *parole* transferido para um contexto social? A atividade dos sujeitos humanos é "individual" e "contingente", comparada com o caráter supraindividual do coletivo, representado pelo mito. O abismo lógico que separa o "individual" do "social" é tão grande como sempre foi para Durkheim ou Saussure.

Quero afirmar que essa inadequação marca o pensamento estruturalista de Saussure em diante e está intimamente ligada à falta de uma concepção da dualidade de estrutura. O pensamento estruturalista não tem como lidar com o que chamarei de *consciência prática* – o conhecimento não discursivo, mas não inconsciente, das instituições sociais – tal como envolvida na reprodução social.

Um dos poucos lugares onde Lévi-Strauss discute questões relevantes para a consciência prática é uma passagem de *O cru e o cozido*, onde escreve o seguinte:

> Embora não possa ser excluída a possibilidade de que os falantes que criam e transmitem mitos se tornem conscientes da estrutura deles e seu modo de operar, isso não pode ocorrer de forma normal mas apenas parcial e intermitentemente. Ocorre com os mitos o mesmo que com a língua: o indivíduo que conscientemente aplicasse leis fonológicas e gramaticais a seu discurso supondo que possuía o conhecimento e virtude para tal perderia, no entanto, quase de imediato, o fio das ideias[40].

Há uma confusão aqui entre *consciência discursiva* – aquilo que pode ser trazido a e mantido na consciência – e *consciência prática*, uma confusão que deriva da ideia (já implícita nas polaridades saussurianas) de que ou uma coisa é consciente (discursivamente disponível) ou então é inconsciente. Há um

---

38. *L'Homme nu*, p. 572.
39. Ibid., p. 560.
40. *The Raw and the Cooked*, p. 11.

sentido vital em que todos nós *de fato* cronicamente aplicamos leis fonológicas e gramaticais no discurso – assim como em todos os demais tipos de princípios práticos de conduta – ainda que não possamos formular essas leis discursivamente (quanto mais mantê-las em mente ao longo do discurso). Mas não podemos captar a importância desse conhecimento prático se o interpretarmos separadamente da consciência e atuação humanas ou o que chamaremos de *monitoramento reflexivo da conduta* que é central na atividade humana: isto é, se impusermos uma *epoché* ao consciente e ao prático[41].

2) Podemos dar a essa crítica uma forma mais concreta examinando a análise de Lévi-Strauss sobre a teoria de Mauss da troca de presentes. Essa teoria, afirma Lévi-Strauss, envolve elementos de tipo "fenomenológico" que devem ser descartados. Não podemos ser desviados pela experiência ou as ideias dos participantes nessas trocas mesmas, mas temos que tratá-las como um "objeto construído" regido por "leis mecânicas" de reciprocidade e separadas do "tempo estatístico". No entanto, como assinalou Pierre Bourdieu, longe de esclarecer a natureza do presente, tratar o processo de troca como uma estrutura formal elimina dessa forma aspectos essenciais do que é um presente. Nas palavras de Bourdieu:

> A percepção totalizadora do observador substitui uma estrutura objetiva fundamentalmente definida por sua *reversibilidade* por uma sucessão também objetivamente *irreversível* de presentes que não estão mecanicamente ligados aos presentes a que correspondem ou que insistentemente reclamam: qualquer análise realmente objetiva de presentes, palavras, desafios ou até mulheres deve admitir o fato de que cada um desses atos iniciais pode falhar e que, de qualquer forma, ele recebe seu significado da resposta que desencadeia, mesmo que a resposta seja uma ausência de réplica que retroativamente remove o significado pretendido[42].

A remoção dos componentes temporais do presente, na análise de Lévi-Strauss, reprime o fato de que, para ocorrer a troca de presentes, o contra-presente deve ser dado posteriormente e deve ser diferente do presente inicial; *só dessa forma um "presente" é diferenciado de uma "permuta" ou "empréstimo".* Existe, ademais, toda uma gama de possibilidades estratégicas na atividade prática da troca de presentes por causa da dimensão de tempo irreversível, e só por isso existe. A questão aí não é meramente que essas possibilidades são complementares à interpretação da troca como um código por Lévi-Strauss, mas que não são conceitualmente *recuperáveis* desta.

---

41. Para uma discussão relevante, cf. GODELIER, M. "Mythe et histoire: réflexions sur les fondements de la pensée sauvage", *Annales*, vol. 26, 1971.

42. BOURDIEU, P. *Outline of a Theory of Practice*. Cambridge: Cambridge University Press, 1977, p. 5. Cf. SARTRE, J.-P. *Critique of Dialectical Reason*. Londres: New Left Books, 1976, p. 479ss.

3) Essas observações estão diretamente ligadas ao confronto entre estruturalismo e hermenêutica[43]. A linguística estrutural de Saussure foi capaz de evitar a exposição direta aos problemas da hermenêutica porque a ideia de diferença como pura forma, combinada à doutrina da natureza arbitrária do signo, tornou a língua um sistema de relações isolado. Lévi-Strauss concordou que essa concepção é insustentável e não tentou separar a forma inteiramente do conteúdo. Mas isso efetivamente o impede de transportar as implicações da "revolução fonológica" para a antropologia com o grau de "fechamento" que ele parece reivindicar. Lida com as questões que sempre dominaram a hermenêutica – a contextualidade do sentido e problemas de tradução[44] – apenas em termos do "contexto" da própria estrutura, definida objetivamente. O exemplo do presente mostra que isso é uma deficiência: o que conta como um "presente" não pode ser definido internamente à própria análise estrutural, que o presume como um "conceito comum de linguagem" já constituído. A esse respeito Paul Ricoeur está seguramente certo quando argumenta que as análises estruturais do mito por Lévi-Strauss, longe de excluir "o sentido como narrativa", vinculado aos contextos de sua reprodução, na verdade o pressupõem[45]. A análise estrutural pressupõe a hermenêutica na medida em que esta é vista como voltada para a interpretação e correção da comunicação significativa, fundada na intersubjetividade da vida prática cotidiana.

4) Neste ponto podemos voltar brevemente ao tratamento da história e à abordagem da epistemologia por Lévi-Strauss – questões que estão intimamente ligadas, pois a última é a base da visão que ele tem da primeira. O argumento de Lévi-Strauss de que os modos dominantes de pensamento estabelecidos na moderna cultura ocidental são discrepantes em certos aspectos essenciais das operações conceituais do primitivo *bricoleur* [faz tudo] parece à primeira vista

---

43. Cf. RICOEUR, P. "Structure and hermeneutics". In: *The Conflict of Interpretations*. Evanston: Northwestern University Press, 1974. Ricoeur permanece um dos mais penetrantes críticos do estruturalismo. Por outro lado, mesmo nas suas últimas publicações ele confina suas observações sobre estruturalismo sobretudo a Saussure, os formalistas e Lévi-Strauss. Parece-me que, definido assim o estruturalismo, ele lhe dá demais e de menos. Demais porque parece disposto a aceitar *en bloc* os aspectos principais do pensamento estruturalista, dentro de limites definidos; e de menos porque, ao tentar encaixar a análise estruturalista numa hermenêutica mais abrangente, não leva suficientemente em conta a natureza radical do desafio que o pensamento estruturalista coloca para a fenomenologia hermenêutica. Algumas das diferenças entre fenomenologistas e estruturalistas foram levantadas em um simpósio em Cerisy-la-Salle em 1966 e relatadas em RI-CARDOU, J. *Les chemins actuels de la critique*. Paris: Plon, 1967.

44. STEINER, G. *After Babel* – Aspects of Language and Translation. Oxford: Oxford University Press, 1975. Cf. tb. Dufrenne, que confronta "o problema colocado pela extraordinária diversidade de línguas", assinalando que "o caráter arbitrário da linguagem, tendo sido demonstrado de importância relativamente pequena no nível dos elementos de uma língua, reafirma-se de maneira bem definida no nível da linguagem como um todo" (*Language and Philosophy*. Nova York: Greenwood, 1968, p. 35).

45. RICOEUR, P. *Interpretation Theory*: Discourse and the Surplus of Meaning, p. 86.

levar de volta mais uma vez à hermenêutica. Se essa não é a direção tomada por Lévi-Strauss é por causa da homologia estrutural da mente que ele considera subjacente a todo pensamento humano, seja qual for a sua "substância". Trata-se de um "kantianismo sociológico" (e não de uma explícita epistemologia), como o seu protótipo durkheimiano, pois carece expressamente de um sujeito transcendental. Lévi-Strauss consequentemente tem que negar que haja qualquer acesso privilegiado à estrutura do mito, quer dos que se ocupam em transmiti-lo, quer do observador antropológico. Não faz diferença, segundo ele, se "os processos de pensamento dos índios sul-americanos tomam forma através do meu pensamento ou se o meu tem lugar por meio do deles"[46].

Agora, essa poderia ser uma posição defensável se a constituição estrutural que Lévi-Strauss faz desses "processos de pensamento" pudesse ser corroborada ou validada de uma maneira comparável à da hipótese linguística. Mas, como mostra Jonathan Culler, não é visível proximamente nenhuma confirmação desse tipo. A abordagem do linguista apela às propriedades recursivas da língua como parte do processo e como meio pelo qual essas propriedades se tornam disponíveis para estudo. O linguista apela à sua própria competência ou à de outros, como falante de uma língua específica, tanto para *visualizar* quanto *validar* características dela[47]. O estudo do mito não pode apelar recursivamente a seu próprio objeto dessa maneira; o processo "em espiral" de Lévi-Strauss não é um substituto para isso – embora seja o mais próximo a que ele chega em termos de reconhecimento do círculo hermenêutico. Seu ponto de vista oscila, portanto, entre o relativismo e o dogmatismo com respeito às oposições estruturais que afirma identificar no mito. Não há nenhuma maneira de refutar a acusação de críticos segundo a qual, bem ao contrário de suas próprias asserções, a análise que ele faz reflete categorias da sociedade ocidental impostas a outras culturas[48].

5) Uma vez que decididamente considera qualquer tipo de compreensão reflexiva apenas como "manifestação superficial" de formas cognitivas mais profundas, a antropologia estrutural de Lévi-Strauss não tem como refletir sobre suas próprias origens, ela mesma produto de um conjunto específico de circunstâncias socioculturais, como enfatizaram Sartre e outros críticos. A "história", como consciência reflexiva aplicada ao desenvolvimento da sociedade humana, não é apenas um código dentre outros. Nem pode esse "código" ser adequadamente explicado através da divisão sincrônico/diacrônico que Lévi-Strauss herda de Saussure modificada por Jakobson[49]. A discussão da fonologia histórica

46. *The Raw and the Cooked*, p. 13.

47. CULLER, J. *Structuralist Politics*. Londres: Routledge, 1975, p. 48. Cf. tb. TODOROV, T. *Poétique de la prose*. Paris: Seuil, 1971, p. 247.

48. Cf. DIAMOND, S. "The myth of structuralism". In: ROSSI, I. *The Unconscious in Culture*.

49. JAKOBSON, R. "Principes de phonologie historique". In: TRUBETSKOY, N.S. *Principes de phonologie*. Paris: Klincksieck, 1964. De acordo com Lévi-Strauss, a distinção entre sincronia e

por Jakobson é menos distante da visão de Saussure do que por vezes se supõe. Jakobson sustenta que a diacronia produz desequilíbrios que levam a reajustes no nível da sincronia, assim conectando as duas. Mas a história aqui ainda é entendida como uma sucessão de sistemas sincrônicos; diacronia e sincronia não se reconciliam nem é seriamente comprometida a separação entre elas[50].

A crítica do signo por Derrida

A influência de Lévi-Strauss no desenvolvimento da semiótica nas décadas de 1950 e 1960 foi considerável, por mais críticas que algumas das principais figuras desse campo tenham sido de certos aspectos de sua obra. As estruturas eram tratadas naquela época como códigos dados, examinados dentro de sistemas fechados e discretos. As primeiras formulações de Roland Barthes sobre semiótica, por exemplo, cobrem uma gama de sistemas de signos que são tratados como tantas instâncias diversas de mito, que apenas de maneira bem geral se considera refletir aspectos da moderna cultura burguesa. Sua análise do comer, por exemplo, faz eco bem próximo ao tipo de interpretação apresentado por Lévi-Strauss. Os pratos dispostos em um cardápio são tidos como expressão de oposições básicas – "picante"/"doce" etc. – combinadas de forma sintagmática na sequência que constitui a refeição[51]. Barthes propôs, no entanto, que uma mitologia da sociedade moderna tem que incorporar uma postura crítica, recuperando assim em parte o sentido do mito como "falsa consciência" do qual Lévi-Strauss se dissociou. Há dois aspectos principais, segundo Barthes, que podem mostrar que o mito age para ocultar um sistema de dominação de classe no capitalismo contemporâneo. Um é que, no mito, o que são expressões de formas sociais definidas é representado como ocorrências naturais e "inevitáveis"; o outro é que o mito eclipsa as condições de sua produção.

Nesses pontos já há uma reversão da ênfase característica de Lévi-Strauss e um movimento que se afasta da estrutura rumo à estruturação como processo histórico ativo. Como continuada e radicalizada por Barthes, Derrida e os "heideggerianos de esquerda" do grupo da revista *Tel Quel*, essa tendência de pensamento é altamente crítica do estruturalismo de Saussure e Lévi-Strauss; mas, ainda assim, uma continuação dele. Lévi-Strauss adotou de Saussure uma versão da diferenciação *langue/parole* reformulada como distinção entre códi-

---

diacronia "é o aspecto mesmo da doutrina de Saussure do qual mais tem divergido o estruturalismo moderno, com Trubetskoy e Jakobson, e sobre o qual documentos modernos mostram que o pensamento do mestre foi por vezes forçado e esquematizado pelos editores do *Curso* (*Structural Anthropology*, vol. 2, p. 16).

50. Lévi-Strauss parece com frequência assemelhar o diacrônico e o sintagmático. Há exemplos disso em *Structural Anthropology* e nos volumes de *Mythologiques*.

51. BARTHES, R. *Elements of Semiology*. Londres: Cape, 1967, p. 27ss.

go e mensagem. Os outros autores acima mencionados, porém, estão muito mais preocupados com a relação do significante e do significado como elementos da significação.

À primeira vista Lévi-Strauss e Heidegger parecem bem alheios um ao outro e a impressão é de uma completa ruptura na continuidade com o interesse de Derrida pelo segundo pensador. No entanto, há certas similaridades gerais – embora reconhecidamente distantes – entre as visões de Lévi-Strauss e Heidegger. A crença de Lévi Strauss de que o conceito de "homem", enquanto distinto de "natureza", é uma criação da cultura europeia subsequente ao Renascimento e o seu distanciamento de noções de "eu" e "consciência" têm alguma semelhança com a tentativa de Heidegger de romper com as visões tradicionais da filosofia ancoradas no sujeito conhecedor. O "Ser" de Lévi-Strauss não é o de Heidegger, mas a afirmação daquele de que o objetivo da antropologia estrutural é "entender o Ser em relação a si mesmo e não em relação a alguém"[52] tem uma frouxa afinidade com o ponto de vista desenvolvido por Heidegger. Para este, "a língua fala" e a subjetividade humana é constituída através das categorias previamente dadas da língua; para Lévi-Strauss, "[l]es mythes se pensent dans les hommes, et à leur insu"[53].

O que um comentarista (Jameson) chamou de "aspecto mais escandaloso do estruturalismo", o seu agressivo anti-humanismo, representa não a negação da subjetividade, mas uma demanda de explicação das suas origens. Em Lévi-Strauss, seguindo a analogia "geológica", tal explicação não vai além de uma tentativa de revelar a operação de elementos inconscientes que regem a cognição. O sujeito é recuperado na análise apenas como um conjunto de transformações estruturais, não como um ator historicamente situado. A análise estrutural, nessa concepção, limita-se a um processo de decifração. Em certo sentido, isso culmina no mesmo tipo de dilema que a fenomenologia transcendental de Edmund Husserl, exceto pelo fato de que a perspectiva se reverte. Tendo introduzido a intersubjetividade a fim de descobrir as categorias do conhecimento no ego, Husserl não foi capaz de reconstituí-lo fenomenologicamente de modo satisfatório. Lévi-Strauss, tendo imposto uma *epoché* sobre a consciência reflexiva e a história de modo a descobrir estruturas inconscientes, parece conceitualmente incapaz de recuperar o sujeito dotado de propósito – mesmo no que diz respeito a sua própria obra, que é retratada como o encontro de categorias abstratas da mente. A crítica de Lévi-Strauss ao humanismo permanece, assim, não desenvolvida em comparação com as de Althusser, Foucault e Derrida, os quais rejeitam todos, no entanto, a designação de "estruturalistas".

---

52. LÉVI-STRAUSS, C. *Tristes Tropiques*. Nova York: Atheneum, 1967, p. 62.

53. ["Os mitos se pensam nos homens e sem o seu conhecimento"] *Le cru et le cuit*. Paris: Plon, 1964, p. 20.

Ao enfatizar a "estruturação da estrutura"[54] como um processo contínuo de produção, Derrida rompe de forma radical com as distinções de Saussure entre *langue* e *parole* e entre sincronia e diacronia. Sua preocupação com a relação significante/significado e com a diferença ainda remete a Saussure, mas necessariamente de forma modificada. A contribuição decisiva da linguística de Saussure, segundo Derrida, foi mostrar, contra tradições filosóficas anteriormente estabelecidas, a inseparabilidade entre significante e significado, mostrar que são "dois lados de uma mesma e única produção"[55]. Saussure não foi capaz de perseguir as plenas implicações disso, porque ainda conservava a noção estabelecida do signo, tratando o significado como uma "ideia" determinada ou um "sentido" fixo através da conjunção de palavra e pensamento. Deixou assim aberta a possibilidade de que o significado pudesse existir como "puro conceito" ou "puro pensamento", independente do significante, em grande parte como sustentaram tradicionalmente os filósofos idealistas. É importante notar que a crítica de Derrida à "metafísica da presença" é subjacente a seu ataque ao "logocentrismo" e sua defesa da importância do escrito, não o inverso. A fusão integral de significante e significado implica que nenhuma filosofia que preserve um apego a "significados transcendentais" pode se sustentar; o sentido é criado apenas pelo jogo da diferença no processo da significação. "Escrito", como Derrida utiliza o termo, não se refere a um texto enquanto tal, à "presença" física de inscrições em uma página, mas ao *espaçamento inerente, em sua visão pelo menos, à noção de diferença*. Diferença, tal como articulada num processo de fala ou leitura, presume uma dimensão "espacial" que é também simultaneamente uma dimensão "temporal", envolvida na linearidade das relações sintagmáticas. "O espaço", diz Derrida, "é 'no' tempo; é o puro largar-se do tempo; é o 'si mesmo fora' como autorrelação do tempo"[56].

Pode-se considerar, portanto, que a obra de Derrida dá um novo impulso ao formalismo de Saussure, ao mesmo tempo que desautoriza a ligação desse formalismo com a *langue* e a sincronia: a substância, o "concreto", é repudiada tanto no plano do signo (rejeição do "significado transcendental") quanto no do referente (um mundo objetivamente dado que pode ser "capturado" pelo conceito). Cada um deles, que se podem dizer respectivamente próximos do idealismo e do positivismo, Derrida substitui pela produtividade das cadeias de significação. Como Heidegger, também Derrida tem que se considerar dentro da tradição da metafísica ocidental, que igualmente tenta pôr de lado; daí a sua tendência, como a de Heidegger, à inovação terminológica que exibe um distanciamento das categorias estabelecidas da língua. "*Diferença*" indica que a diferença envolve a integração do "espacial" e do "temporal" que mencionei anteriormente: diferir é adiar. Uma vez

54. DERRIDA, J. *L'Écriture et la différence*. Paris: Seuil, 1967, p. 411.
55. DERRIDA, J. *Positions*. Paris: De Minuit, 1972, p. 28.
56. DERRIDA, J. *Speech and Phenomena*. Evanston: Northwestern University Press, 1973.

abandonado o contraste sincrônico/diacrônico, a diferença é reconhecida como existindo apenas no processo temporal de adiamento, a perda contínua do presente para o futuro e o passado. O estruturalismo aqui fica face a face com seu aparente adversário, o historicismo, e o adota: os conceitos com que opera Derrida são postos "sob cancelamento", como que apagados, para indicar o constante processo de mutação que toda significação implica.

O presente, uma vez captado, torna-se passado: por isso, para Derrida, a significação só opera através do "vestígio" deixado, o momento da diferenciação que ocorre dentro de uma cadeia de significação. O "a" da *différence* – pelo menos em francês em todo caso – não se ouve, permanece silente "como um túmulo", diz Derrida[57]. *Différence* não é uma palavra ou um conceito, mas o jogo da negação: *não* é, não tem existência, nenhuma "presença". Todos os signos e todos os textos incluem traços, vestígios de outros.

> O processo de encadeamento significa que cada "elemento" – fonema ou grafema – é constituído a partir do vestígio que carrega em si mesmo de outros elementos da cadeia ou sistema... Há apenas diferenças de diferenças e vestígios de vestígios... *Différence* é, portanto, uma estrutura e um movimento que só pode ser captado em relação à oposição presença/ausência. *Différence* é o jogo sistemático de diferenças, de vestígios ou traços de diferenças, do *espaçamento* pelo qual os elementos se conectam uns aos outros[58].

Não se trata, porém, aí, de uma recuperação da história, não mais do que na filosofia de Heidegger. Derrida conserva o ponto de vista – que mesmo em desacordo com a concepção de Lévi-Strauss ainda faz eco a ela – de que a "história" é uma metafísica que contém nela "a motivação de uma repressão última da diferença"[59]. A identificação de sequências de eventos de determinada característica continua fiel a uma metafísica da presença. Para Derrida, a arte e o texto são máquinas não para a supressão do tempo, mas para sua expressão. A historicidade de uma obra de arte não está nos eventos ou nos vestígios que deixam e que levaram a sua criação, mas no jogo de diferenças interminavelmente reinterpretadas. Um texto, como a escrita de forma mais geral, exibe de maneira bastante impressionante o que seria chamado em outra tradição de "autonomia hermenêutica" do objeto.

---

57. Sobre "pirâmide", alusão tirada de Hegel, e "túmulo", cf. DERRIDA, J. "Le puits et la pyramide". In: *Marges de la philosophie*. Paris: De Minuit, 1972.

58. Ibid., p. 48.

59. DERRIDA, J. *L'Écriture et la différence*, p. 50. Derrida escreve com aprovação sobre as críticas de Lévi-Strauss aos que concederam à história um lugar indevido em ciência social e filosofia. A história, para esses, "tem sido sempre cúmplice de uma metafísica teleológica e escatológica: quer dizer, paradoxalmente, da filosofia da presença a que se crê que a história pode se opor" (ibid., p. 425). Por outro lado, Derrida acrescenta, Lévi-Strauss apenas substitui um tipo de metafísica da presença por outro – um tipo de formalismo clássico, apesar das negativas deste último.

Se um parcial *rapprochement* [reaproximação] entre fenomenologia, na sua forma heideggeriana, e o estruturalismo foi tentado na obra de Derrida, outro ponto de contato entre as duas tradições filosóficas é também encontrado nos escritos de Kristeva, que bebeu em Husserl. (Derrida também escreveu extensamente, embora de forma crítica, sobre Husserl.) Kristeva, como outros ligados ao grupo da *Tel Quel*, está interessada primordialmente na teoria da literatura como produtividade, mas considera um de seus principais objetivos reincorporar o falante à teoria estruturalista: "Uma fase da semiologia", admite, "está agora encerrada: a que se estende de Saussure e Peirce à Escola de Praga e o estruturalismo... Uma crítica dessa 'semiologia dos sistemas' e de seus fundamentos fenomenológicos só pode ser feita a partir de uma teoria do sentido, que deve necessariamente ser uma teoria do sujeito falante"[60].

Este é ainda um sujeito "descentrado", que contrasta explicitamente com o *cogito* cartesiano, e Kristeva não aceita os aspectos principais do programa fenomenológico de Husserl. No entanto, de acordo com ela, o conceito de intencionalidade em Husserl, adequadamente modificado, permite-nos relacionar a diferenciação significante/significado a uma teoria da consciência, tratando a consciência como um objeto, constituído de atos mentais. A consciência, em outras palavras, não é uma "substância" amorfa, mas a atividade predicativa de um sujeito situado, "posicionado". No entanto, a capacidade de o sujeito engajar-se em tal atividade não é para ser explicada por meio de uma redução fenomenológica como em Husserl, mas pelo domínio da língua: e temos que substituir o ego transcendental abstrato de Husserl por uma explicação genética do desenvolvimento da identidade consciente como interdependente e refletindo a natureza fraturada do inconsciente. Assim ela enfatiza "a divergência fundamental que separa a 'experiência vivida' fenomenológica e seus 'impulsos' das pulsões semióticas produtivas e/ou destrutivas freudianas que são *anteriores* à distinção entre 'sujeito' e 'objeto'"[61].

Na persecução desse último tema, Kristeva inclina-se claramente para as interpretações lacanianas da teoria psicanalítica, por permitirem uma explicação da "produção do sujeito". A teoria psicanalítica do desenvolvimento psíquico liga o surgimento do "eu" à entrada da criança na significação e, portanto, à relação significante/significado. O que Husserl chamou de "tético" e considerou como propriedade inerente da mente Kristeva trata como um estágio no desenvolvimento da criança: é o estágio no qual a divisão sujeito/objeto se instala. Quando os impulsos básicos são deslocados da mãe para objetos "externos", isso coincide com a capacidade da criança de distinguir-se simbolicamente como um "eu" face a predicados potenciais. É, portanto, também, o momento da significação, no qual o signo se instala em lugar de uma relação real. A criança

60. KRISTEVA, J. *Semiotike:* Recherches pour une sémanalyse. Paris: Seuil, 1969.
61. KRISTEVA, J. *La révolution du langage poétique.* Paris: Seuil, 1974, p. 33.

entra simultaneamente nas dimensões gêmeas da significação, a paradigmática e a sintagmática, a primeira estruturada em torno da relação simbólica "sujeito falante/exterior", a segunda em torno da relação "sujeito/predicado"[62].

Distanciamento abstrato e prático: Derrida e Wittgenstein

Nesta seção proponho traçar alguns contrastes entre as visões de Derrida e as do último Wittgenstein, sugerindo que a filosofia deste ajuda a esclarecer algumas fragilidades que a concepção daquele partilha com os estruturalistas como um todo. A crítica de Derrida à metafísica da presença e mesmo sua técnica da desconstrução podem ser vistas como tendo importantes aspectos em comum com a filosofia posterior de Wittgenstein. Ambos os filósofos rejeitam a concepção de que sentido ou significado é um evento, ideia ou processo mental que de alguma forma acompanha o discurso.

Différence não é uma concepção alheia à filosofia de Wittgenstein: pode-se dizer que o sentido em Wittgenstein é criado e sustentado pelo jogo da diferença "em uso". Agora, claro, não se deve exagerar as similaridades entre Wittgenstein e Derrida nesse ponto. Wittgenstein não desenvolveu, como fez Derrida, uma noção explícita de diferença como negação. Wittgenstein não concordaria com Saussure que língua é um sistema "sem termos positivos". A língua, para ele, é um sistema de diferenças no sentido de que os significados das palavras não são constituídos através da natureza das emissões ou marcas linguísticas como termos isolados, mas somente pelas maneiras de adquirir identidade através de sua diferenciação como elementos de jogos linguísticos. Wittgenstein dá bastante ênfase à *repetição*, assim como Derrida, para a sustentação da identidade linguística. Sua interpretação da língua não é atemporal, como muitos comentaristas tendem a achar; ao contrário, o tempo é integrante dela[63]. Os sentidos dos termos *nunca estão "presentes" na sua emissão ou enunciação*, "existindo" apenas no processo contínuo de sua atualização em formas de vida: a diferença aqui é sempre também diferimento, afastamento, como é para Derrida. De acordo com Wittgenstein, como em grande parte também para Derrida, as preocupações tradicionais da metafísica ocidental estiveram amarradas à busca de essências ilusórias, à tentativa de abarcar a "plenitude do signo". Os signos não expressam sentidos ou conceitos pré-formados; as palavras ou emissões não "contêm" ideias.

Mas as rotas que cada um toma ao se afastar das preocupações metafísicas da filosofia ocidental são divergentes. O aforisma de Wittgenstein segundo o qual tais preocupações surgem quando "a língua entra em férias" não é tanto

---

62. Ibid., p. 114ss.

63. Cf. CAVELL, S. *Must We Mean What We Say?* Cambridge: Cambridge University Press, 1975, p. xix *et passim*.

um argumento contra o uso equívoco das palavras quanto uma ênfase sobre o inevitável entrelaçamento da língua com a prática da vida social. Acho possível argumentar que aí se encontra uma das principais continuidades – e ao mesmo tempo um contraste fundamental – entre a obra do primeiro Wittgenstein e seus períodos posteriores: a coexistência da língua com "o que não pode ser dito". No *Tractatus*, "aquilo que não podemos falar" surge como um abrupto final, um vazio em branco que aparece quando esgotamos a elucidação lógica da linguagem. Agora, uma maneira de ler a transição entre as filosofias inicial e posterior de Wittgenstein é concluir que ele acabaria vendo que os "limites da linguagem" não têm que ser consignados a esse vazio. A língua ainda é considerada intimamente dependente do não linguístico, do que não pode ser traduzido em palavras, "o que não pode ser dito". Mas o que não pode ser dito já não é uma misteriosa metafísica *sobre* a qual não se pode sequer falar. O que não pode ser dito é, ao contrário, prosaico e mundano. É aquilo que tem que ser *feito*: os sentidos dos itens linguísticos estão intrinsecamente envolvidos com as *práticas que compreendem formas de vida*. Trata-se de uma mudança da maior importância, a meu juízo, se comparada com a orientação característica do estruturalismo, *no qual "aquilo que não pode ser dito" é normalmente identificado com o inconsciente ou, em Derrida, com a escrita*. É uma nova concepção que será a principal fonte das objeções críticas que se podem fazer à visão de Derrida e que passo a examinar.

1) Uma crítica a Derrida não pode ser abordada da maneira mais proveitosa reafirmando-se a prioridade da palavra falada sobre a escrita[64], uma vez que Derrida não utiliza o termo "escrita" no sentido corriqueiro. A tese de que a escrita é mais fundamental para a língua do que a fala, como deixa claro Derrida[65], não depende da proposição de que a palavra falada é um evento efêmero e o texto tem maior permanência. Depende da proposição de que a escrita expressa a *différence*, diferimento ou distanciamento que é a única coisa que possibilita a emissão. *Différence* é aquilo que não pode ser dito, pois precede e dá forma ao ato da fala – ou ao ato da inscrição de marcas no papel. Mas aqui os preconceitos da linguística de Saussure voltam a assombrar o seu crítico: o diferimento da "escrita" de Derrida deriva apenas da injeção do temporal na separação das diferenças formais da *langue*[66]. *Différence* é *langue* interpretada como estruturação: não religa, como faz a análise de Wittgenstein, o que não pode ser dito ao que tem que ser feito. A *différence* de Derrida só reconhece a separação do sig-

64. RICOEUR, P. "Structure, word, event". In: *The Conflict of Interpretations*.

65. Cf. "Signature, événement, contexte", cujo título faz eco ao do artigo de Ricoeur (in: DERRIDA, J. *Marges de la philosophie*. Paris: De Minuit, 1972 [trad. inglesa em: *Glyph*, vol. 1, 1977. Cf. tb. nota 70]).

66. Cf. comentário de Derrida, feito durante discussão de tendências da filosofia francesa, de que o objetivo da filosofia contemporânea não é "nem abolir nem destruir o sentido. Trata-se, antes, de determinar a possibilidade de o *sentido* derivar de uma organização 'formal' que não tem sentido ela mesma..." (*Marges de la philosophie*, p. 161).

nificante. A língua é um "produto localizado" apenas na justaposição da marca a vestígios de marcas. Para Wittgenstein, por outro lado, a língua é um produto localizado envolvido no espaçamento temporal, material e social dos jogos de linguagem – ou assim pretendo aqui interpretar Wittgenstein.

2) Em Derrida, como em outros autores estruturalistas, a distinção entre significante e significado substitui aquela entre sentido e referência que é tão marcante em Wittgenstein. A principal limitação em praticamente todo o pensamento estruturalista é que ele carrega – e compõe com – as falhas inerentes ao tratamento de Saussure para o significado, como derivado da arbitrariedade do signo. Saussure usou a noção do caráter arbitrário do signo para criar um abismo entre signo e referente, cujo resultado, no entanto, como observei, é que "significado" às vezes significa "ideia", "conceito" ou "pensamento" e, às vezes, o referente ou objeto. A ligação entre palavra e objeto não é encontrada em qualquer aspecto que o significante partilhe com o objeto, incluindo a referência ostensiva. Agora, o Wittgenstein posterior, claro, também rejeita qualquer noção de que a natureza dos termos linguísticos possa ser explicada quer por aspectos "correspondentes" ao mundo-objeto, quer por referência ostensiva. Mas a identificação wittgensteiniana do que não pode ser dito com a *organização prática da vida social* implica que essa rejeição não leva a uma tentativa de retirada *do objeto para a ideia.* Sejam quais forem as obscuridades que possam estar envolvidas na noção de referência que a filosofia posterior de Wittgenstein implica, fica claro que, para ele, conhecer uma língua é ter conhecimento de um mundo-objeto como relação prática[67]. Conhecer uma língua é ser capaz de participar das formas de vida em que ela se expressa e as quais expressa. A discussão de Wittgenstein sobre o "espaçamento social" como origem da significação abre-se para a conexão entre *langue* e *langage* (mais do que simplesmente *parole*) de uma maneira que o estruturalismo não faz – oferecendo e na verdade necessitando de uma ponte de análise da língua e de hermenêutica. Pois a separação ou "distanciamento" da língua aparece na organização de diferentes práticas sociais, não na ordem abstrata da relação significante/significado. A hermenêutica – ou *problemas de mediação dos jogos linguísticos como ordens semânticas* – é tão fundamental à concepção de Wittgenstein quanto a noção de constituição do sentido nos sistemas relacionais de formas de vida.

Se Quine e Davidson estão certos, pode haver um laço mais íntimo entre sentido e referência do que Wittgenstein aparentemente estava preparado para reconhecer[68], mas isso não é realmente importante para a argumentação

---

67. Nesse sentido, Wittgenstein não é bem servido por alguns de seus seguidores, que efetivamente traduziram a sua ênfase como uma espécie de idealismo, sobretudo Winch.

68. Cf. as várias discussões em EVANS, G. & McDOWELL, J. *Truth and Meaning*: Essays on Semantics. Oxford: Clarendon Press, 1976. Mas cf. tb. a análise de Putnam em *Meaning and the Moral Sciences* (Londres: Routledge, 1978, p. 97ss.).

a esta altura. A retirada da referência por parte do pensamento estruturalista mostrou-se incapaz de ser remediada na linguagem do próprio estruturalismo, como foi para Husserl a recuperação da intersubjetividade na redução transcendental fenomenológica. Em nenhum lugar isso é mais claro do que em Derrida. A escrita é estruturação purificada, desprovida de qualquer possibilidade de recuperação do contexto ou da semântica. Ele supõe que a "desconstrução" dos textos demonstre seu caráter de produtividade, mas tal produção revela-se nada mais do que o jogo da "pura diferença". A escrita, na formulação de Derrida, rompe com tudo que possa ligar um texto a um mundo-objeto: o "horizonte de comunicação como comunicação da consciência"; os "horizontes semânticos ou hermenêuticos... como... horizontes de sentido"; e "o conceito de contexto". Essa ruptura é declarada consequente ao distanciamento que "constitui o signo escrito" – separação que "se encontra em toda língua"[69].

3) A identidade que permite a diferença é vista por Derrida, portanto, como decorrente da constituição dos próprios códigos, quer inscritos ou falados. A identidade interna dos códigos é o que os separa de qualquer conotação de referência. Mas isso reitera, sob nova roupagem, o problema que surgiu ante a tentativa de Saussure de constituir a diferença como pura forma. Derrida parece não notar, ou prefere ignorar, que mesmo a menção da identidade de um código pressupõe algum componente de referência: *aquilo que define os elementos do código como existindo juntos*, como "vocalizações", "marcas" etc. O argumento de que os códigos ou a escrita são constituídos por sua "identidade interna" é usado por Derrida para descartar inteiramente a relevância da referência. O distanciamento da escrita permite sua repetição sem fim e sua "difusão": "a unidade da forma significante só se constitui em virtude da sua iteratividade, pela possibilidade de ser repetida na ausência... do seu 'referente'"[70].

Isso parece tornar equivalente a falta de um referente "presente" na hora da emissão à ausência de qualquer conotação de referência envolvida na "forma significante"[71]. Mas as duas coisas não são, obviamente, a mesma. A referência teimosamente intervém mesmo na mais formal identificação dos próprios códigos de espaçamento. É possível esquecer ou deixar isso de fora devido à persistente equivalência que autores influenciados pelos conceitos de Saussure fazem entre referente e significado. Era de se pressentir isso, como já notei, pela

---

69. "Signature, événement, contexte", p. 181-182.

70. Ibid., p. 183.

71. Derrida diz (*L'Écriture et la différence*, p. 413) que é porque não podemos afinal escapar inteiramente à metafísica que o significado não pode ser descartado: "Pois o *paradoxo* é que a redução metafísica do signo precisa da oposição [de significante/significado] que ele reduz" (cf. tb. os comentários de Derrida numa entrevista a Lucette Finas em FINAS, L. et al. *Écarts*. Paris: Fayard, 1973, p. 303-312).

própria tendência de Saussure de misturar as duas coisas, em função do impulso fornecido pela doutrina da arbitrariedade do signo.

4) A denúncia da "presença" da ideia como essência da significação leva Derrida a afastar-se o máximo possível do significado em prol do significante. Mas não toma a decisão mais radical de rejeitar totalmente a distinção significante/significado. Se a explicação do sentido por Wittgenstein segue o rumo certo, no entanto, a distinção significante/significado tem que ser descartada. Pois a natureza da linguagem e, de maneira mais geral, do sentido não pode ser explicada com uma noção dupla desse tipo. O problema – que, como tentei indicar, pode ser rastreado direto desde Saussure – não diz respeito ao significante. Uma das mais importantes e esclarecedoras contribuições da literatura estruturalista foi demonstrar que qualquer tipo de forma material pode participar da semiose, isto é, pode "carregar" significado. O problema diz respeito ao significado. A "retirada em relação ao objeto" rumo ao jogo interno da diferença, que Saussure iniciou, não pode ser concluída; daí que a natureza do significado ou foi deixada na obscuridade ou o termo acabou sendo usado de forma ambígua para incluir tanto o conceito quanto o objeto significado. Para Wittgenstein, significante, conceito e objeto significado devem ser explicados por sua incorporação às práticas que compõem formas de vida. "Não procure o sentido, procure o uso" – o que não implica que sentido e uso sejam sinônimos, mas que o sentido dos termos linguísticos só pode ser buscado nas práticas que eles expressam e nas quais são expressos.

O descentramento do sujeito

A rejeição da distinção entre significante e significado tem implicações imediatas para a avaliação crítica da "leitura estruturalista" lacaniana da psicanálise, que influenciou fortemente o desenvolvimento posterior da "teoria do sujeito" nas filosofias estruturalistas. Vou abordar diretamente essas implicações em outra parte e examinar aqui apenas termos gerais relacionados ao "descentramento do sujeito".

A "escandalosa" rejeição do humanismo característica da literatura estruturalista tem sua origem numa desconfiança em relação à consciência ou "subjetividade". Era algo previsível na formulação saussuriana da prioridade da *langue* sobre o caráter individual e subjetivo da *parole*. A isso devemos acrescentar o impacto de Marx, Nietzsche e Freud como críticos radicais das alegações cartesianas do *cogito*: cada um pode ser visto questionando de maneira profunda a confiabilidade da consciência como "transparente a si mesma". A desmistificação estruturalista das alegações da consciência é dominada pela tese de que a subjetividade é constituída na e através da língua. Como diz Ricoeur, "o ato puro do *cogito* é vazio e continua a ser mediado pelo mundo dos signos e sua interpretação"[72]. As implicações desse ponto de vista são várias e importantes. Em vez de considerar a consciência como dada, ele ressalta a necessidade de uma explicação genética de sua produção; a consciência não é encarada como uma substância unitária ou indivisível, mas como um conjunto frágil e fragmentado de processos; e só se reconhece a constituição do "eu" através do "discurso do Outro", ou seja, através da significação.

Essas noções são desenvolvidas de forma interessante na obra de Kristeva, que parte bem substancialmente dos pontos enfatizados quer por Lévi-Strauss, quer por Derrida. Ambos são utilizados por ela em um tratamento fenomenológico da consciência intencional que se afasta, na sua interpretação do "posicionamento do sujeito", das versões iniciais do estruturalismo. Mas mesmo nos textos de Kristeva não encontramos uma análise adequada da atuação humana no sentido em que o termo "agência" é normalmente entendido por filósofos da ação anglo-saxônicos. O "sujeito predicativo" que ela introduz ainda não está muito longe do dualismo inconsciente/consciente, concebido acima de tudo como uma relação linguística, que domina as teorias estruturalistas do sujeito. Tais teorias tenderam geralmente a preservar elementos do cartesianismo que pretendiam rejeitar: consideram que o "penso" ou *cogito* expressa estruturas linguísticas que precedem ou são subjacentes à autoconsciência ou capacidades reflexivas do sujeito. Como diz Lacan: "o S [significante] e o s [significado] do algoritmo saussuriano não estão no mesmo nível e o homem só se ilude quando acredita que seu lugar verdadeiro é no eixo dos dois, que fica em lugar nenhum"[73]. Mas a subjetividade aqui parece apenas uma série de momentos produzidos pela interseção de estruturas significantes. O sujeito reflexivo atuante é recuperado apenas precariamente em tal análise.

Ao criticar a teoria saussuriana dos atos do discurso, em consonância com o ponto de vista geral que ela advoga, Kristeva argumenta que os atos do discurso "deveriam ser vistos como práticas significadoras" e interpretados segundo "uma teoria geral da atividade significadora"[74]. Mas substituir a noção de "ato" pela noção de "prática" é especioso se a análise não incorpora ao mesmo tempo a ênfase que a teoria do ato do discurso partilha com a visão de Wittgenstein. *Não há práticas significadoras; a significação deve antes ser entendida como parte integrante das práticas social em geral.*

Na verdade, temos que repudiar o *cogito* de maneira mais completa do que Kristeva, ao mesmo tempo que reconhecemos a importância vital de que o ser precede a relação sujeito-objeto na consciência. O caminho para entender isso

---

72. RICOEUR, P. "The question of the subject". In: *The Conflict of Interpreations*, p. 244.

73. LACAN, J. "The agency of the letter in the unconscious". *Écrits*. Londres: Tavistock, 1977, p. 166.

74. KRISTEVA, J. [entrevista a J.-C. Coquet]. "Sémanalyse: conditions d'une sémiotique scientifique". *Semiotica*, vol. 4, 1972, p. 328-329.

não será encontrado por uma espécie de *cogito* reconstituído, mas através da conexão do *ser com a ação*.

É importante esboçar aqui as linhas gerais de uma teoria do sujeito atuante, que será desenvolvida de forma bem mais detalhada nos ensaios subsequentes. Essa visão depende de ressaltarmos a importância do "monitoramento reflexivo da conduta" como característica crônica da sanção da vida social. Nessa concepção, razões e intenções não são "presenças" definidas que assomam por trás da atividade social humana, mas instanciadas nessa atividade rotineira e cronicamente (na *durée* da existência cotidiana)[75]. O caráter intencional das ações humanas: (a) não deve ser visto como uma articulação de "intenções" discretas e separadas, mas como um fluxo contínuo de intencionalidade no tempo; e (b) não deve ser tratado como um conjunto de estados conscientes que de alguma maneira "acompanham" a ação. Só no ato reflexivo da atenção as intenções são conscientemente articuladas: normalmente dentro do discurso[76]. O monitoramento reflexivo da ação baseia-se no "conhecimento tácito" que, no entanto, só pode ser expresso, de modo parcial e imperfeito, no discurso. Tal conhecimento, que é acima de tudo de caráter prático e contextual, não é inconsciente em nenhum dos sentidos em que esse termo geralmente é empregado na literatura estruturalista. *A língua surge aqui como um meio de prática social*; a natureza prática dos "estoques de conhecimento" é bem enfatizada tanto por Schutz quanto por Wittgenstein. Os estoques de conhecimento aplicados na produção e reprodução da vida social como uma atividade qualificada são em grande parte "inconscientes" na medida em que os atores sociais só podem normalmente dar uma explicação fragmentária do que "sabem" se chamados a fazê-lo; mas não são inconscientes no sentido dado a esse termo pelos autores estruturalistas.

A importância do monitoramento reflexivo da ação contra um fundo de conhecimento tácito – fenômenos que estão no cerne de toda atividade social cotidiana, mas território alheio ao estruturalismo – é bem assinalada pela discussão de Pierre Bourdieu sobre a troca de presentes a que aludimos anteriormente. Somente se alguém sucumbe ao que se poderia chamar de *falácia genética sociológica* é que uma explicação da atuação humana parece incompatível com o inconsciente no sentido freudiano. A falácia é supor que, por serem o sujeito e a consciência de si constituídos através de um processo de desenvolvimento – e, portanto, o ator reflexivo não é um "dado" nem para a filosofia nem para a ciência social – eles sejam meramente epifenômenos de estruturas ocultas. Se ele meramente substitui uma determinação estrutural para a subjetividade, o descentramento do sujeito é quase tão nocivo quanto as filosofias da consciência que são atacadas.

---

75. Cf. comentários de Searle à discussão de Derrida sobre "Signature, événement, contexte", de Austin (in: "Reiterating the differences: a reply to Derrida". *Glyph*, vol. 1, p. 202).

76. Cf. meu livro *New Rules of Sociological Method*, p. 81-84, para maior discussão.

Textos

Um dos principais pontos enfatizados pelo estruturalismo em comum com a fenomenologia hermenêutica[77] é a insistência em que um abismo separa o texto, como articulação particular da língua, de quaisquer eventuais intenções do autor ao escrevê-lo. Lévi-Strauss vê a mitologia como peculiarmente apropriada à análise estrutural porque os mitos "não têm autor" e "só existem enquanto incarnados numa tradição"[78]. Derrida associa especificamente a autonomia do texto à separação da "escrita" face à "comunicação" e, portanto, face a seu autor; a suposição de que o conhecimento do autor pode iluminar de algum modo significativo os sentidos gerados pelo texto é descartada como mais um exemplo da metafísica da presença[79]. A interpretação de um texto, enfatiza o grupo da *Tel Quel*, não pode ser tratada como a identificação de um núcleo de sentido fornecido pelo autor que relaciona esse sentido ao "con-texto" de sua criação. Não há leitura de um texto, mas apenas leituras, resultado da produtividade inerente à escrita ou, nas palavras de Derrida, de "seu fluxo essencial".

A relevância das intenções do autor para a interpretação dos textos e, de forma mais ampla, para a interpretação do sentido tem sido, naturalmente, muito discutida em várias disciplinas, da crítica literária à história das ideias[80]. Não quero examinar aqui a questão do papel que as intenções do autor podem exercer na validação de interpretações críticas de seus textos. Quero, sim, questionar a conceituação de atividade intencional que tem sido presumida em tal literatura. Grande parte dela deve, a esse respeito, ser considerada obsoleta à luz da crítica de Wittgenstein às noções tradicionais sobre o caráter proposital da ação humana. Em outras palavras, as intenções ou propósitos têm sido considerados eventos mentais discretos de alguma maneira relacionados à criação de textos. É importante perceber que a rejeição de Wittgenstein a essa visão estende-se também a um outro elemento da "metafísica da presença" que Derrida igualmente repudia: a existência de um conjunto finito de "regras de interpretação" que regem as hermenêuticas do sentido. A "observância de regras" que Wittgenstein identifica designa práticas que expressam o caráter recursivo da vida social, as quais se constituem apenas nessas e através dessas práticas; tais regras, portanto, jamais são presenças fixas ou dadas.

---

77. Como exposto por Gadamer em *Truth and Method* (Londres: Sheed and Ward, 1975). Gadamer rejeita, no entanto, a tese (que associa a Valéry) de que "todo encontro com [uma] obra tem a patente e justificação de uma nova produção. Isso parece-me um niilismo hermenêutico insustentável... [Valéry] transfere ao leitor e intérprete a autoridade de criação absoluta que ele próprio não deseja mais exercer" (p. 85).

78. *The Raw and the Cooked*, p. 18. A última frase lembra Gadamer de modo impressionante.

79. "Signature, événement, contexte", p. 182.

80. Um foco do debate é o que envolve Gadamer, Betti e Hirsch. Sobre as últimas contribuições de Hirsch, cf. HIRSCH, E.D. *The Aims of Interpretation*. Chicago: Chicago University Press, 1976.

É exatamente por meio dessa recursividade que podemos captar a natureza das práticas sociais como num contínuo processo de produção e reprodução. Desse ponto de vista, as práticas sociais não "expressam" as intenções dos atores sociais; nem, por outro lado, as "determinam". *As intenções são apenas constituídas no monitoramento reflexivo da ação, que, no entanto, por sua vez, apenas opera em conjunção com condições e resultados não reconhecidos da ação.* (Para uma discussão mais completa, cf. a seguir p. 65-69) Desse ponto de vista podemos começar a recuperar o texto, não apenas enquanto algo que envolve a produtividade inerente à linguagem, mas enquanto ele próprio uma produção localizada, situada, sem por outro lado negar a "autonomia do texto". O estruturalismo *não gerou descrições do trabalho interpretativo que se pressupõe na constituição cotidiana da intersubjetividade.* Uma concentração na estruturação interna do texto, despojada de componentes referenciais, substitui a interpolação participativa e prática de sentido na condução dos jogos de linguagem. Daí que se extrai intersubjetividade de uma maneira não reconhecida, tacitamente pressuposta pela análise textual, mas não teorizada. Isso em parte acontece, sem dúvida, simplesmente devido ao papel central que o texto assumiu no pensamento estruturalista: ou melhor, uma concepção específica de textos "cons-truídos" como formas relacionais, separados do que Husserl chamou de "intersubjetividade ingênua que é a base inarticulada do mundo vivido".

Observe-se que a visão que estou propondo não é idêntica à concepção de "competência literária" sugerida por Culler ao criticar o estruturalismo. Culler propõe que a competência literária pode ser vista como consistindo em tácitos "conjuntos de convenções para ler textos literários" ou como "processo regido por regras para produzir sentidos"[81]. Podemos certamente aceitar, com Culler, que autores e leitores trazem a um texto mais do que o conhecimento que têm da língua. Trazem conhecimento de uma variedade de convenções sociais – ou, mais precisamente, seu próprio conhecimento da língua é inseparável das práticas sociais em cujo contexto a língua se constitui e reconstitui. O conhecimento, porém, não pode ser entendido simplesmente como uma semântica semelhante a uma regra. A proposta de Culler equivale a uma espécie de etno-semântica da leitura de textos literários, se entendermos "etno-semântica" como Goodenough e Lounsbury[82]. De acordo com Goodenough, a tarefa da etno-semântica é elucidar o conteúdo da cultura, onde "a cultura de uma sociedade consiste no que for que se deve saber ou crer a fim de operar de maneira aceitável para seus membros" e onde esse conhecimento é descrito como conjuntos definidos de regras que se podem

81. CULLER, J. *Structuralist Poetics*, p. 126.

82. GOODENOUGH, W. *Description and Comparison in Cultural Anthropology*. Chicago: Aldine, 1970.

estatuir[83]. Mas complementar a típica ênfase estruturalista no primado da semiótica com uma acentuação da importância das regras semânticas não é satisfatório a não ser que tentemos também compreender *a mescla de regras e práticas nas atividades diárias*. Isso requer o reconhecimento da relevância dos "etno-métodos" como meio de sustentar a confiabilidade: métodos em que tacitamente confia todo teórico estruturalista do texto que, não importa o que diga sobre textos submetidos a análise e "des-construção", supõe sempre que o texto no qual esses argumentos são expostos é inteligível para um público indefinido.

Deixem-me resumir os elementos principais da minha visão.

1) A produção de um texto, como a produção de uma prática social, não é resultado de uma "intenção" ou um "agregado de intenções". O caráter intencional das atividades envolvidas tem que ser tratado, antes, como um aspecto crônico do monitoramento reflexivo da ação. Um texto não deve, portanto, ser encarado como uma "forma fixa" que é então, de algum mundo, relacionada *en bloc* [em bloco] a intenções específicas; ele deve ser estudado como meio concreto e resultado de um processo de produção reflexivamente monitorado pelo autor ou leitor.

2) A investigação do processo de produção de um texto tem que inquirir todo o alcance do que chamo no ensaio seguinte de "racionalização da ação"[84]: não apenas seu componente intencional, mas as razões e motivos envolvidos naquela produção como realização qualificada. O "conhecimento" a que um autor recorre nesse processo é em grande parte de caráter tácito e prático: o domínio de um certo estilo, a consciência de certas características de um público em potencial ou desejado etc. Ademais, isso deixa amplo espaço conceitual para as operações do inconsciente.

Segue-se dos meus argumentos anteriores que a distinção de Kristeva entre "feno-texto" e "geno-texto" não é, tal como se apresenta, uma base adequada para entender esses fenômenos. Sua identificação do *chora*[85] que está na origem da semiose parece valiosa, mas os aspectos constitutivos da consciência prática estão a intervir entre as "operações" subterrâneas do inconsciente e o feno-texto[86].

83. GOODENOUGH, W. "Cultural Anthropology and Linguistics". In: HYMES, D. (org.). *Language in Culture and Society*. Nova York: Harper, 1964, p. 36.

84. *New Rules of Sociological Method*.

85. Grifado no original, termo da filósofa e psicanalista franco-búlgara Júlia Kristeva, o *chora semiótico* designa o espaço de pulsões emocionais e instintivas ligadas ao corpo da mãe. Característico da fase pré-edipiana descrita por Freud, reside na prosódia e fissuras da linguagem, subjacente ao simbolismo das palavras [N.T.].

86. Escreve Kristeva: "O texto não é um *fenômeno* linguístico; em outras palavras, a significação estruturada não aparece num corpo linguístico como um nível estrutural único... O processo de

3) Tudo isso tem a ver com o que *é* um "autor" enquanto sujeito atuante. Um autor não é nem um feixe de intenções nem, por outro lado, uma série de traços ou "vestígios" de algum modo depositados no texto. Foucault diz que escrever "é primordialmente criar uma abertura onde o sujeito que escreve desaparece interminavelmente"[87]. Mas estudar a produção do texto é ao mesmo tempo, em certo sentido, estudar a produção do seu autor. O autor não é simplesmente "sujeito" e o texto, "objeto; o "autor" ajuda a constituir-se a si mesmo através do texto, por meio do próprio processo de produção do texto. A importância disso é fácil de perceber se compararmos o surgimento do autor "personalizado" do romance ou poema modernos com os autores "anônimos" do mito ou da lenda medieval.

4) Argumentar que os textos podem ser elucidativamente estudados como produções localizadas, situadas, é insistir que há conexões entre as duas maneiras em que o termo "sentido"[88] é normalmente empregado em inglês: o que alguém quer dizer, escrever ou fazer e o que significa o que é dito, escrito ou feito[89]. Mas isso não implica uma volta a uma forma de subjetivismo. Uma das principais tarefas do estudo do texto ou de produtos culturais de qualquer tipo deve ser precisamente examinar as divergências que podem instituir-se entre as circunstâncias de sua produção e os sentidos sustentados por sua subsequente evasão aos horizontes do seu criador ou criadores. Tais sentidos jamais estão "contidos" no texto enquanto tais, mas se misturam no fluxo da vida social da mesma maneira que sua produção inicial. O exame da "autonomia" do texto ou da evasão do seu sentido àquilo que o autor queria dizer originalmente ajuda a unir problemas da interpretação textual a questões mais amplas de teoria social. Pois no desenrolar das práticas sociais, de modo geral, *as consequências das ações cronicamente escapam, nos processos de objetivação, às intenções dos que as iniciaram.*

As observações acima permitem tomar uma posição sobre a retórica atual do desaparecimento do sujeito, do "fim do indivíduo". A tarefa premente que confronta a teoria social hoje não é favorecer a eliminação do sujeito; mas, ao

---

geração de sentido pode ser entendido de duas maneiras: 1) a criação do material da língua e 2) a criação do 'eu' que está em posição de fazer o sentido aparecer" (*Semiotike*, p. 280).

87. FOUCAULT, M. "What is an author?". In: *Language, Counter-Memory, Practice*. Oxford: Blackwell, 1977, p. 116. Cf. observações de Williams sobre as origens do termo "autor", em WILLIAMS, R. *Marxism and Literature*. Oxford: Oxford University Press, 1977, p. 192-193.

88. O termo inglês *meaning* pode ser traduzido como *sentido* ou *significado*, com as ligeiras nuanças de acepção indicadas pelo autor e semelhantes ao que ocorre em português. Aqui foi sempre traduzido como *sentido* para evitar confusão com o termo técnico linguístico *signified*, que aparece com frequência no original e sempre traduzido como *significado* [N.T.].

89. Pertinente remeter, aqui, à argumentação um tanto cômica entre Derrida e Searle na *Glyph*, vols. I e II, em que Derrida faz verdadeiro contorcionismo para se defender de Searle sem ter que usar a terminologia "o que eu queria dizer é..."

contrário, promover *uma recuperação do sujeito* sem cair no subjetivismo[90]. Tal recuperação, a meu ver, envolve compreender como *prática* "o que não pode ser dito" (ou pensado). É irônico advogar a necessidade de concluir a dissolução do sujeito contra o pano de fundo da sociologia anglo-saxônica, que com algumas exceções (principalmente a dos que postulam a interação simbólica) tem sido dominada até hoje pelo positivismo. Pois as filosofias positivistas carecem de qualquer explicação para o sujeito reflexivo, assim como de uma teorização das instituições e da história. O "eu" da filosofia cartesiana sequer aparece no positivismo, em função das premissas fenomenalistas da escola: pode-se dizer que a tentativa mais radical e completa de apagar o sujeito encontra-se não no estruturalismo ou em Jules Deleuze ou no *Anti-Édipo* de Félix Guattari, mas no positivismo de Mach. Não conseguir ver isso é algo reforçado pela tendência dos autores estruturalistas de, junto com o positivismo ou empirismo, saltar em bloco o *cogito* cartesiano e as várias formas de idealismo como filosofias fundadas no sujeito. No seu intuito de dissolver o sujeito, o estruturalismo e o positivismo têm, assim, um importante elemento em comum – e no contexto das ciências sociais do mundo anglófono é ainda mais necessário insistir que o descentramento do sujeito não deve ser equivalente a seu desaparecimento. Qualquer forma de teoria social que funde o descentramento do sujeito, como princípio filosófico, à propedêutica do fim do indivíduo como evolução desejável ou inevitável das mudanças sociais contemporâneas fica sujeita à acusação de ideologia que os críticos gostam tanto de desferir contra o estruturalismo. É útil aqui contrastar Foucault a Adorno e Horkheimer. O fim do indivíduo assinala, talvez, o passamento final da era do liberalismo burguês: não, todavia, como frutífera transição histórica, mas como *pantanosa disseminação do totalitarismo*. Uma avaliação crítica desse fenômeno será quase impossível se a teoria social sucumbir aos processos mesmos que deveria ocupar-se em compreender.

Estruturalismo: resumo e perspectivas

A importância do pensamento estruturalista para a teoria social contemporânea, quero afirmar, consiste primordialmente em certos temas maiores que ajudou a pôr em relevo, temas cujo posterior desenvolvimento, no entanto, não pode ser satisfatoriamente perseguido a partir das premissas estruturalistas, como assinalei neste ensaio. Há no total sete pontos, acho, em que o pensamento estruturalista é de particular importância, especialmente se considerado à luz das típicas preocupações da sociologia anglo-saxônica. Vou esboçá-los aqui apenas de forma sumária, mas são os pontos que informam todas as minhas preocupações nos ensaios subsequentes deste livro.

---

90. Cf. JAMESON, F. "Imaginary and symbolic in Lacan: Marxism, psychoanalytic criticism, and the problem of the subject". *Yale French Studies*, n. 55/6, 1977, p. 382 *et passim*.

Primeiro, a teoria estruturalista *aponta para a importância da separação pela diferença* na constituição tanto da língua quanto da sociedade. É um ponto enfatizado de várias maneiras na obra de Saussure, Lévi-Strauss e Derrida. A concepção de *différence* deste último é de grande interesse para a teoria social. Mas a *différence* de Derrida está ligada intimamente demais ao distanciamento da escrita; o conceito de separação ou distanciamento que se pode discernir em Wittgenstein é superior a esse no que se refere ao envolvimento da língua com as práticas sociais. Estas ocorrem não apenas como transformações de uma ordem virtual de diferenças (as regras de Wittgenstein) e de diferenças no tempo (repetição), mas também no *espaço físico*. Vou argumentar nos ensaios seguintes que a teoria da estruturação dos sistemas sociais deve basear-se nessa *tripla conotação de différence*.

Segundo e intimamente ligado ao primeiro ponto, o pensamento estruturalista *tenta incorporar uma dimensão temporal no centro mesmo de sua análise*. Em Saussure isso se encontra no aspecto sintagmático da linguagem, ainda que amputado dos processos de mudança linguística pela profunda divisão introduzida com a separação entre sincrônico e diacrônico. A oposição entre sintagmático e associativo não aparece no funcionalismo, que incorpora o tempo somente como diacronia ou "dinâmica" (cf. p. 206-210). A teoria estruturalista foi capaz de gerar um conceito de estruturação via superação da distinção sincrônico/diacrônico de um modo que não estava aberto ao funcionalismo[91]. Temos que reconhecer as limitações disso. O que não levou a uma capacidade de desenvolver descrições explicativas da mudança social; e em Derrida desemboca numa forma de historicismo que nega a possibilidade da história por si mesma. Na tentativa de escapar à "metafísica da presença", Derrida adquire, como Heidegger, uma visão que tende a exorcizar a explicação histórica com o próprio reconhecimento de que tudo está cronicamente em movimento. Em Lévi-Strauss, a noção de que a compreensão histórica é apenas um código dentre outros também impede com efeito uma recuperação dessa compreensão como forma de explicar a mudança social. O pensamento estruturalista, portanto, não desenvolveu uma "autocompreensão" das condições de sua própria produção como tradição intelectual e é vulnerável ao tipo de ataque que com frequência recebe de autores como Lefebvre e Goldmann, para quem ele não passa de uma ideologia do capitalismo avançado[92].

Terceiro, sejam quais forem as objeções que se possa fazer à interpretação da história de Lévi-Strauss, ela contém algumas percepções extremamente valiosas. Como, por exemplo, contra o historicismo, que radicaliza tanto a mutação histórica que fica impossível escapar dela – mesmo para produzir análises

---

91. Cf. "Functionalism: après la lutte".

92. Cf. LEFEBVRE, H. *L'idéologie structuraliste*. Paris: Anthropos, 1971. Ainda uma das discussões mais interessantes sobre estruturalismo e marxismo é SEBAG, L. *Marxisme et structuralisme*. Paris: Payot, 1964.

históricas – e assim termina tipicamente em uma ou outra forma de relativismo, Lévi-Strauss assinala que *"distância no tempo" é em certos aspectos importantes o mesmo que "distância etnográfica"*. Além disso, ao ressaltar os contrastes entre os tipos de sociedade que operam em "tempo reversível" e que, embora "cercadas pela substância da história... tentam manter-se imunes a ela", e aquelas que "o transformam no poder motivador do seu desenvolvimento"[93], Lévi-Strauss ajuda a lançar as bases de uma teoria da reprodução social.

Quarto, a teoria estruturalista oferece a possibilidade – não plenamente realizada até agora – de se formular *uma compreensão mais satisfatória da totalidade social do que a oferecida por seu maior rival, o funcionalismo*. Para o funcionalismo, a sociedade pode ser descrita como um padrão de relações entre "partes" (indivíduos, grupos, instituições). A linguística estrutural de Saussure, ao contrário, propõe a noção de que a sociedade, como a língua, deve ser encarada como um "sistema virtual" com propriedades recursivas. A elaboração desse ponto, porém (ou assim argumentarei), requer uma distinção conceitual que não é fundada nem no estruturalismo nem no funcionalismo: uma distinção entre "estrutura" e "sistema".

Quinto, encontramos no estruturalismo uma atitude da maior importância em relação à teoria social: *uma tentativa de transcender o dualismo sujeito/objeto*. Embora não seja exclusivo do pensamento estruturalista e tenha variadas abordagens na fenomenologia hermenêutica e na filosofia posterior de Wittgenstein, os autores estruturalistas elaboraram isso de forma mais completa. Podemos reconhecer a importância dessa contribuição ao mesmo tempo que ressaltamos o pouco que se obtém se meramente substituímos o subjetivismo por algum tipo de objetivismo. O dualismo sujeito/objeto só pode ser satisfatoriamente repudiado se reconhecermos que não é um dualismo, mas uma *dualidade*.

Sexto, a crítica do humanismo e o tema do *descentramento do sujeito* têm que ser abordados com cautela, mas de qualquer forma são de importância crucial para a teoria social. O descentramento do sujeito implica uma fuga às visões filosóficas que encaram a consciência como dada, transparente a si mesma. Isso não deve levar, no entanto, ao desaparecimento dos componentes reflexivos da conduta humana ou a seu tratamento como algum tipo de epifenômenos de estruturas mais profundas. A reflexividade tem que ser reconstruída dentro do discurso da teoria social não apenas em relação aos membros da sociedade cuja conduta é objeto de estudo, mas também *em relação à própria ciência social como uma forma de empreendimento humano*.

Sétimo, *a teoria estruturalista fez contribuições duradouras à análise da produção de objetos culturais*. O desenvolvimento ulterior dessas contribuições, porém, e a realização da tarefa de integrar os estudos semióticos mais intimamente

---

93. CHARBONNIER, G. *Conversations with Claude Lévi-Strauss*, p. 39.

a outras áreas da teoria social exigem o abandono da maior parte das oposições, senão todas, herdadas de Saussure – as de *langue/parole*, sincronia/diacronia e significante/significado – e o descarte da concepção do caráter arbitrário do signo. Em seu lugar, podemos esperar desenvolver uma teoria dos códigos e da produção de códigos[94], fundada numa teoria mais ampla da prática social e religada à hermenêutica.

---

94. ECO, U. *A Theory of Semiotics*. Londres: Macmillan, 1977, p. 4ss.

2
Atuação e estrutura

A questão principal que vai me ocupar neste ensaio é a de ligar uma noção da ação humana à explicação estrutural em análise social. A realização dessa ligação, vou argumentar, requer o seguinte: uma teoria do agente humano ou sujeito; uma descrição das condições e consequências da ação; e uma interpretação de "estrutura" como de algum modo confundida tanto nessas condições quanto nessas consequências[95].

Teorias da ação versus teorias institucionais

"Ação" e "estrutura" normalmente aparecem como antinomias tanto na literatura sociológica quanto na literatura filosófica. Amplamente falando, seria verdadeiro dizer que as escolas de pensamento que se preocuparam com a ação deram pouca atenção a ou não viram como lidar com concepções de explicação estrutural ou causação social; também falharam em relacionar a teoria da ação a problemas de transformação institucional. Isso é mais óbvio no caso da filosofia da ação anglo-saxônica, tanto na sua forma wittgensteiniana quanto em versões menos diretamente influenciadas por Wittgenstein. Não obstante o grande interesse da filosofia posterior de Wittgenstein para as ciências sociais no que tange as relações entre linguagem e práxis, logo esbarramos com suas limitações no que toca à teorização das instituições. As instituições certamente aparecem na filosofia wittgensteiniana e de maneira bem fundamental. Pois a transição das ideias do primeiro Wittgenstein para o último é com efeito uma transição da natureza para a sociedade: a língua e a convenção social são vistas nas *Investigações filosóficas* como inextricavelmente entrelaçadas, de modo que explicar uma é explicar a outra. Mas enquanto expressas em formas de vida, as instituições são analisadas apenas na medida em que constituem um pano de fundo consensual contra o qual é negociada a ação e são construídos os seus sentidos. A filosofia wittgensteiniana não levou a qualquer tipo de preocupação com a mudança social, com as relações de poder ou com o conflito na sociedade. Outras correntes

---

95. A maioria dos conceitos que discuto aqui foram introduzidos preliminarmente em *New Rules of Sociological Method* e em "Notes on the theory of structuration" (in: *Studies in Social and Political Theory*).

da filosofia da ação operaram numa distância ainda maior face a essas questões, concentrando-se quase exclusivamente na natureza das razões ou intenções da atividade humana[96].

Em tradições sociológicas mais ortodoxas, o interacionismo simbólico substituiu no geral a visão da vida social como realização ativa de atores conhecedores dotados de intencionalidade; e associou-se também a uma certa "teoria do sujeito" tal como formulada por Margaret Mead em sua explicação das origens sociais da consciência reflexiva. Mas o "social" na formulação de Mead é limitado a figuras familiares e ao "outro generalizado"; ela não elaborou uma concepção de sociedade diferenciada nem qualquer interpretação da transformação social. Ocorre basicamente o mesmo com a evolução subsequente dessa tradição, que não teve sucesso em desenvolver modos de análise institucional. Um dos resultados foi uma parcial acomodação entre interacionismo simbólico e funcionalismo na sociologia americana; aquele é considerado uma "microssociologia" que lida com relações "interpessoais" em pequena escala, enquanto tarefas "macrossociológicas" mais abrangentes são deixadas ao funcionalismo.

O funcionalismo e o estruturalismo são semelhantes em dar prioridade ao objeto sobre o sujeito ou, em certo sentido, à estrutura sobre a ação. Os autores funcionalistas normalmente pensaram isso em termos de "propriedades emergentes" da totalidade, que não apenas separam as características da totalidade das de seus membros individuais como levam-na a exercer sobre a conduta deles uma influência dominante. As dificuldades que Durkheim encontrou com essa noção, na medida em que seus textos são encarados do ponto de vista de suas conexões com o funcionalismo e não com o estruturalismo, são bem conhecidas. Durkheim queria enfatizar que as características do todo social são separadas das dos agentes individuais e ressaltou vários aspectos em que a "sociedade" é externa a seus membros individuais: cada pessoa nasce em uma sociedade já constituída e cada uma só é um indivíduo num sistema de associação que envolve muitas outras pessoas. Mas nem em seus escritos iniciais nem em suas obras posteriores ele conseguiu conceituar o caráter externo ou objetivo da sociedade de uma maneira plausível. A posição inicial de Durkheim é exemplificada nas *Regras do método sociológico* e ligavam a externalidade à coerção. Dois equívocos podem ser discernidos nessa visão. Foi um erro entender a coerção social ou restrição como similar à coerção física; e foi um erro encarar a coerção como critério do "social" ou "institucional". As duas coisas juntas levaram a uma concepção de sujeito e objeto que mesmo Durkheim teve

---

96. Cf. p. ex., ANSCOMBE, G.E.M. *Intention*. Oxford: Blackwell, 1963. • MISCHEL, T. *Human Action*. Nova York: Academic Press, 1969. • TAYLOR, R. *Action and Purpose*. Englewood Cliffs: Prentice-Hall, 1966. • DANTO, A.C. *Analytical Philosophy of Action*. Cambridge: Cambridge University Press, 1973.

que admitir que apresenta sérias deficiências. A sociedade torna-se uma espécie de ambiente inibidor no qual se movem os atores e que faz sentir sua presença através de efeitos de pressão que condicionam a conduta deles. As analogias a que Durkheim recorreu em sua obra inicial para ilustrar o "poder exterior" dos fatos sociais são claramente deficientes. Por vezes ele comparou as características da sociedade, em comparação com as de seus membros, à combinação de elementos na natureza. A combinação de oxigênio e hidrogênio para formar a água cria propriedades que não são as de seus elementos constitutivos ou deles deriváveis; o mesmo é verdadeiro na relação entre sociedade e os atores que a constituem[97]. Mas essa analogia só funciona para aqueles tipos mesmo de visões que Durkheim se propõe a criticar, tal como o individualismo utilitário. Se os indivíduos, enquanto seres sociais plenamente constituídos, viessem a criar juntos novas características sociais pelo fato de se associarem, como nas teorias de contrato social, a analogia poderia se sustentar; mas não funciona como suporte no caso de Durkheim.

Posteriormente Durkheim modificou sua noção de coerção, ressaltando a natureza moral dos fatos sociais e assim diferenciando coerção física dos tipos de pressão exercidos pela sociedade sobre seus membros. Foi esse "Durkheim posterior" – que reconheceu que os fenômenos morais são ao mesmo tempo positivamente motivadores e coercitivos no sentido original atribuído por ele – que serviu de inspiração maior a Talcott Parsons. O "quadro de referência da ação" de Parsons deve muito mais a Durkheim do que aos outros cuja obra ele reivindica ter sintetizado em *A estrutura da ação social*[98]. Parsons entende a ação em relação ao que chama de "voluntarismo" e buscou reconciliar isso com um reconhecimento das "propriedades emergentes" dos sistemas sociais. A reconciliação é alcançada pela influência de valores normativos em dois níveis: como elementos da personalidade e como componentes nucleares da sociedade. "Internalizados" na personalidade, os valores fornecem os motivos ou disposições de necessidade que impelem a conduta do ator; enquanto no nível do sistema social, enquanto normas institucionalizadas, os valores formam um consenso moral que serve para integrar a totalidade. O "voluntarismo" aqui acaba sendo, portanto, amplamente reduzido para dar espaço na teoria social a uma explicação da motivação, ligada por meio de normas às características dos sistemas sociais. A conduta dos atores em sociedade é tratada como resultado de uma conjunção de fatores determinantes sociais e psicológicos em que os primeiros dominam os segundos por meio da influên-

---

97. DURKHEIM, É. *The Rules of Sociological Method*. Londres: Collier/Macmillan, 1964, p. xlvii-xlix.

98. PARSONS, T. *The Structure of Social Action*. Glencoe: Free Press, 1949. Cf. "Durkheim's contribution to the theory of integration of social systems". In: WOLFF, K.H. *Émile Durkheim*. Nova York: Harper, 1964.

cia-chave atribuída a elementos normativos. Isso efetivamente exclui certos componentes essenciais da teoria da ação, como conceituarei mais à frente[99].

A antinomia que acabo de esboçar também figura de modo destacado nas filosofias marxistas. Em parte, isso remonta ao conteúdo ambíguo dos próprios escritos de Marx. A herança hegeliana em Marx, com sua conotação de consciência ativa e o devir do sujeito na história, mescla-se de maneira complexa e não resolvida com uma adesão a uma teoria determinística na qual os atores são impulsionados por leis históricas. A distância entre o Lukács de *História e consciência de classe* e o marxismo de Althusser dá ampla evidência das leituras altamente discrepantes que os textos de Marx podem engendrar; embora uma comparação mais apropriada seja talvez, como sugiro adiante, entre as visões de Althusser e o marxismo fenomenológico de Paci. Já foi assinalado com bastante frequência que há semelhanças entre o funcionalismo de Parsons e a versão de Althusser para o marxismo. Tais semelhanças não são difíceis de discernir: a teoria de Parsons sobre a internalização de valores tem nítidos paralelos com a reformulação da noção de ideologia por Althusser; e a identificação de Parsons dos problemas funcionais enfrentados pelos sistemas sociais assemelha-se à concepção de Althusser das regiões que compõem as formações sociais – ainda que para um autor a "determinação em última instância" seja cultural e para o outro, econômica. Mas a semelhança mais importante é com certeza a de que, se ambos os sistemas de pensamento estão preocupados em superar o dualismo sujeito/objeto – Parsons por meio do quadro de referência da ação e Althusser através de seu "anti-humanismo teórico", – um e outro chegam a uma posição em que o sujeito é controlado pelo objeto. Os atores de Parsons são idiotas culturais, mas os agentes de Althusser são idiotas estruturais de mediocridade ainda mais espantosa. (Para maior discussão da causalidade estrutural em Althusser, cf. p. 157-163.) Os "verdadeiros sujeitos" da *mise em scène* [montagem, encenação] de Althusser, como ele candidamente admite, são os "lugares e funções" que os agentes ocupam[100].

O projeto de Paci é diametralmente oposto ao de Althusser na medida em que tenta fazer uma leitura de Marx basicamente informada pelos escritos posteriores de Husserl[101]. A temática de Paci é precisamente a alienação da subjetividade humana no capitalismo. Como Lukács, ele concentra grande parte de sua atenção em problemas de reificação ou objetificação (objetivação como

---

99. Nos termos de Hollis, porém, o "quadro de referência da ação" constituiria uma forma de "acionismo fraco" definida como uma visão que "considera o ator como plástico e suas ações causadas pelas estruturas normativas que as exigem" (HOLLIS, M. *Models of Man*. Cambridge: Cambridge University Press, 1977, p. 85).

100. ALTHUSSER, L. & BALIBAR, E. *Reading Capital*. Londres: New Left Books, 1970, p. 180.

101. PACI, E. *The Function of the Sciences and the Meaning of Man*. Evanston: Northwestern University Press, 1972. Para uma tentativa de situar os escritos de Paci num contexto sociológico geral, cf. SMART, B. *Sociology, Phenomenology and Marxian Analysis*. Londres: Routledge, 1976.

coisificação) – e deve-se considerar uma das mais importantes contribuições dos tipos de marxismo fenomenologicamente informados o fato de colocar a reificação como questão central da crítica da ideologia, algo que é impossível realizar no esquema de Althusser[102]. Mas a obra de Paci ocupa-se largamente em radicalizar *A crise das ciências europeias*, de Husserl, como crítica do caráter reificador da razão técnica. Sua posição básica é intimamente ligada à fenomenologia e se expõe a algumas das objeções que Althusser e outros influenciados pelo estruturalismo desferiram com bastante legitimidade a tais estilos de pensamento.

Dito tudo isso, os textos de Marx ainda representam o acervo isolado de ideias mais significativo em que se pode beber na busca de esclarecimento de problemas de atuação e estrutura. Marx escreve nos *Grundrisse* que todo item social "que tem forma fixa" aparece meramente como "um momento evanescente" na sociedade em movimento. "As condições e objetivações do processo", prossegue, "são elas mesmas, igualmente, momentos dele, cujos únicos sujeitos são indivíduos, mas indivíduos em relacionamentos mútuos, que eles igualmente reproduzem e produzem de novo..."[103] Esses comentários expressam exatamente o ponto de vista que pretendo elaborar neste ensaio.

Tempo, atuação, prática

Argumentarei aqui que em teoria social as noções de ação e estrutura *pressupõem uma à outra*, mas o reconhecimento dessa dependência, que é uma relação dialética, requer reformulação de uma série de conceitos ligados a cada um desses termos e dos próprios termos.

Nesta seção examinarei algumas questões da teoria da ação antes de tentar conectar agência ou atuação a uma concepção de análise estrutural. Recorrerei à filosofia analítica da ação tal como elaborada por filósofos britânicos e americanos nas últimas duas décadas. Mas quero dizer que, como tipicamente formulam esses escritores, a filosofia da ação tem uma série de *lacunae* [lacunas] notáveis. Uma, que já mencionei, será minha preocupação principal a seguir: a filosofia analítica da ação carece de uma teorização das instituições. Duas outras considerações, afirmo, são vitais para tal teorização. A primeira é a incorporação da *temporalidade* na compreensão da atuação humana; a segunda é a incorporação do *poder* como parte integrante da constituição das práticas sociais.

---

102. Na sociologia não marxista, *Social Construction of Reality*, de Berger e Luckmann (Londres: Allen Lane, 1967), é mais próxima desse tipo de visão. A abordagem deles, no entanto, carece inteiramente de uma concepção da crítica da ideologia. Além disso, não obstante o interesse de algumas de suas formulações, sua obra permanece próxima de Parsons ao enfatizar a centralidade da "internalização" de valores como crucial para a existência da "ordem".

103. MARX, K. *Grundrisse*. Harmondsworth: Pelican, 1973, p. 712.

Considero tema fundamental deste ensaio e de todo o livro que a teoria social *deve reconhecer, como até hoje não o fez, as interseções tempo-espaço como essencialmente envolvidas em toda a existência social.* Toda análise social tem que reconhecer (e ela mesma tem lugar em) não apenas um duplo sentido de *différence*, mas um triplo sentido, como já assinalei de forma preliminar no ensaio anterior. A atividade social é sempre constituída em três momentos de interseção da diferença: de modo temporal, paradigmático (invocando a estrutura presente apenas na sua instanciação) e espacial. Todas as práticas sociais são atividades *situadas* em cada um desses sentidos.

Abordarei com algum detalhe problemas das relações tempo-espaço em outro ensaio deste livro (cf. p. 195-226). Por enquanto vou me limitar provisoriamente a problemas de atuação. Nenhum autor lançou mais luz sobre esses problemas do que Heidegger. Ao examinar o transcendentalismo kantiano, Heidegger observa que o *a priori* de Kant implica a reciprocidade entre tempo e ser: o que faz a coisa ser o que é "pre-cede" a coisa. Mas o efeito da filosofia de Kant é traduzir o teorema subjacente da filosofia clássica – o de que o real é tempo e espaço – na proposição de que as *aparências* estão no tempo e no espaço. A visão de Leibniz é nesse aspecto mais satisfatória. Leibniz sustentava que não podemos tratar o tempo e o espaço como receptáculos que "contêm" a experiência, porque só é possível entender tempo e espaço em relação a objetos e eventos: tempo e espaço são os modos em que os objetos e eventos "acontecem" ou "são". Similarmente, para Heidegger *seiend* é uma forma verbal[104]: todo existente é um ser/sendo temporal. Como coloca um comentarista: "O ser nos aparece no tempo como o devir do possível... a futuridade entra na nossa percepção como possibilidades... a questão do tempo é transcendentalmente a ontologia do possível"[105]. O que Heidegger parece ignorar – e é o que torna possíveis fortes leituras historicistas de sua obra – é a necessária inserção de uma dimensão paradigmática nas relações tempo-espaço. Na abordagem da teoria social que desenvolvo adiante, argumento que tempo, espaço e "tempo-espaço (ou estrutura) virtual" – a interseção tripla da diferença – são necessários à constituição do real. Ou, colocando de outra maneira: o sintagmático, que tanto difere quanto defere, necessita do paradigmático, embora este seja recorrentemente dependente daquele.

A.N. Whitehead diz em algum lugar que "[o] que percebemos como presente é a franja vívida da memória tingida de antecipação". Heidegger ressalta o elo entre *Andenken* (memória: literalmente, "pensar em") e *denken* (pensar) ao

---

104. Em alemão no original: *sendo* e, por extensão, *ser*, como *being* em inglês, tradução oferecida pelo autor que faz separação entre o radical do verbo e o sufixo de gerúndio que pode também substantivá-lo: *ser/sendo* [N.T.].

105. SHEROVER, C.M. *Heidegger, Kant and Time.* Bloomington: Indiana University Press, 1971, p. 284.

sustentar que a experiência do tempo não é a de uma sucessão de agoras, mas a interpolação da memória e da antecipação no presente-enquanto-Ser. Nem o tempo nem a experiência do tempo são agregados de "instantes". Essa ênfase é importante por várias razões. Uma, que tem a ver diretamente com o tratamento da ação pelos filósofos analíticos, diz respeito à conceituação dos atos, intenções, propósitos, razões etc. No uso corriqueiro do inglês, falamos como se essas coisas fossem unidades ou elementos distintos de alguma maneira agregados ou encadeados na ação. A maioria dos filósofos da ação britânicos e americanos aceitaram esse uso sem questionar. Ao fazê-lo, sem querer abstraíram a ação de sua localização no tempo, tirando-a da temporalidade da conduta cotidiana. O que essa literatura ignora é o momento reflexivo de atenção chamada a ser no discurso e irrompendo no fluxo da ação que constitui a atividade diária dos sujeitos humanos[106]. Esse momento é envolvido até na constituição de "uma" ação ou de "um ato" da *durée* da experiência vivida[107].

"Ação" ou atuação, tal como a entendo, não se refere, portanto, a uma série de atos discretos combinados, reunidos, mas a *um fluxo contínuo de conduta*. Podemos definir ação, se me permitem tomar emprestada uma formulação de obra anterior, como algo que envolve uma "corrente de intervenções efetivas ou visualizadas de seres corporais no processo contínuo de eventos-no-mundo"[108]. Certos comentários precisam ser feitos a esse respeito. Primeiro, a noção de ação faz referência às atividades de um agente e não pode ser examinada à parte de uma teoria mais ampla da própria atuação. É necessário insistir nessa aparente tautologia porque em parte substancial da literatura filosófica a natureza da ação é discutida primordialmente em relação a um contraste com "movimentos": as características do ator como sujeito não são investigadas ou permanecem implícitas[109]. O conceito de atuação ou agência que advogo aqui, envolvendo "intervenção" num mundo-objeto potencialmente maleável, relaciona-se diretamente à noção mais generalizada de práxis. Tratarei mais tarde os atos regularizados como *práticas situadas* e verei o conceito como expressão de um modo importante de ligação entre a teoria da ação e a análise estrutural. Segundo, é uma característica necessária da ação que, a qualquer momento no tempo, o agente "podia ter agido de outra maneira": quer positivamente, numa tentativa de intervir no processo de "eventos no mundo", quer negativamente, com tolerância. O sentido de "podia ter feito de outra maneira" é obviamente difícil e complexo. Não é importante neste ensaio tentar elaborar uma justificação detalhada disso.

---

106. Cf. *New Rules of Sociological Method*, cap. 2.

107. Isso é assinalado por Alfred Schutz (*The Phenomenology of the Social World*. Londres: Heinemann, 1972, p. 8ss.). Sobre a concepção de *durée*, cf. BERGSON, H. *Time and Free Will*. Londres: Swan Sonnenschein, 1910.

108. *New Rules of Sociological Method*, p. 75; alterei ligeiramente a formulação original.

109. Cf. p. ex., PETERS, R.S. *The Concept of Motivation*. Londres: Routledge, 1958, p. 12ss.

É um equívoco, no entanto, supor que o conceito de ação possa ser plenamente elucidado a esse respeito fora do contexto de *modos de atividade historicamente localizados*[110].

Figura 2.1

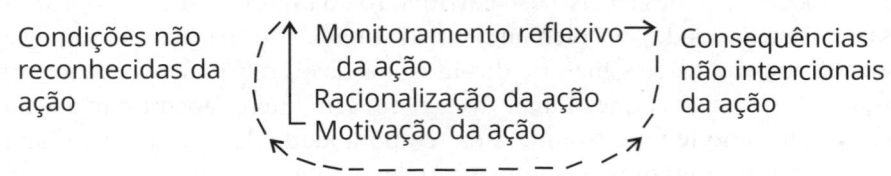

Condições não reconhecidas da ação → Monitoramento reflexivo da ação / Racionalização da ação / Motivação da ação → Consequências não intencionais da ação

A figura 2.1 retrata o que se poderia chamar de "modelo de estratificação" da ação: um modelo cujas implicações não podem, porém, ser desenvolvidas sem a discussão das propriedades da estrutura que farei numa seção posterior. O monitoramento reflexivo da conduta refere-se ao caráter intencional ou proposital do comportamento humano: ele enfatiza a "intencionalidade" *como processo*. Tal intencionalidade é uma característica rotineira da conduta humana e não implica que os atores visem conscientemente objetivos definidos no curso de suas atividades. O fato de que isso é incomum, na verdade, indica-o a distinção corriqueira em língua inglesa entre querer ou pretender fazer algo e fazê-lo "de propósito"[111], este último ato implicando um grau incomum de aplicação mental dada à consecução de um objetivo[112]. Quando atores leigos indagam as intenções uns dos outros com respeito a atos específicos, eles abstraem de um processo contínuo de monitoramento da rotina através do qual relacionam sua atividade uns aos outros e ao mundo-objeto. A característica distintiva do monitoramento reflexivo dos atores humanos, se comparado ao comportamento animal, é o que Garfinkel chama de responsabilidade da ação humana. Uso "responsabilidade" querendo dizer que os relatos ou explicações que os atores são capazes de oferecer sobre sua conduta recorrem aos mesmos estoques de conhecimento utilizados na própria produção e reprodução de sua ação. Como diz Harré, "os mesmíssimos conhecimentos e habilidades sociais estão envolvidos na gênese da ação e dos relatos... a capacidade individual de fazer depende do estoque de conhecimento social da pessoa"[113]. Mas temos que fazer um importante ajuste no ponto de vista que Harré parece assumir. "Fazer relatos" tem a ver com as capacidades e incli-

---

110. Um equívoco que eu cometi em *New Rules of Sociological Method*, p. 75. Não percebi que a noção de que o "podia ter sido de outra maneira" é logicamente distinto do inverso, i.e., a presença de qualquer condição social restritiva ou compulsiva, contradiz meu argumento posterior de que o conceito de ação logicamente acarreta o de poder.

111. Semelhante, portanto, à mesma distinção em português [N.T.].

112. AUSTIN, J.L. "Three ways of spilling ink". In: *The Philosophical Review*, vol. 75, 1966.

113. MARSH, P.; ROSSER, E. & HARRÉ, R. *The Rules of Disorder*. Londres: Routledge, 1978, p. 15.

nações *discursivas* dos atores e não esgota as conexões entre os "estoques de conhecimento" e a ação. O fator que falta na caracterização de Harré é a *consciência prática*: o conhecimento tácito que é habilmente aplicado na execução dos cursos de conduta, mas que o ator não é capaz de formular discursivamente.

O monitoramento reflexivo do comportamento opera contra o pano de fundo da racionalização da ação – que entendo como a capacidade dos agentes humanos de "explicar" por que agem de determinada maneira dando razões para a sua conduta – e no contexto mais "inclusivo" da consciência prática. Assim como as "intenções", as "razões" apenas criam relatos discretos no contexto das buscas e indagações, caso iniciadas por outros, ou como elementos de um processo de autoinvestigação do ator. É muito importante ressaltar que o monitoramento reflexivo da ação inclui o monitoramento do *conjunto da interação* e não apenas o comportamento dos atores específicos tomados separadamente. Garfinkel mostra que essa é uma característica básica dos etno-métodos envolvidos na constituição cotidiana da interação social[114]. A racionalização da ação, como traço característico da conduta diária, é uma característica normal do comportamento de agentes sociais competentes e mesmo a base principal para o julgamento de sua "competência" pelos outros. Isso não quer dizer que se possa ligar razões tão diretamente a normas e convenções quanto afirmam ou supõem alguns filósofos. As razões não apenas incluem a citação ou o apelo a normas: supor que tal é o caso puxa na verdade a filosofia da ação de volta ao quadro parsoniano de referência da ação, pois a conduta passa então a ser dirigida por imperativos normativos "internalizados"[115].

As razões que os atores oferecem discursivamente para sua conduta no curso de buscas e indagações práticas no contexto da vida social cotidiana têm relação um tanto tensa com a racionalização da ação tal como efetivamente incorporada na corrente de conduta do agente. O aspecto menos interessante ou consequente disso diz respeito às possibilidades existentes de dissimulação deliberada, quando um ator alega ter agido por razões pelas quais não foi de fato guiado. Mais importantes são as áreas cinzentas da consciência prática que existem na relação entre a racionalização da ação e os estoques de conhecimento dos atores e entre a racionalização da ação e o inconsciente. Os estoques de conhecimento, nos termos de Schutz, ou o que chamo de *conhecimento mútuo* usado pelos atores na produção dos encontros sociais, não são normalmente conhecidos desses atores de forma explicitamente codificada; o caráter prático de tal conhecimento é conforme à formulação de Wittgenstein do conhecimento de uma regra. As explicações que os atores são capazes de fornecer de suas razões são limitadas ou sujeitas a vários graus de articulação possíveis em relação ao conhecimento mútuo tacitamente

---

114. Cf. GARFINKEL, H. *Studies in Ethnomethodology*. Englewood Cliffs: Prentice-Hall, 1967.

115. Para uma discussão disso no contexto da sociologia de Durkheim, cf. meu artigo "The 'individual' in the writings of Émile Durkheim" (in: *Studies in Social and Political Theory*).

empregado[116]. A justificação ou apresentação de razões na atividade cotidiana, intimamente associada à responsabilidade moral da ação, está inevitavelmente presa a e expressa as demandas e os conflitos gerados nos encontros sociais. Mas a articulação dos relatos e explicações como razões é também influenciada por elementos inconscientes de motivação. Isso envolve possibilidades de racionalização no sentido freudiano, como os efeitos de deslocamento dos processos de explicação racional do inconsciente para o consciente.

Os componentes motivacionais da ação, que para mim se referem à organização das necessidades de um ator, cavalgam aspectos conscientes e inconscientes de cognição e emoção. Todo o peso da teoria psicanalítica sugere que a motivação tem uma hierarquia interna própria. Argumentarei em outro ensaio que uma concepção do inconsciente é essencial à teoria social, mesmo que o esquema resultante que vou desenvolver parta sob certos aspectos das concepções freudianas clássicas. Mas o inconsciente, claro, só pode ser investigado em relação ao consciente, ao monitoramento reflexivo e racionalização da conduta fundados na consciência prática. Temos que nos precaver contra uma teoria que reduza as instituições face ao inconsciente, isto é, contra uma teoria que, ao buscar ligar as formas da vida social aos processos inconscientes, não concede um espaço de ação suficiente a forças sociais autônomas – os próprios escritos "sociológicos" de Freud são muito insuficientes nesse ponto[117]. Mas temos também que evitar uma teoria redutora da consciência, isto é, uma teoria que, enfatizando o papel do inconsciente, só pode entender os aspectos reflexivos da ação como um pálido molde de processos inconscientes que na verdade os determinam.

A filosofia da ação, tal como desenvolvida por autores anglo-saxões, contorna questões que são indicadas dos dois lados da figura 2.1. No que se refere ao inconsciente, esse desprezo expressa mais do que uma simples aceitação das suspeitas de Wittgenstein sobre as condições lógicas da psicanálise[118]. É, antes, consequência de uma preocupação com as relações entre razões e conduta intencional; a maioria dos atores, quando se refere a "motivos", usa o termo como equivalente de razões. Uma teoria da motivação é crucial porque fornece os elos conceituais entre a racionalização da ação e a moldura convencional corporificada nas instituições (embora eu argumente adiante – cf. p. 211-214 – que largas áreas do comportamento social podem ser vistas como não diretamente motivadas). Mas uma teoria da motivação tem que se voltar também para as condições não reconhecidas da ação, respeitando os motivos inconscientes em operação ou "fora" do alcance do entendimento do agente. O inconsciente compreende ape-

---

116. GARFINKEL, H. *Studies in Ethnomethodology*. Cf. tb. a contribuição de Garfinkel a Roy Turner: *Ethnomethodology*: Harmondsworth: Penguin, 1974, p. 15-18.

117. Cf. NEU, J. "Genetic explanation in *Totem and Taboo*". In: WOLLHEIM, R. *Freud, a Collection of Critical Essays*. Nova York: Doubleday, 1974.

118. BARRETT, C. *Wittgenstein*: Lectures and Conversations. Oxford: Blackwell, 1967, p. 42ss.

nas um conjunto de tais condições, que têm que ser conectadas às que são representadas do outro lado do diagrama: as consequências não intencionais da ação.

Se a filosofia da ação tem em grande parte evitado questões do inconsciente, também não tem mostrado praticamente *nenhum interesse nas consequências não pretendidas da conduta intencional*[119]. Isso certamente responde em parte pelo abismo que separou a filosofia da ação das teorias institucionais em ciência social. Se os autores funcionalistas não foram capazes de desenvolver uma explicação adequada da conduta intencional[120], têm, no entanto, se ocupado de forma bastante correta da fuga da atuação ao escopo de propósitos do ator. As consequências não intencionais da ação são de importância central na teoria social na medida em que se incorporam sistematicamente ao processo de reprodução das instituições. Discutirei mais tarde as implicações disso com algum detalhamento. Mas vale a pena indicar agora que uma dessas implicações é que as consequências não intencionais da conduta estão diretamente ligadas a suas condições não reconhecidas especificadas numa teoria da motivação. Pois, na medida em que estão envolvidas na reprodução social, tais consequências não intencionais tornam-se também condições da ação[121]. Para ir mais adiante nessas questões temos, porém, que voltar ao conceito de estrutura.

Tempo, estrutura, sistema

Em ciência social o termo "estrutura" aparece em dois corpos principais da literatura: o do funcionalismo, com frequência em versões contemporâneas chamadas "funcionalismo estrutural"; e a tradição de pensamento que mais completamente o abraçou: o estruturalismo. No funcionalismo, "estrutura" normalmente aparece ligada a "função". Spencer e outros autores do século XIX que empregaram esses termos fizeram-no muitas vezes no contexto de esquemas de analogias biológicas bem diretas. Estudar a estrutura da sociedade é como

---

119. Exemplo bastante conhecido discutido por Davidson vem bem a propósito. Pressiono um interruptor e acendo a luz, iluminando a sala e ao mesmo tempo alertando um gatuno. O interesse de Davidson nisso é puramente limitado ao problema das descrições da ação: eu fiz quatro coisas ou apenas uma que pode ser descrita de maneiras diferentes? ("Actions, reasons and causes". *The Journal of Philosophy*, vol. 60, 1963). Uma das poucas discussões filosóficas da ação que se aproxima de uma preocupação com as consequências não intencionais é GOLDMAN, A.I. *A Theory of Human Action*. Englewood Cliffs: Prentice-Hall, 1970, p. 22ss., onde ele analisa a "geração" de atos por outros atos ou por "sinais de atos".

120. "Functionalism: après la lutte", p. 106-109.

121. Em algumas circunstâncias é importante reconhecer uma distinção entre consequências não intencionais e não reconhecidas da ação. Mas essa distinção diz respeito primordialmente à relação atuação/estrutura na medida em que o não intencional "retorna" para criar condições de ação que operam "anteriormente" à consciência prática ou discursiva. A distinção entre consequências da ação "pretendidas" e "sabidas" é, naturalmente, encoberta na diferenciação entre monitoramento reflexivo e racionalização da conduta.

estudar a anatomia do organismo; estudar suas funções é como estudar a fisiologia do organismo. Cabe mostrar como a estrutura "funciona". Embora autores funcionalistas mais recentes tenham se precavido contra o uso direto ou minucioso de paralelos biológicos, o mesmo tipo suposto de relação entre estrutura e função é prontamente visível em suas obras. Estrutura é entendida como referindo-se a um "padrão" de relacionamentos sociais; função, a como tais padrões efetivamente operam enquanto sistemas. Estrutura, aqui, é primordialmente um termo descritivo, a carga maior da explicação cabendo à função. Isso porque, talvez, a literatura do funcionalismo estrutural, tanto a que é simpática quanto a que é crítica, tem se ocupado esmagadoramente do conceito de função, mal tocando na noção de estrutura. É de todo modo indicativo do ponto a que os críticos do funcionalismo assumiram os parâmetros de seu oponente.

No estruturalismo, ao contrário, "estrutura" aparece com um papel mais explanatório, ligada à noção de transformações. Considera-se que a análise estrutural, quer aplicada à linguagem, ao mito, à literatura, à arte ou, de modo mais geral, aos relacionamentos sociais, penetra sob o nível das aparências superficiais. A divisão entre estrutura e função é substituída por outra entre código e mensagem. À primeira vista, o termo estrutura assim empregado e outros conceitos a ele associados parecem ter pouco ou nada em comum com as noções empregadas pelos funcionalistas. Mas, como tentei mostrar no ensaio anterior, embora tradições de pensamento internamente diferentes, o estruturalismo e o funcionalismo partilham com efeito certos temas e características gerais, fato que em parte reflete a influência de Durkheim sobre ambos. Dois aspectos comuns valem a pena reiterar: o compromisso inicial de cada escola com uma distinção entre sincronia e diacronia ou estático e dinâmico; e a preocupação não apenas com "estruturas", mas com "sistemas". Estas são, obviamente, em cada caso, perspectivas relacionadas, porque o isolamento metodológico de uma dimensão sincrônica é a base para a identificação das características de estrutura/sistemas. A diferenciação de sincronia e diacronia é o elemento básico tanto do estruturalismo quanto do funcionalismo; mas ambos geraram tentativas de transcendê-la. No que toca ao funcionalismo, a mais interessante e importante tentativa envolve a complementação da noção de função com uma ideia de disfunção, tratando assim os processos sociais como uma tensão entre integração e desintegração. Comentei as deficiências dessa visão em outra abordagem[122]. No pensamento estruturalista, a tentativa de superar a distinção entre sincrônico e diacrônico produziu uma ênfase na estruturação ou, como coloca Derrida, "a estruturação da estrutura". Por razões que especifiquei na discussão precedente sobre estruturalismo, tais noções de estruturação tendem a permanecer "internas" a determinados componentes das relações estruturais.

---

122. MERTON, R.K. "Manifest and latent functions". In: *Social Theory and Social Structure*. Nova York: Free Press, 1957; cf. comentários em "Functionalism: après la lutte".

Elaborarei adiante uma concepção de estruturação diretamente ligada à explicação da atuação humana mencionada anteriormente. Mas primeiro é necessário examinar brevemente a relação entre estrutura e sistema. Os dois termos aparecem nas literaturas estruturalista e funcionalista, mas a distinção entre eles em cada uma é instável, de modo que um tende a ser engolido pelo outro. Saussure preferiu o termo "sistema" a "estrutura", indicando com o primeiro o conjunto de dependências entre os elementos da *langue*. A introdução de "estrutura" por Hjelmslev e o grupo de Praga criou menos um conceito complementar ao de sistema do que um substituto para ele. A história subsequente do estruturalismo sugere que um termo ou outro é redundante, pois seus usos se sobrepõem: com frequência sistema aparece como característica definidora de estrutura[123]. No funcionalismo parece à primeira vista haver uma base para distinguir estrutura e sistema, seguindo o contraste estrutura/função. Estrutura poderia se referir a "padrões" de relacionamentos sociais e sistema ao efetivo "funcionamento" dessas relações. É com efeito a distinção feita com frequência pelos autores funcionalistas. Mas não é de surpreender que não a sustentem claramente, uma vez que repousa num suposto paralelismo com a diferenciação entre anatomia e fisiologia no estudo do organismo. A "estrutura" de um organismo existe, em certo sentido, "independentemente" do seu funcionamento: as partes do corpo podem ser estudadas quando o organismo morre, isto é, quando parou de "funcionar". Mas tal não é o caso com os sistemas sociais, *que deixam de existir quando deixam de funcionar*: "padrões" de relacionamentos sociais só existem na medida em que estes últimos se organizam como sistemas, reproduzidos ao longo do tempo. Daí que também no funcionalismo as noções de estrutura e sistema tendem a se dissolver uma na outra.

O conceito de estruturação que pretendo desenvolver depende de se distinguir estrutura e sistema (sem questionar que têm estado intimamente ligados); mas também requer que os dois termos sejam entendidos diferentemente de como são empregados tanto pelo estruturalismo quanto pelo funcionalismo.

Argumento que os termos *estrutura*, *sistema* e *estruturação*, conceituados de modo adequado, são todos necessários em teoria social. Para entender por que um emprego pode ser encontrado para cada uma dessas noções tenho que voltar ao tema da temporalidade introduzido anteriormente. Faz-se uma tentativa, no funcionalismo e no estruturalismo, de excluir o tempo (ou, mais precisamente, as interseções tempo-espaço) da teoria social aplicando-se a distinção sincronia/diacronia. Os sistemas sociais são, no entanto, "retirados do tempo" de modo diferente nos dois tipos de tradição teórica. No funcionalismo e de maneira mais geral na sociologia e antropologia anglo-saxônicas, a tentativa de suspender o tempo é feita "tirando-se um retrato instantâneo" da sociedade, "congelando-a"

---

123. Por exemplo, a formulação das principais características da análise estrutural por Lévi--Strauss em *Structural Anthropology*, vol. I.

por um instante. Os defeitos lógicos dessa visão deveriam ser óbvios e ela só preserva alguma plausibilidade por causa da comparação implícita que tem por trás. A anatomia de um corpo ou as vigas de um prédio, o tipo de imagem ligada a essa concepção de estrutura, estão perceptivelmente "presentes" de uma maneira que a "estrutura social" não está. Por conseguinte, nesse modo de pensar, a distinção sincronia/diacronia é instável. O tempo se recusa a ser eliminado. (Para exame mais detalhado cf. p. 195-198 deste livro.) O termo "estrutura social" tende, portanto, a incluir dois elementos não claramente distintos entre si: a *padronização da interação*, implicando relações entre atores ou grupos; e a *continuidade da interação* no tempo. Assim, escreve Firth em *Elements of Social Organisation* que "[a] ideia de estrutura da sociedade... deve referir-se às relações ordenadas das partes com o todo, à disposição dos elementos interligados da vida social". Mas então acrescenta, falando de "elementos estruturais que percorrem todo o comportamento humano", que eles consistem "realmente na *persistência ou repetição* do comportamento", na "*continuidade* da vida social"[124] (grifo meu).

Isso equivale ao reconhecimento implícito de uma dimensão sintagmática (padronização no tempo-espaço) e de uma dimensão paradigmática (ordem virtual dos elementos que produz continuidade) na análise social – embora não se forneça qualquer explicação de como elas se interligam. Agora, essa diferenciação (embora com certas confusões, cf. p. 34-39 acima) é exatamente a empregada por Lévi-Strauss e, portanto, deve-se supor que sua concepção de estrutura de pode ser simplesmente adotada em lugar da ideia de "estrutura social" utilizada normalmente nas versões funcionalistas da ciência social. E quero sugerir um emprego de "estrutura" mais próximo de Lévi-Strauss do que do funcionalismo. Mas há pelo menos cinco limitações que comprometem a utilidade da noção de Lévi-Strauss.

1) Lévi-Strauss sustenta que o termo estrutura conota um modelo construído pelo observador e, em suas palavras, "nada tem a ver com a realidade empírica"[125]. Recuso essa curiosa mistura de nominalismo e racionalismo que Lévi-Strauss parece advogar. Argumento que a estrutura tem uma "existência virtual", como instanciações ou momentos; mas isso não é o mesmo que identificar estrutura meramente com modelos inventados por observadores sociológicos ou antropológicos. Embora não pretenda defender essa alegação, encaro os conceitos que formulo mais adiante como compatíveis com uma epistemologia realista.

2) O estruturalismo de Lévi-Strauss carece de um conceito de estrutura-como-estruturação. Os processos de estruturação, em outras palavras, são tratados por ele, conforme sugere sua persistente alusão a partituras musicais, como formas combinatórias produzidas por um executante externo (o inconsciente, no

124. FIRTH, R. *Elements of Social Organization*. Londres: Watts, 1956, p. 30 e 39.
125. *Structural Anthropology*, vol. 1, p. 271.

sentido que lhe dá Lévi-Strauss). Mas uma teoria da estruturação preocupada com todos os tipos de processos e modos de reprodução sociais, ao mesmo tempo que não descarta operações mentais inconscientes, deve dar um lugar central à consciência discursiva e prática na reprodução das práticas sociais.

3) A abordagem de Lévi-Strauss parece ambígua ao encarar estrutura como relações entre um conjunto de oposições ou elementos inferidos e como regras de transformação que produzem equivalências entre conjuntos. O mesmo tipo de ambiguidade tende a aparecer em conceitos matemáticos de estrutura, que geralmente tratam estrutura como uma matriz de transformações admissíveis em um conjunto. "Estrutura" pode ser entendida quer como matriz, quer como as leis de transformação, mas geralmente o termo tende a misturar as duas coisas. Não encaro estrutura como referindo no seu sentido mais básico à forma dos conjuntos, mas sim às *regras (e recursos)* que na reprodução social "amarram" o tempo. Assim, "estrutura", como a utilizo adiante, é tratada antes de mais nada como um termo genérico; mas estruturas podem ser definidas como conjuntos ou matrizes de propriedades de regras e recursos.

4) A noção de estrutura aplicada por Lévi-Strauss está ligada às deficiências básicas que apontei no pensamento estruturalista de modo geral com relação ao espaçamento semântico como práxis. Argumento que, estritamente falando, não existem tais coisas como "regras de transformação"; *todas as regras sociais são transformacionais*, no sentido de que estrutura não é manifestada na similaridade empírica com itens sociais[126].

5) Se estrutura existe (no tempo-espaço) apenas em suas instâncias, parece-me que deve incluir referência aos fenômenos que são completamente estranhos à tentativa de Lévi-Strauss de superar o formalismo enfatizando a forma como realização do conteúdo: fenômenos relacionados ao *poder*. Quero dizer que, nos sentidos que darei a concepções de dominação e poder, tais conceitos são logicamente pressupostos pelo conceito de atuação e pelas ligações entre atuação e estrutura definidas adiante.

Da maneira como emprego o termo, "estrutura" refere-se a "propriedade estrutural" ou, mais exatamente, a "propriedade estruturante", propriedades estruturantes que fornecem a "amarração", o vínculo do tempo e espaço nos sistemas sociais. Argumento que tais propriedades podem ser entendidas como regras e recursos repetidamente implicados na reprodução dos sistemas sociais. As estruturas existem paradigmaticamente, como um conjunto ausente de diferenças, temporariamente "presentes" apenas em suas instanciações, nos momentos constituintes dos sistemas sociais. Encarar estrutura como algo que envolve uma "ordem virtual" de diferenças, como já assinalei, não exige aceitar

---

126. A concepção de estrutura que ofereço parece-me próxima à que advoga Bauman, exceto pelo fato de que ele usa "estrutura" mais ou menos como sinônimo de "cultura" (BAUMAN, Z. *Culture as Praxis*. Londres: Routledge, 1973).

a visão de Lévi-Strauss de que estruturas são simplesmente modelos postulados pelo observador. Implica, antes, reconhecer a existência de: (a) conhecimento – como vestígios lembrados – de "como as coisas devem ser feitas" (ditas, escritas) por parte dos atores sociais; (b) práticas sociais organizadas através da mobilização recorrente desse conhecimento; e (c) capacidades que a produção dessas práticas pressupõe.

A "análise estrutural" em ciências sociais envolve o exame da estruturação dos sistemas sociais. A conotação de modelo ou "padrão visível" que o termo "estrutura social" tem comumente, tal como empregado na sociologia anglo-saxônica, é carregada na minha terminologia pela noção de sistema: com a crucial ressalva de que os sistemas sociais são modelados no tempo e no espaço através de continuidades de reprodução social. Um sistema social é, pois, uma "totalidade estruturada". As estruturas não existem no tempo-espaço, exceto nos momentos de constituição dos sistemas sociais. Mas podemos analisar quão "profundamente assentada" é uma estrutura em termos da duração histórica das práticas que recorrentemente organiza e da "amplitude" espacial dessas práticas, ou seja, do seu grau de disseminação em uma gama de interações. As práticas constitutivas dos sistemas sociais assentadas em camadas mais profundas em cada um desses sentidos são *instituições*.

É fundamental entender que, quando falo de estrutura enquanto regras e recursos, não quero dizer que possamos proveitosamente estudar regras ou recursos como agregados de capacidades ou preceitos isolados. De Saussure a Wittgenstein e a Searle o jogo de xadrez é usado na literatura filosófica como ponto de referência para ilustrar aspectos das regras linguísticas e sociais. Mas, como sugiro adiante – especialmente da maneira que são empregadas pelos filósofos –, essas analogias com jogos podem ser altamente equívocas. As regras tendem a ser encaradas como fórmulas isoladas que se deve relacionar a "movimentos" específicos. Em lugar algum da literatura filosófica, que eu saiba, nem a história do xadrez (que tem origem bélica) nem jogos efetivos de xadrez foram objeto de estudo. Tal estudo seria, porém, muito mais relevante do que as analogias habituais para elucidar o ponto de vista que pretendo apresentar, que encara as regras como meios e resultados da reprodução dos sistemas sociais. As regras só podem ser entendidas no contexto do desenvolvimento histórico de totalidades sociais enquanto recorrentemente implicadas nas práticas. Esse ponto é importante sob dois aspectos. (a) *Não há uma relação única entre "uma atividade" e "uma regra"*, como por vezes se sugere ou fica implícito em frases do tipo "a regra do movimento da rainha" no xadrez. As atividades ou práticas são trazidas à vida no contexto de conjuntos de regras superpostos e ligados cuja coerência é dada por seu envolvimento na constituição dos sistemas sociais no tempo. (b) As regras não podem ser exaustivamente descritas ou analisadas por seu próprio conteúdo, como se fossem receitas médicas, proibições etc., precisamente porque, fora circunstâncias em que há um léxico relevante, *regras e práticas só existem em conjunto umas com as outras*.

Regras e recursos

As conexões entre os três conceitos da figura 2.2 podem ser rapidamente descritas de início. Os sistemas sociais envolvem relações regulares de interdependência entre indivíduos ou grupos que normalmente podem ser mais bem analisadas como *práticas sociais recorrentes*. Os sistemas sociais são sistemas de interação social; como tais, envolvem as atividades situadas dos sujeitos humanos e existem sintagmaticamente no fluxo do tempo. Os sistemas, nessa terminologia, têm estruturas ou, mais precisamente, têm propriedades estruturais; não são estruturas em si mesmos. Estruturas são necessariamente (logicamente) propriedades de sistemas ou coletividades e *caracterizadas pela "ausência de um sujeito"*. Estudar a estruturação de um sistema social é estudar as maneiras pelas quais esse sistema, através da aplicação de regras e recursos geradores e no contexto de resultados não intencionais, é produzido e reproduzido na interação.

Figura 2.2

ESTRUTURA	Regras e recursos, organizados como propriedades de sistemas sociais. Estrutura só existe como "propriedades estruturais".
SISTEMA	Relações reproduzidas entre atores ou coletividades, organizadas como práticas sociais regulares.
ESTRUTURAÇÃO	Condições que regem a continuidade ou transformação de estruturas e, portanto, a reprodução de sistemas.

Cada uma dessas noções requer maior elaboração, no entanto, a começar pelas regras e recursos. A ideia de "regra", claro, tem sido muito discutida na recente literatura filosófica e é importante apresentar alguns importantes requisitos para o seu uso.

1) Rejeito a distinção feita frequentemente entre regras "constitutivas" e "reguladoras" (que remonta a Kant)[127]. Todas as regras sociais têm aspectos constituintes e regulatórios (sancionadores). O tipo de prescrição geralmente dado como exemplo de regra reguladora é "não pegar as coisas dos outros", em con-

---

127. Cf. p. ex., SEARLE, J.R. *Speech Acts*. Cambridge: Cambridge University Press, 1969, p. 33ss. Raymond D. Gumb (*Rule-governed Linguistic Behaviour*. Haia: Mouton, 1972) chega à mesma conclusão que eu a respeito das regras da língua: "todas as regras linguísticas têm um aspecto regulatório e um aspecto constituinte" (p. 25). Para outras considerações relevantes, cf. SAFRAN GANZ, J. *Rules, a Systematic Study*. Haia: Mouton, 1971. • SCHWYZER, H. "Rules and practices". *Philosophical Review*, vol. 78, 1969.

traste com algo como a acima mencionada "regra dos movimentos da rainha" no xadrez. Mas o primeiro entra na constituição de ideias de "honestidade", "propriedade" etc., enquanto o segundo implica sanções ("você tem que/não pode mover a peça assim").

2) Temos que ser muito cautelosos com o uso de regras de jogos – como o xadrez – para ilustrar características das regras sociais em geral. Apenas certos aspectos do "conhecimento de uma regra" são mais bem exemplificados dessa maneira, porque jogos como o xadrez têm regras claramente fixadas e formalizadas que estão estabelecidas como um léxico, como também porque as regras do xadrez não são geralmente sujeitas a disputas crônicas de legitimidade como podem ser as regras sociais. Conhecer uma regra, como diz Wittgenstein, é "saber como avançar", como jogar de acordo com a regra. Isso é vital, porque conecta as regras às práticas. As regras geram – ou são o meio de produção e reprodução das – práticas. Uma regra, portanto, não é uma generalização do que as pessoas fazem, isto é, de práticas regulares. Tais considerações são importantes em relação aos argumentos de autores (como Ziff) que se inclinam a descartar a noção de regra em favor da noção de disposições[128]. A base dessa visão, comumente, é a ideia de que as regras são estranhas à maioria das áreas da vida social, que não são organizadas de forma prescritiva. Uma versão é dada por Oakeshott, segundo o qual na língua e na vida social prática

> [s]em dúvida [...] o que se aprende (ou parte do que se aprende) pode ser formulado em regras e preceitos; mas em nenhum caso [...] aprendemos com regras e preceitos [...] E não apenas pode um domínio linguístico e de comportamento ser alcançado sem nos tornarmos conscientes das regras, mas também, se adquirimos um conhecimento das regras, esse tipo de domínio da língua e do comportamento é impossível se não os esquecemos como regras e se não somos mais tentados a transformar o discurso e a ação em aplicação de regras a uma situação[129].

Isso, porém, faz equivaler o conhecimento de regras a saber como formular regras, que são duas coisas diferentes. "Saber como avançar" não é necessária ou normalmente ser capaz de formular claramente o que são as regras. Uma criança que aprende inglês como língua materna sabe as regras do uso do inglês quando consegue falar a língua, quer possa ou não formular qualquer uma delas. O argumento de Oakeshott não inclui a utilidade geral da "regra", embora concentre efetivamente seu foco na ênfase de Wittgenstein ao caráter prático da obediência à regra.

---

128. Cf. ZIFF, P. *Semantic Analysis*. Ithaca: Cornell University Press, 1960. • BOURDIEU, P. *Outline of a Theory of Practice*. Cambridge: Cambridge University Press, 1977. Pode-se notar que a noção de regra aparece frequentemente na literatura simbólica interacionista, mas com muito pouca referência cruzada à literatura filosófica paralela que tem a ver com regras. Cf. p. ex., as várias contribuições a McCALL, G.J. et al. *Social Relationships*. Chicago: Aldine, 1970.

129. OAKESHOTT, M. *Rationalism in Politics*. Londres: Methuen, 1967.

3) Levando o ponto 2 a suas consequências, podemos dizer que as referências de Wittgenstein às regras dos jogos infantis são mais esclarecedoras em certos aspectos centrais do que as discussões sobre jogos com regras fixas e estabelecidas, como o xadrez. Sua visão é, de fato, virtualmente a mesma de Oakeshott, ao argumentar que as regras ligadas à maioria das formas de vida se assemelham mais às dos jogos infantis que às dos jogos tipo xadrez: "lembrem-se que em geral não usamos a língua segundo regras estritas – nem ela nos foi ensinada por meio de regras estritas". Nos jogos infantis, pelo menos aqueles que são praticados por grupos de crianças ou transmitidos informalmente de geração a geração, não há léxico de regras formais – e pode ser uma característica essencial das regras que efetivamente existem não poderem ser definidas de forma estrita. Tal é o caso, argumenta Wittgenstein, com a maioria dos conceitos empregados na língua cotidiana. Não podemos claramente delimitá-los num sentido lexical: "não porque não saibamos sua real definição, mas porque não há uma 'definição' real para eles. Supor que deve haver seria como supor que, toda vez que as crianças brincam com uma bola, estão jogando um jogo de acordo com regras estritas"[130]. O que foi dito no ensaio anterior (p. 53s.) com respeito à etno-semântica vale repetir aqui. As operações da consciência prática entrelaçam regras *e* a interpretação "metodológica" das regras na continuidade das práticas[131]. A concepção de Garfinkel do trabalho interpretativo sempre temporariamente envolvido na responsabilidade é muito importante aqui. As considerações que Garfinkel chama de "*ad hoc*" – a "cláusula *et cetera*" ou "deixa estar" etc. [*sic*] – estão cronicamente envolvidas na instanciação das regras e não são separadas do que "são" as regras.

Ao enfatizar a importância dos recursos como propriedades estruturais dos sistemas sociais, quero ressaltar a importância central do conceito de poder para a teoria social. Assim como "regra", poder não é uma descrição de um estado de coisas, mas uma capacidade. Penso que é verdadeiro dizer que poucos entre os grandes pensadores ou tradições de pensamento em sociologia deram ao poder um lugar tão central na teoria social quanto o que lhe cabe. Os que reconheceram a importância essencial do poder, como Nietzsche e Weber, fizeram-no apenas com base num irracionalismo normativo que quero repudiar (embora não vá apresentar aqui as razões para isso). Se não há um modo racional de julgar alegações de "valor último", como sustentava Weber, então o único recurso que há é o do poder: os mais fortes são capazes de impor os seus valores esmagando os outros[132]. Mais comuns são os pontos de vista que ou tratam o poder como secundário para o caráter significativo ou normativo da vida social ou simplesmente o ignoram. Tal é o caso, por exemplo, das obras de autores ligados à feno-

130. WITTGENSTEIN, L. *The Blue and Brown Books*. Oxford: Blackwell, 1972, p. 25.

131. WITTGENSTEIN, L. *Philosophical Investigations*. Oxford: Blackwell, 1972, p. 80-81.

132. Cf. LUKÁCS, G. *Die Zerstörung der Vernunft*. Berlim: Aufbau, 1965.

menologia (Schutz) ou ao pensamento social wittgensteiniano (Winch), assim como a tradições a que estes se opõem em outros aspectos (o funcionalismo de Durkheim ou Parsons). É o caso mesmo, em certo sentido, mas bem diferente, com o marxismo, na medida em que Marx ligou o poder diretamente a interesses de classes, com a possível inferência de que, ao desaparecerem as divisões de classe, também desaparecem as relações de poder.

Entre as muitas interpretações de poder em teoria social e política despontam duas perspectivas principais. Uma é que o poder é mais bem conceituado como a capacidade de um ator de alcançar o que quer, mesmo às expensas da vontade de outros que podem resistir-lhe – o tipo de definição empregada por Weber[133], entre muitos outros autores. Outra é que o poder deveria ser visto como propriedade coletiva: o conceito de Parsons, por exemplo, pertence a esta última categoria[134]. Quero argumentar, porém, que nenhuma dessas concepções de poder é adequada isoladamente e que deveríamos ligá-las como aspectos da dualidade da estrutura. Tratarei os recursos como as "bases" ou "veículos" de poder, incluindo estruturas de dominação, a que as partes recorrem para interagir e reproduzidas através da dualidade da estrutura. O poder é gerado por formas definidas de dominação, de maneira semelhante ao envolvimento das regras com as práticas sociais: e, na verdade, como um elemento ou aspecto integral dessas práticas. (Para maior discussão sobre poder e dominação, cf. p. 95-102 adiante.)

A teoria da estruturação

O conceito de estruturação envolve o de *dualidade da estrutura*, que está ligado ao *caráter fundamentalmente recorrente da vida social e expressa a mútua dependência entre estrutura e atuação*. Por dualidade de estrutura entendo que as propriedades estruturais dos sistemas sociais são tanto meios quanto resultado das práticas que constituem esses sistemas. A teoria da estruturação, assim formulada, rejeita qualquer diferenciação entre sincronia e diacronia ou estático e dinâmico. A identificação de estrutura com coerção é também rejeitada: a estrutura é ao mesmo tempo propiciadora e coercitiva e uma das tarefas específicas da teoria social é estudar as condições na organização dos sistemas sociais que regem as interconexões entre um papel e outro. De acordo com essa concepção, as mesmas características estruturais participam do sujeito (o ator) e do objeto (a sociedade). A estrutura forma simultaneamente a "personalidade" e a

---

133. A natureza da conceituação de poder de Weber é ainda matéria de alguma controvérsia. Weber diz: "*Macht bedeutet jede Chance, innerhalb einer sozialen Beziehung den eigenen Willen auch gegen Widerstreben durchzusetzen, gleichviel worauf diese Chance beruht*" (*Wirtschaft und Gesellschaft*. Tübingen: Möhr, 1956, p. 28). Embora a maioria das traduções inglesas vertam *Chance* como "capacidade", argumentou-se que, entendida como "chance" ou "possibilidade", a definição é menos individualista do que parece (cf. LUHMANN, N. *Macht*. Stuttgart: Enke, 1975).

134. "'Power' in the writings of Talcott Parsons". In: *Studies in Social and Political Theory*.

"sociedade" – mas em nenhum dos casos de modo exaustivo, devido à importância das consequências não intencionais da ação e por causa das condições não reconhecidas da ação. Diz Ernst Bloch que o homem é sempre um iniciante, *Homo semper tiro*[135]. Podemos concordar, no sentido de que todo processo de ação é a produção de algo novo, um novo ato; mas ao mesmo tempo toda ação se dá em continuidade com o passado, que fornece os meios para o seu início. *A estrutura, portanto, não deve ser concebida como uma barreira à ação, mas como essencialmente envolvida na sua produção*, mesmo nos processos mais radicais de mudança social, que, como quaisquer outros, ocorrem no tempo. As formas mais perturbadoras de mudança social, assim como as formas sociais mais rígidas e estáveis, envolvem estruturação. Daí não haver necessidade de nem espaço para uma concepção de desestruturação como a sugerida por Gurvitch[136]. Uma noção de desestruturação só é necessária se preservarmos a ideia de que estrutura é simplesmente equivalente a coerção, com isso contrapondo estrutura a liberdade (como fazem Gurvitch e Sartre).

É importante ressaltar esse último ponto, porque alguns autores que enfatizaram a contingência da vida social fizeram-no apenas ao custo da adoção de um ponto de vista abertamente voluntarista. Um exemplo é a economia de Shackle, não obstante suas interessantes contribuições. Shackle argumenta contra o determinismo nas atividades econômicas humanas, sublinhando seu caráter temporal e contingente: mas com isso é levado a dar importância excessiva ao que chama de "decisão" na vida social humana. O passado está morto e "definido", mas o presente está sempre aberto à livre iniciativa dos atores humanos[137]. Louvável como possa ser sob certos aspectos, dificilmente essa perspectiva permite entender como o passado se faz sentir no presente, mesmo quando o presente reage ao passado. A visão de Shackle parece a esse respeito ter muito em comum com a de Sartre na *Crítica da razão dialética* – com efeito, não seria inexato encarar a obra de Shackle como uma espécie de teoria econômica sartreana. Pois, apesar de destacar a importância da história para o entendimento da condição humana, Sartre mantém um abismo entre passado e presente, no sentido de que, enquanto o passado é "dado e necessário", o presente é um reino de criação livre, espontânea – de modo que aí ele não consegue escapar a um dualismo de "materialidade" e "práxis".

De acordo com a noção de dualidade da estrutura, regras e recursos são utilizados pelos atores na produção da interação, mas são assim também reconstituídos através dessa interação. Estrutura é, portanto, o modo pelo qual a relação entre momento e totalidade se expressa na reprodução social. Essa relação é distinta da que está envolvida na ligação entre as "partes" e o "todo" na coordenação de atores e grupos nos sistemas sociais tal como postulado na

135. BLOCH, E. *A Philosophy of the Future*. Nova York: Herber, 1970, p. viii.

136. GURVITCH, G. *Déterminismes sociaux et liberté humaine*. Paris: PUF, 1955.

137. SHACKLE, G.L.S. *Decision, Order and Time*. Cambridge: Cambridge University Press, 1969.

teoria funcionalista. Quer dizer, as diferenças que constituem os sistemas sociais refletem uma dialética de presenças e ausências no tempo e no espaço. Mas essas só são trazidas à existência e reproduzidas por meio da ordem virtual das diferenças de estruturas, expressas na dualidade de estrutura. As diferenças que constituem estruturas – e são constituídas estruturalmente – ligam a "parte" ao "todo" no mesmo sentido em que a emissão de uma sentença gramatical pressupõe o *corpus* ausente das regras sintáticas que constituem a língua como totalidade. A importância dessa relação do momento com a totalidade em teoria social não pode ser exagerada, uma vez que envolve uma dialética da presença e da ausência que ata as formas mais triviais e insignificantes de ação social às propriedades estruturais da sociedade em geral (e, logicamente, ao desenvolvimento da humanidade como um todo).

Um ponto essencial das ideias aqui desenvolvidas é que as instituições não operam simplesmente "pelas costas" dos atores sociais que as produzem e reproduzem. Todo membro competente de cada sociedade sabe muito sobre as instituições dessa sociedade: tal conhecimento não é *incidental* no funcionamento da sociedade, mas está necessariamente envolvido nele (cf. p. 239-243 adiante). Uma tendência comum de muitas escolas de pensamento sociológico que divergem em outros pontos é adotar a tética metodológica de começar suas análises descontando as razões dos agentes para sua ação (ou o que prefiro chamar de racionalização da ação) a fim de descobrir os "estímulos" reais de sua atuação, que eles ignoram. Essa postura, no entanto, não é apenas imperfeita do ponto de vista da teoria social, mas tem implicações políticas fortemente definidas e potencialmente ofensivas. Implica uma *diminuição do ator leigo*. Se os atores são encarados como idiotas culturais ou meros "portadores de um modo de produção", sem qualquer entendimento que valha sobre as circunstâncias ou ambiente de sua ação, o caminho está aberto de imediato para a suposição de que suas próprias opiniões podem ser desconsideradas em quaisquer programas práticos a ser eventualmente adotados. Não se trata apenas de saber "de que lado estamos (como analistas sociais)"[138] – embora não haja dúvida de que a incompetência social é comumente atribuída a pessoas de grupos socioeconômicos inferiores pelos que ocupam posições de poder ou pelos "especialistas" a eles associados.

Não é coincidência que as formas de teoria social que dão pouco ou nenhum espaço conceitual ao entendimento dos agentes sobre si mesmos e sobre seus contextos sociais tendem grandemente a exagerar o impacto das ideologias ou sistemas simbólicos dominantes sobre as ideologias ou sistemas simbólicos das classes subordinadas, como ocorre em Parsons ou Althusser. Pode-se argumentar que somente grupos de classe dominante se comprometem fortemente

---

138. Cf. BECKER, H.S. *Sociological Work*. Londres: Allen Lane, 1971.

com ideologias dominantes[139]. E isso não apenas devido ao desenvolvimento de "subculturas" divergentes – por exemplo, a cultura da classe operária em contraposição à cultura burguesa na Grã-Bretanha do século XIX – mas também porque *todos os atores sociais, não importa quão baixa seja a sua posição, têm algum grau de discernimento das formas sociais que os oprimem*[140]. Onde culturas parcialmente fechadas e localizadas praticamente desaparecem, como é o caso no capitalismo avançado, o ceticismo sobre as visões "oficiais" da sociedade com frequência é expresso por várias formas de "distanciamento" – e pelo humor. A inteligência desincha. O humor é usado socialmente tanto para atacar quanto para se defender da influência de forças externas que de outra forma não podem ser facilmente enfrentadas.

Não se deve superestimar o grau de convicção com que mesmo os que integram as classes dominantes ou ocupam outras posições de autoridade aceitam sistemas simbólicos ideológicos. Mas não é implausível supor que, em certas circunstâncias e sob certos aspectos, os que estão em posições subordinadas numa sociedade podem ter uma percepção maior das condições de reprodução social do que aqueles que os dominam. Isso está ligado à *dialética do controle* nos sistemas sociais que analisarei mais adiante (p. 148-154). Aqueles que praticamente sem questionar aceitam certas perspectivas dominantes podem estar mais aprisionados por elas do que outros, ainda que essas perspectivas os ajudem a sustentar sua posição de dominação. O ponto em questão aqui tem semelhança clara com a tese de Laing sobre a esquizofrenia: não obstante a natureza distorcida da linguagem e do pensamento esquizofrênicos, em certos aspectos a pessoa esquizofrênica "vê através", tem uma penetração de certos aspectos da existência cotidiana que a maioria aceita sem objeção.

Dito isso, temos que passar a importantes qualificações sobre o que está implicado na proposição de que todo ator competente tem um amplo, mas íntimo e sutil conhecimento da sociedade de que participa. Primeiro, "conhecimento" tem que ser entendido tanto em termos de consciência prática quanto discursiva: e mesmo onde há uma substancial penetração discursiva sobre as formas institucionais isso não é necessário nem normalmente expresso de maneira propositiva. Em certo sentido Schutz entende assim ao chamar as caracterizações de "conhecimento de receitas culinárias", contrastando isso ao tipo de conhecimento abstrato e teórico que o cientista social convoca para o que lhe interessa[141]. Mas isso não distingue de forma satisfatória entre consciência prática, que é o

---

139. Cf. ABERCROMBIE, N. & TURNER, B.S. "The dominant ideology thesis". *British Journal of Sociology*, vol. 29, 1978.

140. Para um dos trabalhos de pesquisa mais perspicazes sobre o tema, cf. WILLIS, P. *Learning to Labour*. Westmead: Saxon House, 1977.

141. SCHUTZ, A. *Reflections on the Problem of Relevance*. New Haven: Yale University Press, 1970, p. 120ss. *et passim.*

conhecimento incorporado naquilo que os atores "sabem fazer", e discurso, isto é, aquilo de que os atores sabem "falar" e de que maneira são capazes de falar.

Em segundo lugar, todo ator individual é apenas um dentre outros numa sociedade: muitos outros, obviamente, no caso das sociedades contemporâneas industrializadas. Temos que reconhecer que aquilo que um ator conhece enquanto membro competente da sociedade – mas histórica e espacialmente localizado – "se esfuma" em contextos que se estendem para além da sua atividade cotidiana. Em terceiro lugar, os parâmetros da consciência prática e discursiva são ligados de maneiras específicas que se relacionam ao caráter "situado" das atividades dos atores, mas não são redutíveis a ele. Esses podem ser identificados na figura 2.1: as condições inconscientes da ação e as consequências não intencionais da ação. Todos esses fenômenos têm que ser relacionados a problemas de ideologia, tarefa que empreenderei em um ensaio subsequente.

Propriedades estruturais dos sistemas sociais

Os sistemas sociais, ao contrário da estrutura, existem no tempo-espaço e são constituídos por práticas sociais. O conceito de sistema social, entendido no seu sentido mais amplo, refere-se à *interdependência* reproduzida *da ação*; em outras palavras, a "uma relação na qual mudanças em uma ou mais partes integrantes desencadeiam mudanças em outras partes integrantes e essas mudanças, por sua vez, produzem mudanças nas partes em que ocorreram as mudanças originais"[142]. O menor tipo de sistema social é diádico [isto é, composto de duas pessoas]. Mas temos que ter cautela com a ideia de que sistemas diádicos mostram em miniatura o funcionamento de sistemas sociais mais inclusivos, de modo que podem ser usados como base para a teorização das propriedades destes – tipo de procedimento que Parsons adotou em *The Social System*[143]. Uma das minhas razões para fazer distinção entre *integração social* e *integração sistêmica*, como faço adiante, é reconhecer contrastes entre vários níveis de articulação da interação.

O termo "sistema" não pode ficar sem ser examinado, assim como os de ação e estrutura. O conceito de sistema entrou na sociologia a partir de duas fontes principais. Por um lado, a noção de sistema, com esse nome ou outro (por exemplo, estrutura!), sempre foi um elemento importante no funcionalismo, onde, como assinalei antes, raramente se afastou de analogias orgânicas. O sistema social é concebido em termos de paralelos com sistemas fisiológicos. A outra fonte é a "teoria dos sistemas", que não é claramente distinguível da "teoria da informação" ou "cibernética", todas elas em grande parte surgidas fora das ciências sociais.

142. ETZIONI, A. *The Active Society*. Nova York: Free Press, 1968.
143. PARSONS, T. *The Social System*. Londres: Routledge, 1951.

Numa discussão influente, Bertalanffy distingue três aspectos da teoria dos sistemas. A "teoria geral dos sistemas" ocupa-se em explorar semelhanças entre totalidades nas ciências naturais e sociais. Segundo Bertalanffy, uma das principais tendências do pensamento moderno em geral envolve a redescoberta das totalidades em contraste com os agregados, da autonomia em contraste com a redução de uma coisa à outra[144]. Tal redescoberta, admite, recebeu impulso direto dos avanços na tecnologia moderna, que forma a segunda categoria, a da "tecnologia de sistemas". A tecnologia de sistemas não se refere apenas a computadores, máquinas automáticas etc., mas também à incorporação de seres humanos ou suas atividades aos sistemas de controle planejados. A teoria da informação e a cibernética foram criadas sobretudo em conexão com esses avanços tecnológicos. Por fim, há a "filosofia dos sistemas", que se ocupa das amplas implicações filosóficas da teoria dos sistemas. O próprio Bertalanffy encara a filosofia dos sistemas como tendo uma importância maior no contexto moderno, vendo-a como geradora de uma filosofia adequada para substituir o positivismo lógico: a filosofia dos sistemas pode fornecer uma nova base para alcançar a unidade da ciência pela qual lutam os positivistas lógicos[145].

Não direi nada sobre a terceira dessas categorias, que na minha opinião não tem qualquer interesse em particular. Mas a segunda é crucial, pois a teoria dos sistemas, entendida como uma série de avanços tecnológicos, já teve um grande impacto prático na vida social, impacto cujas implicações plenas só serão sentidas no futuro. Qualquer apropriação teorética em ciências sociais de conceitos da teoria dos sistemas deve ser firme contra o colapso da primeira categoria na segunda. A teoria dos sistemas, no segundo sentido, é uma poderosa força ideológica no mundo contemporâneo[146]; só mantendo a distinção entre a primeira e a segunda categorias é possível submeter a tecnologia dos sistemas à crítica da ideologia. Mas sustentar essa possibilidade, acho, também envolve resistir ao tipo de alegações que Bertalanffy e outros fizeram sobre a aplicabilidade da teoria geral dos sistemas à conduta humana. A posição que defendo aqui é próxima da elaborada por Richard Taylor: o monitoramento reflexivo da ação entre atores humanos não pode ser adequadamente com-

---

144. BERTALANFFY, L. *General System Theory*. Londres: Allen Lane, 1968, p. xvii. Cf. tb. SUTHERLAND, J.W. *Systems: Analysis, Administration, and Architecture*. Nova York: Van Nostrand, 1975.

145. Para comentários sobre isso, cf. ACKOFF, R.L. "General system theory and systems research: contrasting conceptions of system Science". In: MESAROVIC, M.D. (org.). *Views on General Systems Theory*. Nova York: Wiley, 1964.

146. Cf. HABERMAS, J. & LUHMANN, N. *Theorie der Gesellschaft oder Sozialtechnologie?* Frankfurt: Suhrkamp, 1973. Bertalanffy ressalta a importância de abordar a teoria dos sistemas com "preocupações humanísticas" em mente, reconhecendo o "medo" bem real "de que a teoria dos sistemas é de fato o último passo para a mecanização e desvalorização do homem e rumo à sociedade tecnocrática" (*General System Theory*, p. xxi). Cf. tb. BERTALANFFY, L. *Perspectives on General System Theory*. Nova York: Brazillier, 1975.

preendido com princípios de teleologia aplicáveis a sistemas mecânicos[147]. O comportamento com um propósito é geralmente tratado pelos teóricos dos sistemas em termos de retroalimentação[148]. Aceitarei adiante o argumento de Buckley de que sistemas envolvendo processos de retroalimentação devem ser distinguidos dos mecanismos sistêmicos que o funcionalismo normalmente destaca, que são de um "tipo inferior"[149]. Mas quero também diferenciar processos de retroalimentação sistêmicos e uma ordem "mais alta" de autorregulação reflexiva nos sistemas sociais.

Os funcionalistas sempre ressaltaram a proximidade de conexões entre biologia e sociologia, sendo ainda a versão mais ampla e abrangente disso a hierarquia de Augusto Comte para as ciências. Questionar a moldura naturalista associada a esse tipo de posição e recusar qualquer sentido técnico especial para o termo "função", como faço em todo este livro, não é negar que pode haver importantes continuidades entre as ciências naturais e sociais. É, antes, reconceber a forma que essas continuidades podem assumir (cf. p. 246-248 adiante). Com respeito aos problemas discutidos neste ensaio, as fontes mais relevantes de conexão entre as teorias biológica e social não envolvem as analogias funcionais tão fortemente representadas na história da sociologia, mas sim os sistemas recorrentes ou *autorreprodutores*. Há aqui dois tipos relacionados de teoria. Um é a teoria dos autômatos[150], tal como modelada na máquina de Turing. Mas isso não tem tanto interesse para a conceituação da reprodução social quanto as recentes concepções de autorreprodução celular (autopoiesis) – embora seja provavelmente cedo demais para dizer com exatidão quão próximos vão se revelar os paralelos com a teoria social. O ponto central de conexão é sem dúvida a recorrência, considerada característica da organização autopoiética. Organização autopoiética pode ser entendida como relações entre a produção de componentes que "participam recorrentemente da mesma rede de produção de componentes que produziu esses componentes"[151]. Varela propõe que as questões teóricas surgidas re-

147. TAYLOR, R. "Comments on a mechanistic conception of purposefulness". In: *Philosophy of Science*, vol. 17, 1950. • TAYLOR, R. "Purposeful and non-purposeful behaviour: a rejoinder". In: *Philosophy of Science*, vol. 17, 1950.

148. Cf. p. ex., ROSS ASHBY, W. *An Introduction to Cybernetics*. Londres: Chapman and Hall, 1956.

149. BUCKLEY, W. *Sociology and Modern Systems Theory*. Englewood Cliffs: Prentice-Hall, 1967.

150. Cf. MINSKY, M.L. *Computation, Finite and Infinite Machines*. Englewood Cliffs: Prentice-Hall, 1967.

151. VARELA, F.G. et al. "Autopoiesis: the organization of living systems, its characterization and a model". *Systems*, vol. 5, 1974. Cf. tb. GARDNER, M. "On cellular automata, self-reproduction, the Garden of Eden, and the game 'life'". *Scientific American*, n. 224, 1971. • ZELENY, M. & PIERRE, N.A. "Simulation of self-reviewing systems". In: JANTSCH, E. & WADDINGTON, C.H. (orgs.). *Evolution and Consciousness*. Reading: Addison-Wesley, 1976.

centemente na cibernética dos sistemas autopoiéticos sugerem uma moldura lógica próxima da dialética. A tentativa de Russell e Whitehead de reduzir a teoria dos números ao formato da teoria dos conjuntos naufragou na definição do conjunto zero ou nulo como o conjunto de todos os conjuntos que não são elementos de si mesmos, o que levou a consequências contraditórias. Russell e Whitehead baniram então expressões autorreferenciais. Mas o fenômeno da autoindicação é uma propriedade lógica das caracterizações teoréticas da organização autopoiética, o que sugere que também a contradição o é[152]. Ainda que isso possa estar em sistemas biológicos, pretendo argumentar em detalhe num ensaio subsequente que as propriedades autorreguladoras dos sistemas sociais devem ser compreendidas através de uma teoria da *contradição sistêmica*.

Integração social e integração sistêmica

Argumentei anteriormente que sistemas de interação social, reproduzidos através da dualidade de estrutura no contexto de condições delimitadas de racionalização da ação, são constituídos através da interdependência de atores ou grupos. A noção de integração, tal como empregada aqui, refere-se ao grau de interdependência da ação – ou "sistemidade" – envolvida em qualquer modo de reprodução do sistema. "Integração" pode ser definida, portanto, como laços, intercâmbios ou *reciprocidade de práticas* estabelecidos entre atores ou coletividades. "Reciprocidade de práticas" tem que ser entendida como algo que envolve relações regularizadas de relativa autonomia e dependência entre as partes envolvidas (cf. p. 99-101 adiante). É importante ressaltar que, tal como empregada aqui pelo menos, *integração não é sinônimo de "coesão" nem, certamente, de "consenso"*.

A divisão entre integração social e sistêmica e aquela entre conflito e contradição são introduzidas como meio de lidar com características básicas da diferenciação da sociedade (cf. figura 2.3). Podemos definir integração social como *sistemidade no nível da interação face a face*; integração sistêmica como *sistemidade no nível das relações entre sistemas sociais ou coletividades*[153]. Essa distinção é o mais perto que chegarei neste livro de admitir a utilidade de uma diferenciação entre estudos "micro" e "macrossociológicos". A significação especial da interação face a face, no entanto, não está primordialmente em que

---

152. BROWN, G.S. *The Laws of Form*. Londres: Allen and Unwin, 1969. Também me inspirei num ensaio inédito de Hayward R. Alker, "The new cybernetics of self-renewing systems" (Center for International Studies, Massachussetts Institute of Technology – MIT).

153. LOCKWOOD, D. "Social integration and system integration". In: ZOLLSCHAN, G.K. & HIRSCH, W. *Exploitations in Social Change*. Londres: Routledge, 1964. Não entendo, porém, a diferenciação da mesma maneira que Lockwood.

envolve pequenos grupos ou que representa a "sociedade em miniatura". Temos que ser de fato particularmente cautelosos com essa última conotação, porque ela carrega a implicação de que o sistema social mais inclusivo pode ser entendido como relacionamento social em letras maiúsculas. A "interação face a face" ressalta, antes, a importância do *espaço e presença* nas relações sociais: no imediatismo do mundo vivido, as relações sociais podem ser influenciadas por fatores diferentes daqueles que envolvem outros espacialmente (e talvez temporariamente) ausentes.

Figura 2.3

INTEGRAÇÃO SOCIAL	Reciprocidade entre atores (relações de autonomia/dependência)
INTEGRAÇÃO SISTÊMICA	Reciprocidade entre grupos ou coletividades (relações de autonomia/dependência)

A sistemidade no nível da integração social ocorre normalmente através do monitoramento reflexivo da ação em conjunto com a racionalização da conduta. Discutirei mais adiante como isso se liga às sanções normativas e às operações de poder. Mas é extremamente importante para a perspectiva desenvolvida ao longo deste livro enfatizar que a sistemidade da integração social *é fundamental à sistemidade da sociedade como um todo*. A integração sistêmica não pode ser adequadamente conceituada através das modalidades da integração social; não obstante, esta é sempre o apoio básico daquela, *via reprodução de instituições na dualidade da estrutura*. Terei muito mais a dizer sobre isso adiante (p. 206-217). A dualidade de estrutura liga o menor detalhe do comportamento cotidiano a atributos de sistemas muito mais inclusivos: quando profiro uma sentença gramatical inglesa numa conversa casual, contribuo para a reprodução da língua inglesa como um todo. Essa é uma consequência não intencional de ter proferido aquilo, mas uma consequência que está diretamente vinculada à recorrente dualidade da estrutura. Nesse exemplo, a integração social e a sistêmica são o mesmo processo e se todos os processos de reprodução sistêmica fossem dessa natureza, não haveria necessidade em absoluto de distinguir entre integração social e sistêmica. Mas as consequências não intencionais da ação se estendem para além dos efeitos recorrentes da dualidade da estrutura; o que introduz a série subsequente de influências que podem ser entendidas em termos de integração sistêmica e é a elas que se referem as diferenciações na figura 2.4.

Figura 2.4

Sistema =	interdependência da ação
concebido como	(1) alças causais homeostáticas
	(2) autorregulação por retroalimentação
	(3) autorregulação reflexiva

A interdependência das partes do sistema, tal como empregada pelos funcionalistas, é geralmente interpretada como homeostase[154]. Pode-se considerar que homeostase envolve a operação de elos causais, isto é, relações causais "circulares" nas quais uma mudança numa parte desencadeia uma sequência de eventos que afetam as outras e eventualmente retornam para afetar a parte que iniciou a sequência, tendendo assim a restaurar seu estado original. O uso do termo "sistema" nos textos funcionalistas e sua identificação com propriedades homeostáticas faz parecer que a ideia de homeostase exaure o sentido de interdependência da ação na integração sistêmica. Mas, como assinalaram críticos do funcionalismo influenciados pela teoria dos sistemas, homeostase é apenas uma forma ou nível dessa interdependência e uma forma na qual, tomando emprestado a um modelo fisiológico ou mecânico, as forças envolvidas operam da maneira mais "cega"[155]. Não é o mesmo que autorregulação por retroalimentação, é um processo mais "primitivo".

Parece bem evidente que processos causais homeostáticos são uma importante característica da reprodução dos sistemas sociais – embora eu sustente que tais processos não podem ser adequadamente compreendidos usando-se a linguagem do funcionalismo. As características homeostáticas dos sistemas sociais podem ser distinguidas das que pertencem a uma ordem mais alta e que envolvem a autorregulação por retroalimentação através de uma seletiva "filtragem de informação". Nos sistemas físicos, o tipo mais simples de retroalimentação é um esquema que envolve três elementos: receptor, aparato de controle e efetor, através dos quais passa a mensagem. Os mecanismos de retroalimentação podem promover a estase; mas, ao contrário dos processos homeostáticos, podem também ser direcionais, levando a uma mudança controle. Um paralelo bem direto pode ser traçado entre esses efeitos de retroalimentação e processos envolvidos nos sistemas sociais. A autorregulação reflexiva é, porém, um fenômeno tipicamente humano, com muitas importantes implicações.

Como forma de ilustrar os três níveis de sistemidade, podemos examinar um assim-chamado "ciclo de pobreza": por exemplo, privação material → fraca

---

154. "Functionalism: après la lutte", p. 114ss.
155. Cf. BUCKLEY, W. *Sociology and Modern Systems Theory*.

escolaridade → baixo nível de emprego → privação material. Um ciclo de pobreza forma uma alça homeostática se cada um desses fatores participa de uma série recíproca de influências sem que nenhum aja como "filtro de controle" para os outros. Uma alça homeostática forma sistemidade do seguinte tipo:

Podemos descobrir essa alça se investigarmos a influência da educação primária sobre os outros elementos mencionados acima. Se, no entanto, analisarmos a influência de toda a formação educacional sobre os outros fatores, veremos provavelmente que um exame realizado na entrada do ensino secundário é um filtro crucial que exerce uma influência controladora sobre outros elementos do ciclo. (A validade do exemplo específico não é importante.) Em tal circunstância, os exames podem ser considerados o equivalente a um aparato de controle de informação num sistema mecânico de retroalimentação. O efeito retroalimentador aqui deve governar um processo regularizado de mudança direcional: como a progressiva passagem de uma origem na classe operária para ocupações de escritório, ditas de colarinho branco, com uma relativa expansão desse setor social. Agora suponhamos que, com base em estudos sobre a comunidade, a educação e o trabalho, o Ministério da Educação utilize dados do ciclo de pobreza para intervir no processo: nesse caso o monitoramento reflexivo da ação junta-se à organização dos sistemas sociais e torna-se uma influência condutora dessa organização.

A expansão das tentativas de autorregulação reflexiva no nível da integração sistêmica é evidentemente uma das principais características do mundo contemporâneo. Tal fenômeno ressalta os dois tipos mais generalizados de mobilização social nos tempos modernos: a *organização* social "legal-racional" e o *movimento social* secular. Mas é também muito importante reconhecer que tentativas de autorregulação reflexiva também produzem uma maior difusão de processos retroalimentadores pela introdução da "tecnologia de sistemas". Já ressaltei que a autorregulação reflexiva entendida puramente como controle técnico – como argumenta tão vigorosamente Habermas – pode tornar-se uma poderosa força ideológica.

Já disse que as *instituições* podem ser consideradas práticas profundamente sedimentadas no tempo-espaço, isto é, duradouras e inclusivas "lateralmente" no sentido de que estão disseminadas entre os membros de uma comunidade ou sociedade. Neste ponto quero introduzir uma distinção, à qual vou me referir em seguida neste livro com bastante frequência, entre *análise institucional* e a análise de *conduta estratégica*. Isso não corresponde à diferenciação entre integração social e sistêmica, porque pretendo que seja antes metodológica que substancial. A distinção visa indicar duas maneiras principais de abordar em ciência social o estudo das propriedades do sistema, duas maneiras apenas separadas, no entanto, por uma *epoché* metodológica [suspensão do juízo]. Examinar a constituição dos sistemas sociais como conduta estratégica é estudar o modo pelo qual os atores recorrem a elementos estruturais – regras e recursos – nas relações sociais. "Estrutura" aqui é mobilização nos encontros sociais da consciência prática e discursiva dos atores. A análise institucional, por outro lado, faz uma *epoché* sobre a conduta estratégica, tratando as regras e os recursos como características cronicamente reproduzidas dos sistemas sociais[156]. É essencial ver que isso é apenas uma suspensão metodológica: não há dois lados de um dualismo, eles expressam uma dualidade, a dualidade da estrutura. Tal suspensão não aparece nas sociologias naturalistas, que tendem a equivaler causação social e coerção estrutural como noções sinônimas. Um exemplo clássico é *O suicídio*, de Durkheim, no qual a atitude suicida é vista como causada por fatores tais como "fraca integração social" (em combinação com causas psicológicas). A explicação de Durkheim não permite de modo algum entender o comportamento suicida, nem a interação social em que se insere, como conduta reflexivamente monitorada[157].

Confronte-se o caráter das sociologias de Durkheim e de Goffman. Este implicitamente suspende a análise institucional a fim de se concentrar na interação social como conduta estratégica. Muito da obra de Goffman pode ser lido como uma investigação dos estoques tácitos de conhecimento utilizados pelos atores leigos na produção dos encontros sociais. Goffman analisa "conhecimento" no sentido wittgensteiniano de "conhecimento das regras"; a sensação de esclarecimento que o leitor de Goffman com frequência experimenta deriva do fato de que o autor explicita o que nós reconhecemos, depois que ele os assinala, como ingredientes da consciência prática, normalmente utilizados de uma maneira não reconhecida na vida social. Por outro lado, a sociologia de Goffman, como a filosofia de Wittgenstein, não desenvolveu uma explicação sobre as instituições, sobre a história ou sobre a transformação estrutural. As instituições parecem parâmetros inexplicados através dos quais os atores organizam suas atividades práticas[158]. Isso é, portanto, afinal, mais do que uma "suspensão" metodológica: reflete o *dualismo* de ação e estrutura já assinalado. Limitada nesse sentido, a sociologia de Goffman também ignora a possibilidade de reconhecer a dialética da presença/ausência que liga a ação às propriedades da totalidade, pois isso envolve a necessidade de gerar uma *teoria institucional da vida cotidiana.*

156. GIDDENS, A. *Class Structure of the Advanced Societies*. Londres: Hutchinson, 1973.

157. Cf. "A theory of suicide". In: *Studies in Social and Political Theory*.

158. Cf. esp.: GOFFMAN, E. *Frame Analysis*. Harmondsworth: Penguin, 1975.

A dualidade da estrutura na interação

Deixem-nos dar agora uma forma mais concreta à dualidade da estrutura na interação, seguindo a partir do que esboçamos acima.

O que chamo aqui de "modalidades" de estruturação são as dimensões centrais da dualidade da estrutura na constituição da interação. Os atores recorrem às modalidades de estruturação na produção da interação, mas elas são ao mesmo tempo os meios de reprodução dos componentes estruturais dos sistemas de interação. Quando a análise institucional é posta em suspenso, as modalidades são tratadas como estoques de conhecimento e recursos utilizados pelos atores na constituição da interação como uma realização competente e bem informada dentro de condições delimitadas de racionalização da ação. Quando a conduta estratégica é posta sob *epoché*, as modalidades representam regras e recursos considerados como características institucionais dos sistemas de interação social. O nível da modalidade fornece, assim, os elementos de acoplamento através dos quais se dissolve a suspensão da análise institucional em favor de um reconhecimento de sua inter-relação.

Figura 2.5

INTERAÇÃO	comunicação	poder	sanção
(MODALIDADE)	esquema interpretativo	facilidade	norma
ESTRUTURA	significação	dominação	legitimação

A classificação apresentada na figura 2.5 não representa uma tipologia da interação ou estruturas, mas um retrato das dimensões que são combinadas de diferentes maneiras nas práticas sociais. A comunicação de sentido na interação não tem lugar separadamente da operação de relações de poder, fora do contexto das sanções normativas[159]. Todas as práticas sociais envolvem esses três elementos. É importante ter em mente, porém, o que foi dito anteriormente com respeito às regras: nenhuma prática social expressa ou pode ser explicada por uma única regra ou tipo de recurso. Ao contrário, as práticas estão situadas dentro de conjuntos de regras e recursos que fazem interseção e expressam em última instância aspectos da totalidade.

A distinção entre esquemas interpretativos, que se referem à comunicação de sentido, e normas, que dizem respeito à sanção da conduta, pode ser esclarecida examinando-se a discussão de Winch sobre seguir a regra, em seu livro *The*

---

159. Em discussões anteriores classifiquei de "moral" a terceira dimensão da interação, tendo em mente a análise de Durkheim sobre obrigações morais. Agora acho melhor descrevê-la como "sanções normativas", tratando as normas morais como um tipo de normas.

Idea of a Social Science. De acordo com Winch, a conduta que "segue a regra" pode ser equivalente a "ação que faz sentido". O critério do comportamento que segue a regra é poder indagar se há uma maneira "certa" e uma "errada" de se comportar[160]. Agora, isso confunde dois sentidos de seguir a regra, ou melhor, *dois aspectos das regras implicados na produção das práticas sociais*, o que está ligado à *constituição do sentido* e o que se refere às *sanções* envolvidas na conduta social. Há maneiras certas e erradas de usar as palavras em uma língua, o que tem a ver com os aspectos das regras ligados à constituição do sentido; e há modos certos e errados de conduta no que se refere às sanções normativas implicadas na interação. Embora seja importante separá-los conceitualmente, esses dois sentidos de certo e errado sempre fazem interseção na constituição efetiva das práticas sociais. Assim, o uso "correto" da língua é sempre sancionado, ao passo que a relevância das sanções a uma conduta diferente do discurso está inevitavelmente ligada à identificação dessa conduta no plano do sentido. O primeiro sentido, para adaptar um exemplo discutido por MacIntyre[161], é aquele no qual uma expressão como "dar uma volta" é usada correta ou erroneamente em relação a uma atividade específica, isto é, o que se deve *entender* como "dar uma volta" na linguagem praticada na vida cotidiana. O segundo é o sentido no qual "dar uma volta" se relaciona a normas de conduta "correta", "desejável" ou "apropriada": fazer uma caminhada na calçada difere, assim, de vaguear pelo meio da rua desrespeitando as convenções ou leis que regem o comportamento no tráfego (e a segurança pessoal). A questão em distinguir esses dois sentidos de "regra" implicados nas práticas sociais (e rejeitar a ideia de que se trata de dois *tipos* de regra, um constitutivo e outro regulador) está precisamente em ser capaz de examinar sua interligação. A identificação dos atos, em outras palavras, entrelaça-se de maneiras importantes com considerações normativas (e vice-versa). Isso é bem óbvio e formalmente codificado na lei, onde, no que toca à aplicação de sanções, muita coisa depende das diferenças entre "assassinato", "homicídio culposo" etc.

Não basta apenas ressaltar a necessidade em teoria social de relacionar a constituição e a comunicação de sentido a sanções normativas; cada uma tem, por sua vez, que ser ligada a transações de poder. Assim é no duplo sentido indicado pela expressão dualidade de estrutura. O poder é expresso na capacidade dos atores de fazer certos "relatos contarem" e de decretar processos sancionadores ou resistir a eles; mas tais capacidades recorrem a modos de dominação estruturados em sistemas sociais.

Por "esquemas interpretativos" entendo elementos padronizados de estoques de conhecimento aplicados por atores na produção da interação. Esque-

160. WINCH, P. *The Idea of a Social Science*. Londres: Routledge, 1958, p. 32-33.
161. MacINTYRE, A. "The idea of a social Science". In: *Aristotelian Society Supplement*, vol. 41, 1967.

mas interpretativos formam o núcleo do conhecimento mútuo pelo qual um universo compreensível de sentido é sustentado através de e em processos de interação. Ser explicável ou compreensível, para Garfinkel, depende do domínio de etno-métodos envolvidos no uso da linguagem e é essencial entender o ponto enfatizado por Garfinkel e, de maneira diferente, por Habermas de que tal domínio não pode ser adequadamente compreendido como "monológico". Isso envolve mais do que a proposição (feita por Habermas) de que uma abordagem satisfatória da semântica não pode derivar da sintática de Chomsky: ela aponta para aspectos da relação entre linguagem e o "contexto de uso" que são de fundamental importância para a teoria social. Na produção de sentido na interação, o contexto não pode ser tratado meramente como o "ambiente" ou "pano de fundo" do uso da linguagem. *O contexto da interação é moldado e organizado em certa medida como parte integrante dessa interação enquanto encontro comunicativo.* O monitoramento reflexivo da conduta na interação envolve o rotineiro apoio no contexto físico, social e temporal para sustentar a explicabilidade; mas o apoio no contexto ao mesmo tempo recria esses elementos como dados contextuais relevantes. O "conhecimento mútuo" assim empregado e reconstituído nos encontros sociais pode ser considerado o meio pelo qual se ordena o entrelaçamento de elementos locucionais e não locucionais.

Como acontece com outros aspectos do contexto, a comunicação de sentido em processos de interação não "ocorre" apenas no tempo. Os atores sustentam o sentido do que dizem e fazem através da incorporação rotineira "do que aconteceu antes" e de antecipações "do que acontecerá em seguida" no presente desenrolar de um encontro[162]. Características indicativas de interação implicam, portanto, *différence* no sentido atribuído por Derrida. Mas o uso da linguagem é também baseado em outros aspectos referenciais do contexto, que limitam com "o que não pode ser dito". A análise de Ziff sobre contexto é importante aqui[163]. Alguns linguistas argumentaram que a língua pode em princípio ser separada de todos os aspectos do contexto porque tais aspectos podem eles mesmos ser expressos na língua, visão que converge com algumas noções centrais do estruturalismo. Isso faria com que a absorção de um enunciado tipo "a caneta na mesa é de ouro", tal como usado e entendido no contexto cotidiano da comunicação, pudesse ser analisada em uma sentença ou conjunto de sentenças descrevendo os elementos contextuais mutuamente conhecidos pelos participantes e necessários às propriedades indicativas do enunciado. Assim, afirmam, "a caneta na mesa" poderia ser substituída por "a única caneta na mesa do quarto dos fundos da Rua Millington 2A, Cambridge, às 11h30 do dia 9 de maio de 1978". Mas

---

162. Cf. WOLD, A.H. *Decoding Oral Language*. Londres: Academic Press, 1968.

163. ZIFF, P. *Semantic Analysis*. Cf. tb. ZIFF, P. "About what an adequate grammar could not do". In: *Philosophical Turnings*. Ithaca: Cornell University Press, 1966. • BAR-HILLEL, Y. *Language and Information*. Reading: Addison-Wesley, 1964, p. 175-176.

tal afirmação não é, de fato, defensável. A sentença substituta não verbaliza na verdade as características contextuais utilizadas para produzir o entendimento mútuo do enunciado original e seus aspectos referenciais. Para entender o enunciado nenhum dos participantes na interação precisa saber coisas como o endereço da casa em que se encontram, a hora ou a data em que foi feito o enunciado. Também, assinala Ziff, seria um erro supor que, mesmo se a primeira sentença pudesse ser substituída pelos termos da segunda no uso prático cotidiano da língua, haveria um ganho de precisão no sentido – não haveria.

As considerações acima não encobrem, claro, os problemas que teriam que ser enfrentados caso se tentasse criar uma teoria semântica adequada às ciências sociais. É importante repetir, no entanto, que a abordagem da produção de sentido na interação aqui sugerida atribui consequências iguais aos dois sentidos de "*meaning*" tal como usado comumente em inglês: o que um ator quer dizer/fazer e qual o significado do que diz/faz. Isso é de uma importância considerável à luz da tendência redutiva das teorias do sentido: a de tentar reduzir o sentido àquilo que os interlocutores querem ou pretendem dizer ou, ao contrário, supor que o que eles querem dizer é irrelevante para a elucidação da natureza do sentido. A divisão em algum ponto separa os que primordialmente estão preocupados com a emissão de enunciados ou identificações de atos, por um lado, e os que se preocupam com a interpretação de textos, por outro. Alguns autores da primeira categoria (por exemplo, Grice) tentaram elaborar uma teoria do sentido em termos de intenção comunicativa; alguns da segunda categoria (críticos da "falácia intencional") buscaram abster-se de qualquer referência a intenção comunicativa como algo relevante para a caracterização do sentido. Ao contrário desses e daqueles, encaro os sentidos dos atos comunicativos – isto é, atos nos quais um elemento do monitoramento reflexivo da conduta tem a intenção de se comunicar com outro – como em princípio distinguíveis de outros sentidos que podem ser atribuídos a esses atos. Estes derivam das e são sustentados pelas diferenças expressas nas práticas dos jogos de linguagem; mas tais práticas, enquanto realizações ativas de sujeitos humanos, são organizadas através do e no monitoramento reflexivo da conduta. A interação entre sentido como intenção comunicativa e sentido como *différence* representa a dualidade da estrutura na produção de sentido.

Normas e práticas

Ao sair dos esquemas interpretativos para as normas, talvez valha a pena enfatizar mais uma vez que a diferenciação entre as duas coisas é analítica, não substancial: as convenções pelas quais a comunicação de sentido na interação é alcançada têm aspectos normativos, como têm todos os elementos estruturais da interação. Este fato é indicado pelo duplo sentido de "*accountability*" ["explicabilidade" ou "responsabilidade"] no uso corriqueiro da língua inglesa. Dar "explicações" de condutas está intimamente ligado a ser "responsável" por elas, como componente normativo da racionalização das ações[164].

O caráter normativo das práticas sociais pode ser ancorado no que Parsons chama de "dupla contingência" da interação social[165]. Em outras palavras, as reações de cada parte a um processo de interação dependem das respostas contingentes da outra ou outras; a resposta da(s) outra(s) é, portanto, uma sanção parcial dos atos da primeira e vice-versa. A dupla contingência da interação relaciona-se, no entanto, não apenas à institucionalização normativa da conduta, como argumenta Parsons, mas à realização do poder. As sanções normativas são um tipo genérico de recurso nas relações de poder.

A constituição normativa da interação pode ser tratada como afirmação de *direitos* e sanção de *obrigações*. A dupla contingência da interação, porém, implica que *a simetria entre as duas coisas pode ser factualmente rompida na conduta social efetiva*. Esse é um ponto crucial em que a contingência da "dupla contingência" tende a evaporar do quadro de referência da ação parsoniano: para Parsons, a institucionalização normativa de conjuntos recíprocos de expectativas (estruturadas como papéis dos atores) controla as atividades dos participantes em processos de interação. Do ponto de vista da teoria da estruturação aqui desenvolvida, no entanto, as normas implicadas em sistemas de interação social têm a cada momento que ser sustentadas e reproduzidas no fluxo dos encontros sociais. Aquilo que do ponto de vista estrutural – em que a conduta estratégica é suspensa – parece uma ordem legítima normativamente coordenada, na qual direitos e obrigações são meramente dois aspectos das normas, do ponto de vista da conduta estratégica representa *reivindicações* cuja realização é contingente segundo o sucesso de mobilização das obrigações por meio das respostas dos outros atores.

A operação de sanções na dupla contingência da interação é essencialmente distinta das consequências decorrentes de "prescrições técnicas", nas quais o laço entre um ato e sua sanção é de ordem "mecânica". Quer dizer, em prescrições como "evite beber água contaminada", a sanção – o risco de ser envenenado – envolve consequências que têm a forma de eventos naturais. Durkheim reconheceu a distinção ao separar o que chamou de sanções "utilitárias" das sanções "morais". Mas a maneira como formulou essa distinção, tratando as sanções morais como o protótipo mesmo das relações sociais, impediu-o de teorizar um sentido bem básico em que é possível encarar as normas, de modo "utilitário" pelos agentes – que deve ser conceitualmente ligado ao caráter contingente da realização das reivindicações normativas. Há uma gama

---

164. Cf. McPHERSON, A. et al. *Social explanation and political accountability:* two related problems with a single solution. Centre for Educational Sociology [monografia inédita, Universidade de Edimburgo].

165. PARSONS, T. *The Social System.*

de "nuanças" possíveis entre a aceitação de uma obrigação normativa como compromisso moral, que é o caso típico para Durkheim, e a conformidade baseada no reconhecimento de sanções que se aplicam à transgressão de prescrições normativas. Em outras palavras, o fato de que as características normativas da vida social envolvem a dupla contingência da interação não relega necessariamente um modo "utilitário" de orientação face a sanções ao rol de consequências causais não sociais do comportamento. Um ator pode "calcular os riscos" envolvidos em determinada forma de conduta social relativamente à probabilidade das sanções de fato aplicadas e estar preparado para submeter-se a elas como um preço a pagar para alcançar certa finalidade. É considerável a importância teórica desse ponto aparentemente óbvio nos problemas de legitimação e conformidade – e em dois aspectos. Um é que afasta a teoria da legitimação do teorema do "consenso sobre valor-norma-moral internalizados" que é símbolo do "funcionalismo normativo" de Durkheim e Parsons[166]. Outro é que direciona a atenção para o caráter *negociado* das sanções, ligando a produção de sentido à produção de uma ordem normativa. Atitudes "calculadas" em relação às normas podem estender-se a processos de "apresentação do eu", de "barganha" etc., nos quais atores que transgridem ou se conformam a prescrições normativas podem negociar em certa medida o que *são* a conformidade ou a transgressão no contexto de sua conduta, por meio dessa conduta, assim afetando também as sanções a que está submetida.

Uma classificação de sanções pode basear-se nos elementos mobilizados para produzir o efeito sancionador, com aquele que é por fim eficaz sempre se impondo de certa forma aos desejos dos atores (conscientes ou inconscientes), mesmo no caso de sanções que envolvem o uso da força. Segue-se, porém, do que foi dito anteriormente que seria um erro supor que sanções só existem quando os atores tentam abertamente "alinhar" uns aos outros de alguma maneira específica. A operação das sanções, ou o ato de sancionar, é uma característica crônica de todos os encontros sociais, por mais difusos ou sutis que possam ser os processos mútuos de ajustamento na interação. Isso se aplica, claro, à produção de sentido de uma maneira básica. Os estoques de conhecimento a que se recorre na comunicação linguística, incluindo as regras sintáticas, têm uma forte qualidade de "obrigação" e não poderiam operar fora de um contexto normativo, como qualquer outro aspecto estrutural dos sistemas de interação. A conformidade às regras linguísticas é assegurada basicamente como um meio para e resultado do uso cotidiano da própria língua, no qual o principal compromisso normativo é simplesmente o de sustentar a "explicabilidade/responsabilidade" no sentido que Garfinkel dá a "*accountability*".

---

166. Cf. "The 'individual' in the writings of Émile Durkheim". In: *Studies in Social and Political Theory*.

Poder: relações de autonomia e dependência

Como no caso das outras modalidades de estruturação, o poder pode ser relacionado à interação em dois sentidos: *enquanto envolvido institucionalmente em processos de interação e enquanto usado para produzir resultados em conduta estratégica*. Mesmo o encontro social mais casual apresenta elementos da totalidade como uma estrutura de dominação; mas tais propriedades estruturais ao mesmo tempo apoiam-se e são reproduzidas nas atividades dos participantes nos sistemas de interação. Argumentei em outro trabalho que o conceito de ação está *logicamente amarrado* ao de poder, esta última noção entendida como capacidade transformadora[167]. Normalmente isso tem sido reconhecido apenas de maneira enviesada na filosofia da ação, em que é comum falar de ação em termos de "poder" ou "ser capaz de", isto é, de "poderes". Mas a literatura que se ocupa em analisar a atuação humana em termos de "poderes" raramente, se é que alguma vez, faz interseção com discussões sociológicas sobre as relações de poder na interação. A relação entre os conceitos de ação e poder, no nível da conduta estratégica, pode ser definida como segue: ação envolve intervenção em eventos no mundo, produzindo assim resultados definidos, com a ação intencional sendo uma categoria dos feitos de um agente ou de sua abstenção; *poder como capacidade transformadora refere-se então às capacidades dos agentes de alcançar tais resultados*[168].

Mesmo um exame fortuito da imensa literatura que se ocupa do conceito de poder e sua aplicação em ciência social mostra que o estudo do poder reflete o mesmo dualismo de ação e estrutura que diagnostiquei em abordagens da teoria social em geral. Uma noção de poder encontrada em Hobbes, de forma ligeiramente diferente em Weber e mais recentemente nos escritos de Dahl trata o poder como um fenômeno de ação desejada ou intencional[169]. Nessa noção, poder é definido como a capacidade ou probabilidade de os atores alcançarem resultados desejados ou pretendidos. Segundo outros autores – incluindo figuras tão diversas sob outros aspectos como Hannah Arendt, Talcott Parsons e Nikos Poulantzas – o poder é, ao contrário, especificamente uma propriedade da comunidade social, um meio pelo qual se realizam interesses comuns ou de classe. São efetivamente duas versões de como as estruturas de poder se constituem e duas versões de "dominação" (cada uma *podendo* ligar logicamente a noção de poder à de conflito, mas nenhuma fazendo necessariamente isso). A primeira tende a tratar dominação como *uma rede de tomada de decisões*, operando contra um pano de fundo institucional não examinado; a segunda encara a dominação

---

167. *New Rules of Sociological Method.*

168. Cf. RUSSELL, B. *Power:* A New Social Analysis. Londres: Allen and Unwin, p. 25.

169. A primeira versão de Dahl para essa abordagem foi a de que "A tem poder sobre B na medida em que pode forçar B a fazer algo que de outro modo B não faria" (DAHL, R.A. "The concept of power". *Behavioural Science*, vol. 2, 1957). Mas isso foi posteriormente emendado e elaborado.

como sendo ela própria um fenômeno institucional, quer desconsiderando o poder como algo ligado às ativas realizações dos atores, quer tratando-o como determinado de alguma maneira pelas instituições.

Como é bem sabido, houve várias tentativas de reconciliar essas duas abordagens, alicerçadas na exposição das limitações da visão de "poder como tomada de decisões"[170]. A capacidade de atores garantirem resultados desejados na interação com outros, segundo Bachrach e Baratz, é apenas "uma face" do poder; ele tem outra face, que é a da "mobilização de partidarismos" erigidos em instituições. Esta segunda face é uma esfera de "não tomada de decisões", de práticas implicitamente aceitas e incontestáveis.

A ideia de "não tomada de decisões", no entanto, é apenas uma forma parcial e inadequada de analisar como o poder se estrutura em instituições – e é moldada em termos da abordagem da ação que é supostamente submetida a crítica. A não tomada de decisões é ainda basicamente encarada como propriedade dos agentes e não das instituições sociais.

Talvez a melhor avaliação crítica dessas questões seja a de Lukes[171]. O poder, segundo ele, é mais do que meramente esquizoide: não tem apenas duas faces, mas três. Há um ponto-chave da argumentação de Lukes que vou rejeitar de início: ele diz, fazendo coro a Gallie[172], que poder é um conceito "essencialmente contestado" e "inevitavelmente valorativo". Acho essa visão equivocada ou pouco esclarecedora. É equivocada se implicar que algumas noções das ciências sociais são *essencialmente* contestadas e outras não, de modo que poderíamos montar uma lista (incontestе?) de conceitos essencialmente contestados, separados de outros. A contestação ou disputa crônica de conceitos e teorias nas ciências sociais deve-se em parte ao fato de que esses conceitos e teorias estão envolvidos naquilo a que se referem, ou seja, a própria vida social – linha de pensamento que vou desenvolver no ensaio conclusivo deste volume. A noção de poder certamente tende a provocar controvérsias especialmente arraigadas. Mas uma série de outros termos que também figuram de maneira importante neste livro – classe, ideologia, interesses etc. – são igualmente controvertidos; e gostaria de afirmar que não apenas uns poucos conceitos especialmente controvertidos como esses, mas todo o aparato conceitual da teoria social é, em certo sentido, "inevitavelmente valorativo". O que, é claro, não compromete necessariamente a ideia de Lukes de que as três faces do poder que ele analisa podem ser mais ou menos intimamente ligadas a diferentes posições políticas.

---

170. BACHRACH, P. & BARATZ, M.S. "The two faces of power". *American Political Science Review*, vol. 56, 1962. • "Decisions and non-decisions: an analytical framework". *American Political Science Review*, vol. 57, 1963. • *Power and Poverty*. Nova York: Oxford University Press, 1970.

171. LUKES, S. *Power, a Radical View*. Londres: Macmillan, 1974.

172. GALLIE, W.B. "Essentially contested concepts". *Proceedings of the Aristotelian Society*, vol. 56, 1955-1956. Gallie (p. 171-172) dá cinco critérios de "contestabilidade essencial".

Mas pretendo argumentar que na verdade não é útil distinguir três dimensões do poder, ao contrário de Lukes.

Lukes aceita que a abordagem da não tomada de decisões é um avanço em relação à da tomada de decisões (ou o que ele chama de visão "pluralista"). A primeira, ao contrário da segunda, é bidimensional, porque não se concentra simplesmente em decretar decisões, apontando também de que maneira questões são inteiramente impedidas de ser "decisivas". Como diz Lukes, de maneira bem apropriada, a limitação específica da visão bidimensional é que ela ainda é estreitamente ligada demais ao ponto de vista a que se opõe. "A base do sistema [social]", assinala ele, "não é sustentada simplesmente por uma série de atos escolhidos caso a caso, mas também, mais importante, pelo comportamento grupal socialmente estruturado e culturalmente padronizado e por práticas institucionais..."[173] Por conseguinte, em vez da visão bidimensional, Lukes introduz seu conceito tridimensional. Este invoca a noção de interesses e, junto com ele Lukes redefine poder como a capacidade de um ator ou participante influenciar outro de maneira contrária aos interesses desse outro. Mas isso não parece funcionar. Ou pelo menos intuitivamente não parece haver razão para supor que o poder só é exercido quando A afeta B de modo contrário aos interesses de B – se comparado a quando A afeta B de modo irrelevante para os interesses de B ou, mais importante, quando A afeta B de um modo conforme aos interesses de B[174]. O segundo desses casos só poderia ser excluído como um caso de poder se B sempre se comportasse de acordo com os seus próprios interesses, independente da intervenção de quem quer que fosse; mas as pessoas não tendem sempre a agir de acordo com seus interesses. Gostaria de dizer, em oposição a Lukes, que o conceito de interesse, assim como o de conflito, nada tem a ver logicamente com o conceito de poder; embora substancialmente, no jogo efetivo da vida social, os fenômenos a que se referem tenham muito a ver uns com os outros. Mas, de qualquer forma, apelar a interesses é dar uma estranha torção ao argumento, porque acrescentar a ideia de interesses às visões "uni" ou "bidimensional", que é essencialmente a estratégia de Lukes, não resolve de fato o problema de como incorporar a "conduta socialmente estruturada" a um tratamento geral do poder; pois Lukes não sugere que os interesses são um grupo ou fenômeno estrutural em vez de algo que tem a ver com atores individuais. Em vez de acrescentar uma outra "dimensão" às abordagens de tomada de decisões e não tomada de decisões, precisamos fazer o que Lukes advoga, mas não realiza de fato: tentar superar a divisão tradicional entre noções "voluntaristas" e "estruturais" de poder.

---

173. LUKES, S. *Power, a Radical View*, p. 21-22.

174. Lukes discute isso apenas superficialmente e, a meu ver, de forma inadequada, na p. 33 do seu livro. Para uma tentativa de usar a obra de Lukes sem ligar poder logicamente a interesse, cf. ABELL, P. "The many faces of power and liberty: revealed preference, autonomy and teleological explanation". *Sociology*, vol. 11, 1977. • Comentário em: THOMAS, K. "Power and autonomy: further comments on the many faces of power". *Sociology*, vol. 12, 1978.

Lukes atacou, porém, o problema diretamente numa publicação subsequente[175]. O poder em teoria social, argumenta, assim como eu, está centralmente ligado à ação humana; uma pessoa ou parte que exerce poder *poderia* "ter agido de outra forma" e o conceito implica que a pessoa ou parte sobre a qual o poder é exercido *teria* agido de outra forma se o poder não houvesse sido exercido. "Falando assim supomos que, embora os agentes operem dentro de limites estruturalmente determinados, ainda assim têm uma certa autonomia relativa e poderiam ter agido de forma diferente"[176]. No entanto, ao representar a estrutura impondo limitações ou restrições às atividades dos agentes, Lukes tende a repetir o dualismo entre atuação e estrutura de que falei em ensaios anteriores. Por isso ele fala em "onde termina o determinismo estrutural e começa o poder"[177] e é incapaz de lidar satisfatoriamente com a estrutura implicada nas relações de poder e das relações de poder implicadas na estrutura.

Isso só pode ser feito, acho, se reconhecermos que o poder tem que ser tratado no contexto da dualidade da estrutura: se os recursos que implica a existência de dominação e dos quais se vale o exercício do poder são vistos ao mesmo tempo como componentes estruturais dos sistemas sociais. O exercício do poder não é uma espécie de ato; o poder é, antes, instanciado na ação, como um fenômeno regular, de rotina. Além disso, é um equívoco tratar o *próprio* poder como um recurso, como fazem muitos teóricos do poder. Recursos são os meios pelos quais o poder é exercido e estruturas de dominação reproduzidas, como indicado na figura 2.6.

Figura 2.6

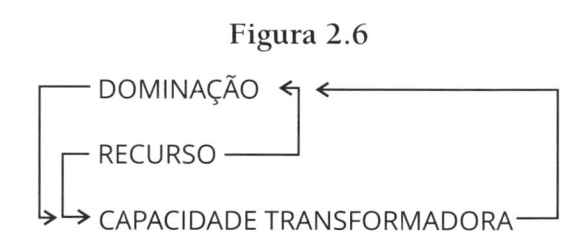

A noção de recursos como componentes estruturais dos sistemas sociais é chave para o tratamento do poder na teoria da estruturação. O conceito de poder, quer como capacidade transformadora (visão característica dos que tratam o poder como conduta dos agentes), quer como dominação (foco central dos que veem o poder como qualidade estrutural), depende da utilização dos recursos. Considero, porém, que cada uma dessas visões implica a outra. Recursos são os

175. "Power and structure". In: LUKES, S. *Essays in Social Theory*. Londres: Macmillan, 1977.
176. Ibid., p. 6-7.
177. Ibid., p. 18.

meios pelos quais a capacidade transformadora é empregada como poder no curso rotineiro da interação social; mas são ao mesmo tempo elementos estruturais dos sistemas sociais enquanto sistemas, reconstituídos através de sua utilização na interação social. Trata-se, portanto, no que diz respeito ao poder, de uma dualidade correlata à dualidade de estrutura no que toca à comunicação de sentido e de sanções normativas: recursos não são apenas elementos adicionais a essas sanções, mas incluem os meios pelos quais o conteúdo significativo e normativo da interação é realizado. O "poder" intervém conceitualmente entre as noções mais amplas de capacidade transformadora, por um lado, e de dominação, por outro: poder é um conceito relacional, mas só opera como tal por meio da utilização da capacidade transformadora gerada por estruturas de dominação.

Repetindo o que foi dito antes, o poder, entendido como capacidade transformadora, está intrinsecamente ligado à atuação humana. A alternativa da ação – "poderia ter feito de outra maneira" – é um elemento necessário da teoria do poder. Como tentei assinalar em outro trabalho[178], o conceito de agência ou atuação não pode ser definido através do conceito de intenção, como pressupõe grande parte da literatura voltada para a filosofia da ação; a noção de agência ou atuação, como a emprego, é logicamente anterior à diferenciação sujeito/objeto. O mesmo se aplica ao conceito de poder. A noção de poder não tem qualquer relação inerente com intenção ou "vontade", como tem em Weber e em muitas outras formulações. Pode parecer de início um tanto estranho sustentar que um agente pode exercer poder sem pretender ou sequer querer fazê-lo: pois quero afirmar que a noção de poder não tem qualquer ligação lógica com motivação nem desejo. Mas não é de modo algum idiossincrática: se assim parece, é talvez porque muitas discussões do conceito de poder tiveram lugar num contexto político, onde as "decisões" são claramente articuladas em relação aos fins que os autores buscam. Como ocorre com a esfera da atuação de modo mais geral, os aspectos do poder abrangidos pelas ações intencionais ou dentro do monitoramento reflexivo da conduta têm uma forma particular; uma gama de noções tais como "conformidade", "barganha" etc. aplica-se apenas em tal contexto.

Embora no sentido de capacidade transformadora o poder esteja implicado na própria noção de ação, passarei a empregar o termo "poder" daqui em diante como subcategoria de "capacidade transformadora", para referir a interação em que a capacidade transformadora *está atrelada às tentativas dos atores de fazer com que os outros se conformem aos seus desejos*. Poder, nesse sentido relacional, diz respeito à capacidade dos atores de garantir resultados onde a realização desses resultados depende da atuação de outros. O uso do poder na interação pode assim ser entendido como facilidades que os participantes trazem à produção dessa interação e mobilizam como elementos dela, assim influenciando

---

178. *New Rules of Sociological Method*, p. 110-113 *et passim.*

o seu curso. Os sistemas sociais são constituídos como práticas regularizadas: o poder dentro dos sistemas sociais pode assim ser tratado *como envolvendo relações reproduzidas de autonomia e dependência na interação social*[179]. As relações de poder são sempre, portanto, *em mão dupla*, mesmo que o poder de um ator ou parte na relação social seja mínimo em comparação com o do/a outro/a. Relações de poder são relações de autonomia e dependência, mas mesmo o agente mais autônomo é em alguma medida dependente e o ator ou parte mais dependente numa relação preserva certa autonomia.

Estruturas de dominação envolvem *assimetrias de recursos empregados* na sustentação das relações de poder nos e entre os sistemas de interação.

Figura 2.7

Recurso	*Sanção*
AUTORIZAÇÃO	COERÇÃO
↕	↕
ATRIBUIÇÃO	INDUÇÃO

Em todas as formas institucionalizadas de interação social, como assinalo no ensaio seguinte, pode-se distinguir dois recursos principais, aos quais podemos acrescentar duas categorias principais de sanção, como mostra a figura 2.7. Autorização e atribuição podem ser associadas a um ou outro tipo de sanção ou a ambos – ou, melhor dito, aos dois *modos de sanção*. Obviamente, não há uma clara distinção entre os tipos de sanção, que podem se combinar de várias maneiras. A distinção é essencialmente entre sanções positivas e negativas, em outras palavras, entre recompensas e punições; mas a ameaça de não dar uma recompensa prometida pode ser um gesto punitivo e, inversamente, a possibilidade de evitar ou se livrar de medidas coercitivas pode servir de indução.

É importante enfatizar que poder não deve ser definido em termos de conflito, uma vez que a definição weberiana de poder amplamente empregada, a que nos referimos anteriormente, tem sido por vezes interpretada como implicando que poder e conflito estão necessariamente ligados, como se o poder só existisse ou fosse exercido quando a resistência dos outros tivesse que ser superada. Parece bem claro que não foi isso que Weber quis dizer; mas seja como for, a formulação apresentada aqui não tem absolutamente qualquer implicação desse

---

179. É importante separar a abordagem sugerida aqui da adotada pela teoria da troca (especialmente Blau). A teoria da troca analisa relações de autonomia e dependência na interação como recursos que alteram processos requeridos pelo ego para alcançar seus objetivos. Isso, no entanto, não incorpora o poder a uma teoria da dualidade da estrutura e tende a permanecer atado a um arcabouço de individualismo utilitário.

tipo. O uso do poder, claro, sempre estimula de fato o conflito ou ocorre num contexto de luta. Isso não devido a qualquer relação inevitável entre poder e conflito, mas em função das relações substanciais que com frequência existem entre poder, conflito e interesses. Considero os interesses como fundados em desejos, independente de um ator ser consciente desses desejos ou não (isto é, atores ou grupos podem ter interesses dos quais são inconscientes). Poder e conflito, como o poder e a realização dos interesses, estão frequentemente ligados, ainda de forma contingente. (Para maior discussão do conceito de interesses, cf. p. 186-188 adiante.)

Individualismo metodológico: breve digressão

Para concluir, pode ser útil um breve comentário quanto à incidência das ideias apresentadas neste ensaio sobre o debate do individualismo metodológico em teoria social. Não há, naturalmente, uma visão unitária que se possa identificar como "individualismo metodológico": a expressão foi usada em referência a uma variedade de ideias diferentes. Uma versão aparece com destaque nas obras de Weber, mas vou examinar aqui de modo sumário a formulação oferecida por Popper, um dos maiores advogados dessa visão nos tempos modernos. Popper descreveu sucintamente o seu ponto de vista como segue: "Todos os fenômenos sociais e especialmente o funcionamento de todas as instituições sociais deveriam sempre ser entendidos como resultado das decisões, ações, atitudes etc. de indivíduos humanos... jamais deveríamos nos satisfazer com uma explicação em termos dos chamados 'coletivos'"[180]. Há três termos-chave nessa afirmação que precisam de uma explicação: *indivíduos*, *coletivos* e o que está implicado em instituições *resultantes* de decisões etc. Quanto ao primeiro termo, a afirmação de Popper reflete uma tendência característica na literatura sobre o individualismo metodológico (pró e contra) de pressupor que "individual" não precisa de explicação. Pode-se considerar um truísmo afirmar que as sociedades consistem apenas de indivíduos – leitura possível da posição de Popper[181]. Mas é apenas um truísmo (que é verdadeiro de um modo trivial ou desinteressante) se entendemos "indivíduo" como algo do tipo "organismo humano". Se "indivíduo", no entanto, significa "agente" no sentido que dei neste ensaio, a situação é bem diferente. A primeira parte da afirmação de Popper reflete então as inadequações da teoria da ação que analisei acima. As instituições efetivamente "resultam" da atuação humana, mas são resultado da ação apenas na medida em que estão também envolvidas recorrentemente como meio de sua produção. No sentido de "instituição", portanto, o "coletivo" está ligado ao próprio fenômeno da ação.

---

180. POPPER, K. *The Open Society and its Enemies*. Vol. 2. Londres: Routledge, 1966, p. 98.

181. Como argumenta Steven Lukes em "Methodological individualism reconsidered" (*British Journal of Sociology*, vol. 19, 1968).

A posição adotada aqui pode ser resumida como segue:

1) Os sistemas sociais são produzidos como transações entre agentes e podem ser analisados enquanto tais no nível da conduta estratégica. Isso é "metodológico" no sentido de que a análise institucional é suspensa, embora elementos estruturais necessariamente entrem na caracterização da ação como modalidades de que se lança mão para produzir interação.

2) A análise institucional, por outro lado, suspende a ação, concentrando-se nas modalidades como meios da reprodução dos sistemas sociais. Mas isso é também puramente uma suspensão metodológica, que não é mais defensável do que a primeira se desconsiderarmos a importância essencial da concepção de dualidade da estrutura[182].

---

182. Uma contribuição idiossincrática a essas questões foi feita recentemente por A. Cutler e outros, em Marx's *"Capital" and Capitalism Today*: "Não há nada no conceito de agente", dizem os autores, "que garanta que todos os agentes devem ser concebidos como sujeitos humanos..." (Londres: Routledge, 1977, p. 266). Assim, o capitalista é reconhecido como um agente em direito empresarial: no entanto, essa categoria não é limitada a indivíduos humanos, podendo incluir firmas de negócios. "A sociedade anônima é um agente legal e uma entidade de decisão econômica distinta dos seus acionistas... Quanto aos outros atributos exigidos de uma entidade para funcionar como um agente da propriedade capitalista, fica claro que um não é o de que seja um indivíduo humano" (p. 277). Tais comentários são irrefutáveis, mas também inteiramente não esclarecedores: não abordam em absoluto o problema filosófico da atuação. É perfeitamente claro que uma companhia pode ser um agente legal. Mas as leis têm que ser interpretadas e aplicadas e são necessários agentes humanos para isso, assim como para fazer as leis antes de mais nada. Nas seções de seu livro em que os autores tratam mais diretamente da questão da atuação, fazem afirmações que me parecem simplesmente erradas. Dizem, por exemplo, que se imputamos quaisquer atributos universais aos sujeitos humanos, segue-se que as relações sociais "são relações entre sujeitos e elas existem na e através da vontade e consciência dos sujeitos" (p. 268). Mas tal não se segue absolutamente, embora decerto nenhuma abordagem que *ignore* a vontade e a consciência dos sujeitos humanos possa ser de grande utilidade em teoria social.

3
Instituições, reprodução e socialização

No ensaio anterior, adiei o exame de problemas de análise institucional e é nisso que vou me concentrar nas seções que seguem. Distingo "instituição" de "sistema social" ou "coletividade". As instituições, para citar Radcliffe-Brown, podem ser consideradas "modos padronizados de comportamento"[183] que desempenham um papel básico na constituição tempo-espacial dos sistemas sociais. A padronização do comportamento no tempo e no espaço, como ressaltei nas discussões precedentes, envolve sua crônica *reconstituição* em contextos contingentes da atividade social cotidiana. A temporalidade entra na reprodução dos sistemas sociais de três maneiras:

1) No *nexo imediato da interação*, realizado de forma contingente ou "trazido" pelos atores, no sentido mais elementar de reprodução social.

2) Na *reprodução do pessoal* dos sistemas sociais, como seres finitos, *Sein zum Tode* [ser para a morte, mortal], naturalmente sustentados na reprodução biológica.

3) Na *reprodução das instituições*, sedimentadas na *longue durée* [longa duração] do tempo histórico.

Na conclusão deste estudo vou me ocupar em mostrar como esses contextos temporais da reprodução social podem estar ligados a um relato de socialização. Pretendo então desenvolver mais certos elementos do "modelo de estratificação" da personalidade. Mas antes de enfrentar essas questões quero ampliar a discussão de estrutura que apresentei e a partir daí esboçar uma classificação das instituições.

Significação e codificação

No estudo da significação como característica estrutural dos sistemas sociais as regras ou seus aspectos que interessam são *códigos* ou modos de codificação. A análise de formas de dominação envolve o exame das ligações entre

---

183. RADCLIFFE-BROWN, A.R. "On social structure". *Journal of the Royal Anthropological Institute*, vol. 70, 1940, p. 9.

o que chamarei de *autorização* e a *atribuição*. O estudo da legitimação requer uma compreensão dos modos de *regulação* normativa que sustentam as "ordens legítimas" (cf. figura 3.1).

Figura 3.1

SIGNIFICAÇÃO	Teoria da codificação
DOMINAÇÃO	Teoria da autorização e da atribuição
LEGITIMAÇÃO	Teoria da regulação normativa

Ao discutir a teoria da significação vou limitar a um nível bem abstrato ou formal o que tenho a dizer. Quero acentuar a importância de incorporar à teoria social algumas das noções centrais da semiótica. Ao mesmo tempo quero ressaltar a necessidade de ligar essas noções a uma explicação de agência ou atuação mais satisfatória do que a oferecida pelas tradições estruturalistas e com um exame das formas de dominação e legitimação.

O signo pode ser aceito como o elemento básico da significação, com as mesmas reservas que fiz a estrutura: os signos só existem enquanto produzidos e reproduzidos na significação, assim como estrutura só existe nos e pelos processos de estruturação. A teoria da significação tem que ser liberada dos dualismos sujeito/objeto que, como assinalei anteriormente, obstruíram a maior parte das áreas das ciências sociais. Tais dualismos mostraram-se de maneira particularmente acentuada no tocante à significação: com concepções divergentes sobre língua e diferentes perspectivas filosóficas. Do ponto de vista do idealismo subjetivo, a língua e, portanto, de maneira mais geral, a significação são entendidas como meios ou veículos de comunicação entre atores: signos são as informações e sentidos transmitidos. O que falta aqui é um entendimento da significação como *característica constitutiva do contexto da própria comunicação*[184]. Por outro lado, as teorias estruturalistas da linguagem consideram os signos como propriedades constituintes "já dadas" dos sistemas de signos. Por vezes essa visão implica que os signos têm propriedades "fixas" ou "amarradas" (ainda que apenas determinadas metodologicamente pela abstração sincrônica), tendendo assim a elidir a distinção entre signos e sinais[185]. Contra ambas as perspectivas,

---

184. Cf. MacCONNELL, D. "The past and future of 'symbolic interactionismo'". *Semiotica*, vol 16, 1976: "a versão do interacionismo simbólico para sentido reduz-se a uma psicologia social do sentido e não leva a uma investigação da lógica e da ordem nas relações entre os signos" (p. 101). A visão interacionista simbólica é a mais próxima em teoria social das teorias intencionalistas do sentido tais como desenvolvidas por filósofos (GRICE et al.).

185. WILLIAMS, R. *Marxism and Literature*. Oxford: Oxford University Press, 1977, p. 38ss.

temos mais uma vez que substituir o dualismo pela dualidade: a significação, no tocante às propriedades geradoras da estrutura, é recorrentemente ligada à comunicação de sentido na interação. Significação refere-se a aspectos estruturais dos sistemas sociais, a que os atores recorrem e que reproduzem sob a forma de esquemas interpretativos. Não posso, portanto, concordar com Eco quando ele define semiótica como uma "disciplina que estuda tudo que pode ser usado a fim de mentir", uma vez que contar mentiras é algo que necessariamente envolve ação intencional e opera, assim, unicamente no nível da conduta estratégica. O caráter geral da posição de Eco, no entanto, concorda com a adotada aqui: "Um sistema de significação é um construto semiótico autônomo com um modo abstrato de existência independente de qualquer ato comunicativo que ele possibilite. Por outro lado [...] *cada ato de comunicação a seres humanos ou entre eles... pressupõe um sistema de significação como condição necessária*"[186].

Não se deve tomar isso como indicando a atribuição de uma prioridade ao semiótico sobre o semântico ou a aceitação das doutrinas saussurianas do caráter arbitrário do signo e da constituição da "diferença pura". Ao contrário, considero que o semântico tem prioridade sobre o semiótico[187]. E temos que deixar claro o que isso implica. Não envolve reduzir o sentido ao nível subjetivo da comunicação, como normalmente afirmam os teóricos estruturalistas que dão primazia ao semiótico; em vez disso, o sentido tem que ser tratado como fundado nos "contextos de uso" da língua[188]. O núcleo válido da tese da natureza arbitrária do signo deve ser localizado no caráter convencional dos signos: as diferenças que constituem a significação fundamentam-se no "espaçamento" das práticas sociais. Isso enquanto tal não resolve um problema tradicional da literatura semiótica, a saber, se a semiótica deve ser vista como um estudo abrangente dos signos ou sistemas de signos ou se, ao contrário, deve ser tratada mais apropriadamente como uma subcategoria da linguística. Mas o meu ponto de vista é mais consoante com o último tipo de perspectiva: é plausível supor que o signo linguístico é, como diz Barthes, o "retransmissor fatal" de todos os modos de significação, uma vez que a língua é uma característica tão permeante da atividade social humana. Isso não impede, naturalmente, reconhecer a contribuição mais importante da semiótica: a ênfase de que todos os tipos de conteúdo, não apenas as palavras faladas ou escritas, podem ser captados na significação.

Os signos podem ser distinguidos tanto dos sinais quanto dos símbolos. Usarei "símbolo" de uma maneira que definirei mais tarde. Um sinal pode ser tratado como um estímulo fixo que provoca determinada resposta interpretativa ou gama de respostas. Os sinais operam, portanto, em sistemas puramente mecânicos, embora possam ser incorporados como elementos de significação: como tais

---

186. ECO, U. *A Theory of Semiotics*, p. 9.

187. Cf. GIDDENS, A. *New Rules of Sociological Method*, p. 104-107.

188. Cf. a importante e interessante discussão em WRIGHT, E. "Sociology and the irony model". In: *Sociology*, vol. 12, 1978, p. 528ss.

são obviamente de importância apenas marginal se comparados com a forma genérica dos signos. Argumentei anteriormente que o dualismo saussuriano entre significante e significado deveria ser reformulado. Não é útil falar de significantes que de alguma maneira "correspondem a" ou "se articulam com" significados, nem sequer de "cadeias significantes" que de algum modo se articulam com cadeias de significados. Entretanto, a noção de articulação de cadeias de significantes e de significados com efeito indica o caminho para além do pressuposto de que os signos são itens "já dados" do mesmo modo que os sinais.

A distinção entre sintagmático e paradigmático é diretamente relevante aí, uma vez que essas relações são multiformes num eixo vertical e também linear ou temporal[189]. Como propriedades estruturais dos sistemas sociais, os códigos incorporam traços polivalentes e têm de certo modo que ser lidos "textualmente". Quer dizer, o conceito de mensagem-código, que é prontamente apto para lidar com a geração de comunicação dentro de sistemas fechados, mecânicos, precisa ser cuidadosamente elaborado quando aplicado à explicação da comunicação na interação social. Não podemos simplesmente identificar códigos preexistentes que geram mensagens, uma vez que "mensagens" também entram na reconstrução de "códigos" na dualidade estrutural da interação; porém, mais do que isso, na interação social as "mensagens" são sempre "textos" no sentido de que são geradas a partir de códigos e expressam a pluralidade deles.

A noção de código, entendida contra esse pano de fundo, pressupõe necessariamente a de transformações. Isso se aplica, é claro, tanto às regras sintáticas envolvidas na produção dos signos linguísticos quanto aos outros sistemas semióticos de interesse direto para a análise social. Há boa razão, no entanto, para negar a tese de que todas as formas de codificação podem ser em última análise fundadas em oposições binárias, sejam de que tipo for[190]. Ao contrário, as oposições binárias são focadas através de uma concentração metodológica em um segmento da diferença, constituindo geralmente redes de oposições.

Recursos: autorização e atribuição

Ao distinguir entre autorização e atribuição pretendo separar conceitualmente dois grandes tipos de recursos que constituem estruturas de dominação e aos quais se recorre e são reproduzidos como relações de poder na interação. Com "autorização" me refiro às capacidades que geram comando sobre *pessoas* e com "atribuição" me refiro às capacidades que geram comando sobre *objetos* ou outros fenômenos materiais.

189. ECO, U. *Theory of Semiotics*, p. 49.
190. Cf. LEACH, E. *Culture and Communication*. Cambridge: Cambridge University Press, 1976, p. 52ss.

A distinção analítica entre uma coisa e outra é extremamente importante porque pode nos ajudar a evitar algumas deficiências tradicionais da literatura sociológica, deficiências que podem estar ligadas à influência de duas grandes correntes do pensamento sociopolítico[191]. Numa dessas correntes de pensamento, o marxismo (seria mais acurado qualificar: certas formas de marxismo), a dominação é associada primeiro e sobretudo às propriedades ou recursos atributivos. Há uma força real nos comentários críticos dirigidos contra essas formas de marxismo, que não dariam suficiente atenção à autorização enquanto recurso (autoridade). A autorização tende a ser tratada de forma redutiva, como derivada da atribuição. O resultado é não apenas uma compreensão falha do sistema político do capitalismo industrial, mas também uma incapacidade de enfrentar o problema da natureza da autoridade nas sociedades socialistas. É exatamente esse tipo de comentário crítico que fazem normalmente contra o marxismo os que escrevem dentro de uma tradição alternativa: a da *teoria da sociedade industrial*. Aí a autorização não é reduzida à atribuição, mas ao contrário, a segunda é encarada como um caso especial da primeira[192]. Mais do que acentuar os possíveis contrastes entre capitalismo e socialismo, o que esse tipo de abordagem faz é minimizá-los; supõe que a autorização tenha uma forma mais ou menos constante em toda sociedade industrial. A importância da atribuição como meio de dominação é, portanto, minimizada, tanto no sentido analítico quanto histórico. É minimizada em primeiro lugar porque é vista meramente como um subtipo de autorização; e depois porque o poder decorrente da atribuição (propriedade) só é tido como de importância maior na estrutura de dominação durante o período do capitalismo clássico ou empreendedor. Por isso esse tipo de pensamento esteve intimamente ligado ao argumento gerencial que separava poder econômico e propriedade.

Vale a pena ressaltar que essas tradições de pensamento têm coisas em comum para além de suas manifestas diferenças. Ambas visualizam a "obsolescência da propriedade", uma como resultado da mudança revolucionária, outra como resultado de um processo mais gradual de evolução. Em ambas, portanto, ou assim eu diria, há uma subestimação da importância continuada da atribuição como aspecto genérico da dominação. Isso em parte se deve sem dúvida à assimilação que normalmente se faz entre "propriedade" e "propriedade privada", o que implica que, com a transcendência dessa última, a propriedade como conceito perde sua relevância para a análise social. Não é o meu ponto de vista aqui, embora reconheça a importância central de diferenciar a propriedade pri-

191. Cf. minha discussão em "Classical social theory and the origins of modern sociology". *American Journal of Sociology*, vol. 12, 1978, p. 528ss.
192. DAHRENDORF, R. *Class and Class Conflict in Industrial Society*. Stanford: Stanford University Press, 1958.

vada da propriedade coletiva (assim como de reconhecer outras distinções que poderiam ser feitas dentro de cada tipo).

Legitimação e normas

Vou postergar por ora uma discussão mais detalhada dessas questões e voltar a uma breve consideração inicial de problemas de regulação normativa. A teoria da regulação normativa ocupa uma posição peculiarmente central na análise social contemporânea, em grande parte devido aos pontos enfatizados na sociologia de Durkheim e Parsons. Investiguei esses pontos e critiquei-os em certa profundidade em outra obra[193]. Não é por acaso que se mostrou difícil nesse tipo de tradição teórica achar espaço conceitual para uma noção de legitimação, apesar do empenho original de Parsons para mesclar ideias adotadas de Durkheim e Weber. Pois Parsons essencialmente introduziu o conceito weberiano de "ordens legítimas" no conceito durkheimiano de *conscience collective* como parte da solução para o "problema hobbesiano da ordem"[194]. O problema da ordem foi definido por Parsons como tendo a ver com a maneira pela qual a sociedade pode existir, com algum grau de estabilidade ao longo do tempo, diante do confronto das vontades individuais, ou seja, a luta de todos contra todos. O efeito da adoção desse ponto de partida foi amarrar as próprias teorias de Parsons, de forma profunda, a uma posição na qual os interesses são entendidos primordialmente em termos de uma *oposição entre o indivíduo e a sociedade*. O consenso moral que torna possível a unidade do todo social incorpora valores "internalizados" na personalidade como disposições de necessidade, assim assegurando um ajuste entre o indivíduo e a sociedade. O tema dos "valores comuns" substitui o da legitimação, na medida em que esta última é entendida como ligada aos interesses setoriais dos grupos dominantes (e, portanto, à ideologia).

A noção de legitimação é preferível à de consenso normativo por duas razões: primeiro, ela não implica qualquer grau específico de concordância sobre os padrões de valor efetivados como direitos e obrigações; e, segundo, permite uma apreciação mais clara da interação de padrões de valor e interesses setoriais na sociedade. Por "padrões de valor" entendo qualquer tipo de prescrição normativa que possa ser mobilizada como aspecto sancionador da interação. Temos que encarar como suspeita qualquer teoria que sustente que toda sociedade relativamente estável necessariamente repousa sobre um íntimo paralelismo entre os padrões de valor envolvidos na legitimação e os motivos coordenados na e pela conduta dos membros dessa sociedade – ou sobre a "interpretação" desses padrões e motivos. Isso é relevante tanto para a interpretação geral de Parsons

193. Vários ensaios republicados em *Studies in Social and Political Theory*.
194. PARSONS, T. *The Structure of Social Action*.

sobre a personalidade e o *consensus universel* quanto para a apropriação que faz da teoria psicanalítica como parte do seu esquema.

Para Parsons, há uma clara convergência entre Durkheim e Freud: elementos da concepção freudiana sobre o desenvolvimento da personalidade podem ser usados para elucidar a solução do problema da ordem com base em "consenso de valor, norma e disposição internalizada de necessidade". Mas trata-se de um Freud em grande parte purgado de antagonismo ou tensão. As principais características da personalidade humana, argumenta Parsons, são "organizadas em torno da internalização de sistemas de objetos sociais que se originaram como unidades de papéis desempenhados nas sucessivas séries de sistemas sociais em que o indivíduo se integrou na sua história de vida"[195]. Isso é especificamente distinguido por Parsons de uma visão do desenvolvimento da personalidade que envolve a repressão de impulsos instintivos; a formação da personalidade ocorre através da internalização dos "sistemas de objetos" que se tornam progressivamente diferenciados com o tempo, à medida que o indivíduo se torna mais intimamente incorporado à sociedade. A consequência de tal interpretação é sugerir uma intrínseca harmonia ou compatibilidade entre motivação e padrões de valor numa área onde – se for seguida a orientação central do pensamento de Freud – há tensões inerentes.

Há outras disjunções possíveis entre a conduta dos atores em sociedade e estruturas de legitimação que envolvem o teorema da interpretação necessária da motivação e consenso de valores. Para que as ordens legítimas tenham alguma força de se imporem, precisam naturalmente ser incorporadas como condições estruturais da ação, ao menos para uma certa proporção dos membros de uma coletividade ou sociedade. Mas a suposição de que isso deve se estender à maioria dos atores para que tal coletividade ou sociedade tenha uma existência estável não está garantida. O nível de integração normativa dos grupos dominantes dentro dos sistemas sociais pode ser uma influência mais importante para a continuidade geral desses sistemas do que até que ponto a maioria "internalizou" os mesmos padrões de valores.

Tais considerações não são meramente significativas no nível da sociedade em geral, das organizações em larga escala, mas se aplicam a todas as circunstâncias da interação. Em qualquer contexto da interação, o que é um padrão de valor legítimo para um ator pode ser para outro apenas um aspecto "factual" do ambiente da ação. Esse é na verdade um princípio característico da operação das sanções, mesmo onde os elementos normativos envolvidos são apenas relativamente "fracos" na forma.

---

195. PARSONS, T. & BALES, R.F. *Family, Socialization and Interaction Process*. Nova York: Free Press, 1955, p. 54.

Propriedades estruturais

Quero sugerir que cada um desses três aspectos da estrutura que identifiquei pode ser entendido como ordenado em termos das *mediações* e *transformações* que eles tornam possíveis na constituição espaço-temporal dos sistemas sociais. O sentido mais básico de mediação é o envolvido na "amarração" dos próprios tempo e espaço. A amarração de tempo e espaço, para antecipar um tema que desenvolverei mais tarde, pode ser entendida em termos do que se pode chamar a "disponibilidade de presença" dos atores dentro dos sistemas sociais. Toda interação social envolve mediação na medida em que há sempre "veículos" que "carregam" o intercâmbio social através de lacunas espaciais e temporais. Em sociedades ou comunidades de alta disponibilidade de presença – em outras palavras, onde a interação é predominantemente do tipo cara a cara – os veículos mediadores são os fornecidos pelas faculdades da presença física. A escrita e outros meios de comunicação (telefone, televisão, modos mecânicos de transporte) ligam distâncias muito maiores no tempo e no espaço.

No ensaio anterior propus o argumento de que não há tais coisas como regras de transformação: todas as regras sociais (códigos e normas) são transformacionais. Dizer que as regras são transformacionais, na terminologia que usei neste livro, é dizer que elas geram uma gama indefinida de conteúdos empíricos, os quais têm uma identidade entre si apenas no que toca à sua relação com essas regras. Embora isso possa ser bastante óbvio quanto aos códigos e normas, talvez não seja tão claro de que forma os recursos envolvem ou a mediação ou as transformações. Pois pode parecer que os recursos (por exemplo, a riqueza e a propriedade) existem num sentido temporal e espacial, ao contrário das regras. Mas quero dizer que os existentes materiais envolvidos nos recursos (a) são o conteúdo ou "veículos" dos recursos, de modo semelhante à "substância" dos códigos e normas, e (b) que, como instanciados nas relações de poder nos sistemas sociais, só operam em conjunção com códigos e normas. (A atribuição é apenas "propriedade" quando instanciada em conjunção com regras de significação e legitimação.) O caráter transformacional dos recursos é simplesmente tão básico quanto o das regras, razão pela qual emprego a expressão "capacidade transformacional" como aspecto intrínseco da atuação humana. Os recursos, no entanto, fornecem as *alavancas materiais* de todas as transformações dos conteúdos empíricos, incluindo as envolvidas na operação dos códigos e normas.

As noções de transformação e mediação não se aplicam apenas à estruturação da interação em tempo real, mas estão também essencialmente envolvidas na análise das próprias estruturas. Quando tomadas em conjunto, pode-se dizer que mediação e transformação dizem respeito à *conversibilidade* das regras e recursos. Darei aqui um exemplo disso que é realmente apenas ilustrativo, mas que de certa forma prepara o caminho para a subsequente discussão mais substancial sobre as instituições sociais: a importância da propriedade privada como componente estrutural do capitalismo moderno. Algumas relações estruturais-chave instanciadas no sistema capitalista podem ser representadas num tempo-espaço virtuais, como segue:

1) propriedade privada: dinheiro: capital: contrato de trabalho: lucro

2) propriedade privada: dinheiro: capital: contrato de trabalho: autoridade industrial

3) propriedade privada: dinheiro: vantagem educacional: posição ocupacional

Embora a propriedade privada não seja de forma alguma característica do capitalismo moderno, certos modos específicos de convertibilidade da propriedade privada o são (o que, naturalmente, é relevante para a significação de "propriedade privada" enquanto tal). Os componentes estruturais centrais do modo capitalista de produção envolvem as relações de convertibilidade indicadas em (1). O dinheiro, "rameira universal", como veículo do puro valor de troca, provê a convertibilidade dos direitos de propriedade em capital (no contexto da totalidade). A universalização da economia monetária é a condição para o surgimento da sociedade capitalista, o que é diferente da existência de setores capitalistas nos sistemas de produção agrária. Como padrão universal do valor de troca, o dinheiro tanto permite a transformação da propriedade privada em capital quanto, ligado a isso, facilita a mercantilização do poder do trabalho como única "propriedade" possuída pelo assalariado. A existência de propriedade/dinheiro como capital provê, em troca, a convertibilidade do capital em lucro através da extração da mais-valia.

Pode-se traçar uma série de relações associadas de transformação-mediação como componentes estruturais da convertibilidade da propriedade privada em autoridade industrial em (2). A convertibilidade das duas propriedades estruturais na "extremidade" direita do conjunto depende de transformações naturalmente diferentes das que ocorrem em (1). Mas tais transformações são também, até certo ponto, traços particulares do capitalismo: a legitimação da autoridade na empresa capitalista é primordialmente organizada através do próprio contrato de trabalho (ao contrário, por exemplo, do laço de lealdade entre o servo e o senhor feudal). As relações estruturais indicadas no conjunto (3) simplesmente ilustram uma outra gama de elementos convertíveis. A transformação do dinheiro – ou da riqueza, para falar de maneira mais geral – em vantagem educacional pode obviamente assumir variadas formas, mas em muitas sociedades contemporâneas uma educação privilegiada pode ainda ser adquirida diretamente em escolas privadas, como qualquer outra mercadoria. De modo similar, a transformação da vantagem educacional em posição ocupacional pode ser instanciada de várias maneiras, algumas delas também de forma bem direta (por exemplo, a "velha ligação escolar").

O estudo das estruturas, como disse antes, é sempre o estudo da *estruturação*. A cautela que Eco recomenda quanto à noção de código aplica-se a todos os três componentes que identifico na estrutura:

> Alguém pode [...] sustentar que não é verdade que um código organiza signos; é mais correto dizer que os códigos fornecem as regras que *geram* signos como ocorrências concretas na interação comunicativa. Assim, a clássica noção de "signo" *dissolve-se* em uma rede mais complexa de relações mutáveis. A semiótica sugere uma espécie de paisagem molecular na qual o que estamos acostumados a reconhecer como formas cotidianas vem a ser o resultado de agregados químicos transitórios e as chamadas "coisas" são apenas a aparência superficial assumida por uma rede subjacente de unidades mais elementares. Ou melhor, a semiótica nos dá uma espécie de explicação fenomenológica da semiose, revelando que onde achávamos ter visto imagens havia apenas agregados estrategicamente dispostos de pontos pretos e brancos, presença e ausência alternadas...[196]

O isolamento de conjuntos estruturais do tipo que discuti acima é indispensável para a análise da estruturação, mas é preciso sempre ter em mente que isso só é justificado do ponto de vista metodológico. Claro, os conjuntos que utilizei como ilustrações são retratados de forma relativamente simples: redes mais complexas de relações estruturais poderiam facilmente ser representadas e analisadas de forma semelhante.

A identificação de estruturas não pode de maneira alguma ser encarada como único objetivo da investigação sociológica. A instanciação da estrutura na reprodução dos sistemas sociais, como seu meio e resultado, é propriamente o foco da análise sociológica. Assim, cada um dos três conjuntos mencionados acima tem que ser interpolado como elementos de ciclos de reprodução social gerando sistemicidade nas relações sociais. No contexto dessa interpolação podemos identificar elementos que estão mais profundamente incorporados às dimensões tempo-espaço dos sistemas sociais: no estudo seguinte, em que relaciono a análise da estruturação à contradição sistêmica, refiro-me a esses elementos estruturais como *princípios estruturais*. Os princípios estruturais governam os alinhamentos institucionais básicos de uma sociedade.

Classificação das instituições

Para prevenir mal-entendidos, é bom ressaltar mais uma vez que a diferenciação entre significação, dominação e legitimação é de ordem analítica. Se a significação é fundamentalmente estruturada na e através da língua, *a língua expressa ao mesmo tempo aspectos da dominação; e os códigos que estão envolvidos na*

---

196. ECO, U. *Theory of Semiotics*, p. 50.

significação têm força normativa. A autorização e a atribuição só são mobilizadas em conjunto com elementos significantes e normativos; e, por fim, a legitimação necessariamente envolve a significação, ao mesmo tempo em que desempenha um papel importante na coordenação de formas de dominação. Essas conexões mesmas, no entanto, fazem do esquema significação-dominação-legitimação uma base útil para uma classificação das instituições que enfatiza sua inter-relação dentro da totalidade social.

Figura 3.2

S-D-L	Ordens simbólicas / modos de discurso
D(autorização)-S-L	Instituições políticas
D(atribuição)-S-L	Instituições econômicas
L-D-S	Lei / modos de sanção

S = Significação
D = Dominação
L = Legitimação

Na figura 3.2, os hífenes que ligam significação-dominação-legitimação não representam, naturalmente, ligações causais, indicando meramente interdependência. A primeira letra de cada linha indica a direção do enfoque analítico. Assim, quando focamos as formas institucionais pelas quais se organiza a significação, estamos preocupados com a análise das *ordens simbólicas* e dos *modos de discurso*. Nenhuma análise desse tipo pode ignorar as maneiras pelas quais os sistemas simbólicos e os modos de discurso se entrelaçam com as formas de dominação e legitimação. Um argumento semelhante aplica-se a outros tipos de instituição: *políticas, econômicas* e *legais/repressivas*.

Distingo "signo" de "símbolo" de maneira similar à que sugere Ricoeur, que trata como símbolo "qualquer estrutura de significação em que um sentido direto, primário e literal designa, além disso, um outro sentido indireto, secundário e figurado que só pode ser apreendido a partir do primeiro". Os símbolos recorrem ao "excedente de sentido" inerente à significação como um todo: parece razoável afirmar que tal excedente de sentido pode ser entendido como a conjunção de metáfora e metonímia dentro das ordens simbólicas[197]. A importância de tal concepção do simbolismo é considerável, se comparada à que normalmente prevalece na sociologia, onde *"símbolo" é com frequência usado como*

197. RICOEUR, P. "Existence and hermeneutics". In: *The Conflict of Interpretations*. Evanston: Northwestern University Press, 1974, p. 12-13. Cf. tb. emendas subsequentes a sua posição em *Interpretation Theory: Discourse and the Surplus of Meaning*.

mero equivalente de "representação" e onde os símbolos têm, portanto, fronteiras supostamente rígidas. Trata-se de uma visão estática e conservadora do simbolismo, que não pode explicar de maneira satisfatória a intimidade e sutileza com que as ordens simbólicas são orientadas para processos de mudança social. Se aceitarmos, no entanto, que o simbolismo relaciona, como diz Ricoeur, "a multiplicidade de sentido à equivocidade do ser", poderemos ver que a "revolução da linguagem em direção a algo além de si mesma", marcada pelo simbolismo, expressa a força dos símbolos para estimular novos sentidos ou significados[198]. As associações metafóricas ou metonímicas dos símbolos são tão importantes na ciência quanto em outros tipos de discurso: a metáfora, com efeito, pode estar na raiz mesma da inovação das teorias científicas[199].

"Político" e "econômico" são definidos de inúmeras maneiras na literatura. No esquema da figura 3.2 trato o reino do político como algo entendido de modo útil, em sentido genérico, referindo-se à mobilização da *autorização* como recurso; e o reino econômico referindo-se à mobilização de *recursos atribuídos*. Há, pois, aspectos políticos e econômicos em todos os sistemas sociais que têm alguma existência duradoura. No tocante à esfera política, esse uso difere de dois tipos comuns de interpretação: a que liga o político especificamente ao aparecimento do Estado moderno[200] e a que associa o político inerentemente à solução de conflitos de valores ou interesses. A primeira pressupõe que o termo "político" é intrinsecamente dependente de uma "política" específica. Tal concepção torna difícil reconhecer importantes continuidades entre as sociedades pré-estatais e as sociedades estatais; implicitamente tende a considerar como coisa dada um aspecto básico do governo liberal democrata, que é a separação entre política e economia. O mesmo princípio aplica-se, inversamente, ao econômico, que é por vezes entendido de modo a limitar seu sentido às sociedades que têm uma "economia" definida, específica. Algumas outras definições mais inclusivas são também mais fortemente inclinadas para a sociedade capitalista na medida em que o econômico é conceituado como relações de troca. Aqui eu as rejeito, assim como aquelas que têm afinidade com a segunda concepção de político acima referida: o tipo de definição que faz equivaler o econômico às lutas decorrentes da escassez de recursos (cf. a crítica de Polanyi à "economia formal").

Do mesmo modo, não pretendo confinar o reino das instituições legais às sociedades com estatutos formalizados. As leis formalizadas diferem das regras jurídicas geralmente, como define um autor, em "clareza, fixidez e finalidade"[201].

---

198. Cf. Jung: "um símbolo é um termo, um nome ou mesmo uma figura que pode ser familiar na vida cotidiana, mas que possui conotações específicas além do seu sentido óbvio convencional" (JUNG, C.G. et al. *Man and His Symbols*. Londres: Pan, 1978, p. 3).

199. Cf. SCHON, D.A. *Displacement of Concepts*. Londres: Tavistock, 1963.

200. Cf. WEBER, M. *Economy and Society*. Vol. 2. Nova York: Bedminster, 1968, p. 901-910.

201. WELLS, A. *Social Institutions*. Londres: Heinemann, 1970, p. 133.

Quer dizer, os estatutos são criados como fórmulas definidas, com aplicações fixadas e válidos universalmente para as infrações que abrangem. Mas é um ponto óbvio e muito trabalhado em sociologia que os artigos e procedimentos legais formalizados só podem ser estudados na sua interseção com elementos normativos mais difusos na sociedade e, devemos acrescentar, com as sanções a eles associadas.

Ao examinar melhor os aspectos gerais das instituições das sociedades industrializadas, temos que considerar alguns problemas básicos da análise de classe. Em *The Class Structure of the Advanced Societies* elaborei um ponto de vista sobre esses problemas que ainda acho essencialmente correto, mesmo que em alguns outros aspectos a obra tenha umas sérias limitações[202]. As "classes" foram com frequência tratadas em algumas tradições da teoria social como grupos ou coletividades, principalmente nas tradições que reivindicam um alinhamento com Marx. Por outro lado, há abordagens diferentes – sobretudo associadas a Max Weber e seus seguidores – nas quais o termo "classe" é usado para referir uma categoria de qualidades agregadas (oportunidades no mercado ou características de ocupações). Nenhum desses tipos de conceituação parece satisfatório. O primeiro enfrenta uma série de conhecidas dificuldades. Coletivos como uma família, uma escola etc. são relativamente fáceis de identificar, mas não as classes. De modo que os que adotam essa abordagem tendem por vezes a argumentar que só podemos falar de "classe" quando há algum grau de consciência comum de classe entre os seus membros – visão em prol da qual uma certa quantidade de apoio textual pode ser compilada de Marx, mas que nem por isso deixa de ser claramente inconsistente com o corpo central dos escritos de Marx. Os que adotaram o segundo tipo de perspectiva, por outro lado, incluindo Weber, encontraram grandes dificuldades para fazer qualquer ligação entre categorias de classe e formas efetivas de organização de grupo – de modo que a relação entre as noções de Weber de "situação econômica de classe", por um lado, e "classe social", por outro, permanece obscura[203].

Proponho, por isso, abandonar ambas as abordagens, sugerindo que uma teoria de classe só pode ser satisfatoriamente elucidada se envolver a influência de uma ordem institucional de "sociedade de classes" sobre a formação das coletividades. Tal entendimento da estruturação de classe implica ligar (por meio do que eu chamaria agora de dualidade de estrutura) uma teoria da sociedade de classes, como forma institucional, a uma explicação de como as relações de classe são expressas em tipos concretos de formação e consciência de grupo. As origens da sociedade de classes podem ser identificadas em certas características estruturais da sociedade capitalista referidas anteriormente: a formação de esferas distintas para economia e política, de modo que a ativida-

---

202. *The Class Structure of the Advanced Societies.*

203. WEBER, M. *Economy and Society*. Vol. 1, p. 302ss.

de econômica é "insulada" do controle político direto. Há, portanto, uma relação imediata e integral entre os conceitos de Estado capitalista e de sociedade de classes. O isolamento entre economia e política na classificação institucional apresentada acima é o aspecto fundamental da sociedade capitalista, que significa também em nossa época o setor dominante da sociedade mundial. Se sua organização está ainda enraizada em estruturas do Estado-nação, suas ramificações são obviamente internacionais: as relações entre estados e corporações multinacionais nos mercados mundiais de produtos são sua expressão concreta (cf. adiante, p. 219-221).

O que se aplica como um teorema à dominação de classe também se aplica de maneira geral a qualquer tipo de análise institucional: um entendimento das formas institucionais só pode ser alcançado na medida em que se mostra de que modo as instituições, como práticas sociais regularizadas, são constituídas e reconstituídas no elo entre a *durée* do momento que passa e a *longue durée* das relações tempo-espaço profundamente sedimentadas. Isso leva a um ponto de grande importância já ressaltado em um ensaio anterior: a relação entre totalidade e momento é compatível com uma variedade de "camadas" diversas (para tomar emprestado um termo de Gurvitch) de relações de autonomia e dependência entre as coletividades. A importância de se enfatizar isso é que nos permite evitar dificuldades que foram sempre associadas às visões funcionalistas do todo ou, de forma mais geral, às visões em que o todo é uma combinação "presente" de partes. Tais abordagens só foram capazes de lidar com a participação da parte no todo supondo que uma partilha certos aspectos do outro, ou seja, que há uma homologia entre eles. Uma consequência disso é a tendência em análise social de passar diretamente da parte para o todo, de pressupor que a resposta para a questão "o que integra o indivíduo à sociedade?" explica por si só o que integra a sociedade. Esse tipo de concepção (que recebe reforço adicional das analogias orgânicas que quase sempre a informam de modo manifesto ou encoberto) efetivamente veda a possibilidade de tratar a sociedade como *consistindo em grupos em tensão*, grupos em relações de poder e com vários níveis de conflito. Por outro lado, as formas de funcionalismo, como a desenvolvida por R.K. Merton, que foram mais capazes de reconhecer a centralidade do poder e do conflito na sociedade abandonaram um entendimento da totalidade como algo de certa forma implicado em suas partes[204] assim, para Merton, o todo social só pode ser analisado como uma "soma líquida de consequências funcionais" da interação dos indivíduos e coletividades[205].

---

204. MERTON, R.K. *Social Theory and Social Structure*.
205. "Functionalism: après la lutte".

Funcionalismo e reprodução social

Não basta meramente rejeitar as teorias funcionalistas da totalidade; temos que rejeitar também as interpretações funcionalistas da reprodução social (em cada um dos sentidos em que o conceito de reprodução social pode ser entendido, como indiquei anteriormente). Temos que fazer aqui uma distinção entre dois tipos de funcionalismo, ainda que haja certa continuidade e paralelos entre eles. A concepção funcionalista do todo como uma unidade orgânica está ligada particularmente ao que é por vezes referido como "funcionalismo normativo"[206] e inclui certos elementos centrais que podem sem muita dificuldade ser rastreados de Comte a Durkheim e Parsons. Tal visão é obviamente incomum nas tradições marxistas, que necessariamente de algum modo identificam a divisão da sociedade em classes. As interpretações funcionalistas marxistas da reprodução social (ou da reprodução econômica, do capital), por outro lado, são de fato muito comuns. Não é difícil encontrar na literatura marxista teoremas de tipo claramente funcionalista, por mais que seus autores possam negar qualquer conotação de funcionalismo. Assim, quando Poulantzas escreve que o Estado tem "a função específica de constituir o fator de coesão entre os níveis de uma formação social"[207], está dando uma definição funcional que não difere na forma de muitas outras comparáveis que aparecem na literatura não marxista das ciências sociais. O Estado não é definido apenas pelo que faz ou pela forma como opera, mas pela maneira como contribui para as "necessidades do sistema". A interpretação da natureza do Estado construída sobre essa conceituação explica as atividades estatais por seu caráter funcional indispensável ou útil para a existência continuada do sistema capitalista. Muitos escritos marxistas contemporâneos focam a análise da reprodução e o tom dominante é funcionalista. As análises de Marx sobre a reprodução simples e expandida prestam-se bem prontamente a leituras funcionalistas e têm sido com frequência interpretadas desse modo pelos que as buscam como fonte de inspiração sobre as relações entre o capital e o trabalho no desenvolvimento capitalista[208].

Esses traços são particularmente marcantes nas obras dos que foram influenciados por Althusser, pois o marxismo de Althusser, como indiquei anteriormente, compartilha com o "funcionalismo normativo" uma cegueira para o fato cotidiano de que todos os agentes sociais têm uma compreensão, prática e discursiva, das condições de sua ação. Tanto no marxismo althusseriano quanto

---

206. Cf. LOCKWOOD, D. "Social integration and system integration". • ZOLLSCHAN & HIRSCH. *Social Change*.

207. POULANTZAS, N. *Political Power and Social Classes*. Londres: New Left Books, 1973, p. 44. Para uma discussão crítica do funcionalismo na recente literatura marxista, cf. CONNELL, R.W. "Complexities of furies leave... a critique of the Althusserian approach to class". *Macquarie University Paper*, jun./1978.

208. Cf., p. ex., CASTELLS, M. *The Urban Question*. Londres: Arnold, 1977, esp. p. 461ss.

na sociologia parsoniana a reprodução da sociedade ocorre "pelas costas" dos agentes cuja conduta constitui a sociedade. O envolvimento da própria conduta intencional dos atores com a racionalização da ação está ausente nos dois casos: na sociologia de Parsons como resultado do teorema do consenso de valor-norma-necessidade internalizada-disposição; e nos escritos de Althusser em consequência de sua visão determinista da atuação; daí a teleologia do sistema governar (no primeiro caso) ou suplantar (no segundo) a dos próprios atores.

Em vez dessas abordagens, quero insistir que a única teleologia envolvida nos sistemas sociais é a compreendida dentro da conduta dos atores sociais[209]. Essa teleologia *sempre* opera dentro de condições limitadas da racionalização da ação. Toda reprodução social ocorre no contexto de "mesclas" de consequências intencionais e não intencionais da ação: *cada* aspecto de qualquer continuidade temporal que uma sociedade tenha deriva dessas "mesclas", contra o pano de fundo de condições limitadas de racionalização da conduta. Nessa concepção, a noção de sistema *pressupõe* a de reprodução social: reprodução não é uma realização misteriosa que os sistemas sociais conseguem criar através das atividades de seus "membros".

É importante deixar claro o argumento neste ponto e isso se faz melhor com uma ilustração. Tomemos a discussão de Marx sobre o exército de reserva da economia capitalista. O argumento de Marx pode ser e frequentemente tem sido lido de maneira funcionalista. O capitalismo tem suas próprias "necessidades", que o sistema trabalha para preencher. Uma vez que o sistema precisa de um exército de reserva de mão de obra industrial, produz-se um. O argumento é por vezes feito de forma invertida. Uma vez que a operação capitalista leva à formação de um exército industrial de reserva, deve ser porque o sistema precisa disso. Nem uma nem outra versão do argumento do exército industrial de reserva pode ser defendido. Nem mesmo os aspectos institucionais mais profundamente sedimentados das sociedades se produzem porque essas sociedades precisam que o façam. Eles são produzidos *historicamente*, como resultado de condições concretas que têm que ser analisadas diretamente em cada caso; o mesmo se aplica quanto a sua permanência.

O argumento do exército industrial de reserva pode ser expresso como uma série homeostática de relações de reprodução social em conformidade com o esquema traçado no ensaio anterior. Quer dizer, é possível mostrar que a existência de um bando de trabalhadores desempregados faz uma cadeia causal com outros fatores do sistema de produção. Um funcionalista expressaria isso com a seguinte proposição: "a função do exército de reserva é estabilizar a produção capitalista". Mas eu quero banir o termo "função" das ciências sociais – pelo menos num sentido técnico dessa espécie. O termo "função", tal como aparece nessa proposição, é nocivo em dois sentidos.

---

209. Para um desenvolvimento mais completo dessa proposição, cf. "Functionalism: après la lutte".

1) Ao dizer "função" em vez de "efeito" (dentro de uma cadeia causal), o intérprete dá a entender que algum tipo de explicação foi oferecido sobre por que existe esse exército de reserva ou como ele contribui para a reprodução do sistema capitalista. No entanto, a proposição em questão não é explicação de coisa alguma. É no máximo uma abordagem preliminar a uma explicação de aspectos da reprodução social. Tal explicação deve mostrar concretamente quais são as relações envolvidas entre cada um dos elementos que compreendem a cadeia causal.

2) O uso do termo "função" implica a tradicional dicotomia entre dinâmica e estático, ou seja, que a função do exército de reserva pode ser analisada "fora do tempo". Mas nós não podemos suspender o tempo ao estudar a estabilidade social, da mesma maneira que não podemos ao estudar a mudança social. Deve-se resistir à equivalência entre tempo e mudança.

Ao rejeitar as concepções funcionalistas de que os sistemas sociais têm "necessidades" ou "razões" próprias que podem ser usadas para explicar qualquer coisa que acontece neles ou a eles, há uma categoria de afirmações que não pretendo excluir da análise social. É a de um tipo contrafactual: "o que tem que acontecer para que determinados aspectos de um sistema social se produzam/persistam/sejam alterados". Temos que empregar tais proposições conjecturais com alguma cautela, porque podem prestar-se à interpretação de um modo funcionalista. Tome-se como exemplo a asserção: "A fim de persistir de forma relativamente estável, a economia capitalista tem que manter um certo nível geral de lucro". A força de "tem que" aqui é contrafactual: envolve a identificação de condições que devem ser satisfeitas se quisermos obter certas consequências. O "tem que" não é uma propriedade ou "necessidade" do sistema e não tem força explicativa – *a não ser que* os atores dentro do sistema conheçam as condições em questão e as incorporem ativamente num processo de autorregulação reflexiva da reprodução do sistema. (Para maior discussão dessas questões, cf. adiante, p. 206-212.)

Toda reprodução social é baseada na aplicação e reaplicação eficazes de regras e recursos pelos atores em contextos sociais localizados: toda interação tem que ser, portanto, em cada circunstância, "provocada" de modo contingente por aqueles que dela participam. A mudança está ligada em princípio à reprodução social – de novo tanto em seu sentido básico quanto no seu sentido "generativo" – por sua contingência mesma: os sistemas sociais são cronicamente produzidos e reproduzidos por seus participantes constituintes. *A mudança, ou sua potencialidade, é, portanto, inerente a todos os momentos de reprodução social.* É essencial perceber que toda e qualquer mudança num sistema social implica logicamente a totalidade e, portanto, implica modificação estrutural, por menor ou trivial que seja. Isso é ilustrado pela mudança linguística: modificações no caráter fonêmico, sintático ou semântico das palavras da língua são efetuadas através do e no uso da língua, ou seja, através da reprodução da língua; uma vez que a língua só existe na e através da sua reprodução, tais modificações implicam o todo.

Ao relacionar as instituições à mudança social, é necessário ligar as bases da formação de grupo à contradição do sistema: nas sociedades capitalistas essa ligação é mediada de maneira fundamental pela dominação de classe. A contradição mais profunda do capitalismo industrial, como argumentarei mais adiante, é a que existe entre a apropriação privada e a produção socializada (p. 145-149 adiante): essa contradição é expressa institucionalmente nas relações da economia e da política a que nos referimos anteriormente, que por sua vez são a base institucional da estrutura de classe. A relação entre estrutura de classe e formação de classe, no entanto, como já assinalei, é uma relação complicada. Embora "sociedade capitalista" possa ser considerada um tipo genérico que envolve determinado alinhamento de instituições, pode haver amplas variações nos tipos de formação de classe entre diferentes sociedades concretas. Dois tipos gerais de fatores influenciam essas variações: a conjunção de formas específicas de contradições primárias e secundárias; e a conjunção de classe com outras bases de formação de grupo.

Se for aceito que classe se refere acima de tudo a um modo de organização institucional em vez de coletividades enquanto tais, segue-se que a dominação de classe não exclui outras influências sobre a estruturação das coletividades[210]. Outros modos de dominação podem atravessar a dominação de classe ou, alternativamente, podem ter o efeito de acentuá-la em vez de diminuí-la ou enfraquecê-la. Duas fontes de cisão particularmente relevantes aqui são as das diferenças étnicas (ou sua atribuição) e as divisões de sexo, embora eu não me proponha a empreender qualquer tipo de análise geral das conjunções entre classe e dominação étnica ou sexual neste contexto. Como antes, temos que ser cautelosos para evitar quaisquer argumentos funcionais que sugiram que, onde a dominação étnica ou sexual de fato converge com modos de dominação de classe, tal convergência possa ser atribuída a sua necessidade funcional para a sociedade capitalista. Mas não há dúvida de que existem importantes convergências dos dois tipos no capitalismo contemporâneo e é fácil encontrar ilustrações delas. Assim, a discriminação étnica em muitos países contemporâneos tem como consequência levar os que são submetidos a essa discriminação a mercados profissionais segmentados, ajudando a consolidar a formação de distintas subclasses. Trata-se, pois, de uma espécie de "dupla discriminação". Algo similar ocorre com a posição das mulheres em todos os níveis da força de trabalho: com efeito, para as mulheres de antecedentes étnicos sujeitos a discriminação pode existir uma "tripla discriminação"[211].

---

210. Cf. BOURDIEU, P. & PASSERRON, J.C. *Reproduction in Education, Society and Culture*. Londres: Sage, 1977.

211. *The Class Structure of the Advanced Societies*.

Problemas da teoria do papel desempenhado

Nas teorias funcionalistas (não marxistas) dos sistemas sociais, o conceito de papel representado figura de maneira destacada. Assim, para Parsons, os sistemas sociais consistem em papéis interligados; e o papel desempenhado "é o ponto primordial de articulação direta entre a personalidade do indivíduo e a estrutura do sistema social"[212]. Mas a noção de papel tem sido também amplamente usada, claro, por autores de outras tradições que não o funcionalismo, notadamente os influenciados pelo interacionismo simbólico. O conceito de papel foi submetido a uma variedade de críticas[213]. Não vou comentá-las, mas quero mencionar três tipos importantes de objeção que se pode fazer ao uso da noção de papel em análise social. Primeiro, embora a noção de papel seja com frequência apresentada na literatura como permitindo algum tipo de "liberdade" ao ator social, isto é, algo que evita a redução do comportamento humano ao determinismo das causas sociais, no geral a teoria do papel enfatiza claramente o caráter "dado" dos papéis. É sobre o "desempenho" do seu papel que o indivíduo tem algum domínio ou controle, não sobre o próprio papel. A análise do papel tende, pois, a perpetuar o dualismo ação/estrutura tão firmemente entranhado na teoria social: a sociedade fornece os papéis aos quais os atores se adaptam da melhor forma que podem. Esse enfoque tende a prevalecer mesmo entre alguns dos autores que concedem um espaço considerável à atuação humana. Segundo Goffman, por exemplo, "[a]o ocupar uma posição, aquele que a exerce descobre ter que assumir toda a série de ações acarretadas pelo papel correspondente, de forma que o papel implica um determinismo social e uma doutrina da socialização... O papel, então, é a unidade básica de socialização. É através dos papéis que as tarefas na sociedade são alocadas e que se fazem os arranjos para serem desempenhadas"[214].

Segundo, a ideia de papel é com frequência usada de tal modo a supor tanto uma unidade das expectativas normativas que se juntam para formar o papel quanto um consenso no sistema social sobre o que são essas expectativas. A primeira dessas suposições tende a ser estimulada pela concepção de que para cada posição em um sistema social há um papel correspondente ou um "conjunto de papéis". Isso trai uma visão particular e deficiente da sociedade (e do teatro, pode-se acrescentar[215]), segundo a qual a estabilidade e a "regulação or-

---

212. PARSONS, T. *Sociological Theory and Modern Society*. Nova York: Free Press, 1967, p. 11.

213. Sobre as discussões alemãs, sobretudo em torno do *Homo Sociologicus* de Dahrendorf, cf., p. ex., TENBRUCK, F.H. "Zur Deutschen Reception der Rollenanalyse", *Kölner Zeitschrift für Soziologie*, vol. 1, 1961. • Em inglês: COULSON, M.A. "Role: a redundant concept in sociology?". In: JACKSON, J.A. *Role*. Cambridge: Cambridge University Press, 1972.

214. GOFFMAN, E. *Where the Action Is*. Londres: Allen Lane, 1969, p. 41.

215. Cf. LYMAN, S. & SCOTT, B.M. *The Drama of Social Reality*. Nova York: Oxford University Press, 1975.

denada das expectativas" são naturais e à qual é estranha a noção de mudança. "Assim como amo o teatro, sou, por essa mesma razão, seu inimigo" (Antonin Artaud). A ligação entre o papel e o consenso normativo, que é um aspecto particularmente central da sociologia de Parsons, tem sido debatida pelos teóricos do papel (por exemplo, Merton, Dahrendorf, Goode) que desejam se distanciar do caráter consensual do retrato parsoniano de sociedade. Mas os conflitos ou tensões que são reconhecidos por esses autores tendem a se referir sobretudo à relação entre o ator individual e às expectativas que a "sociedade" requer que ele satisfaça. A "tensão do papel" decorre das diferenças entre os traços psicológicos de um indivíduo e as exigências do papel.

Terceiro, a concepção de que o papel é o elemento constitutivo básico dos sistemas sociais é um grande apoio à visão parsoniana da extrema importância dos valores e normas em análise social. Papel é um conceito normativo; daí que dizer que os sistemas sociais consistem em papéis pode ser usado prontamente para afirmar a primazia do normativo em teoria social.

Não rejeito inteiramente a noção de papel, mas certamente rejeito a ideia de que os sistemas sociais podem ser com alguma utilidade entendidos como consistindo em papéis ou de uma conjunção de papéis, assim como a tese a isso ligada de que o papel, para citar mais uma vez Parsons, é "o ponto primordial de articulação direta entre a personalidade do indivíduo e a estrutura do sistema social". É fundamental afirmar que *os sistemas sociais não são constituídos por papéis, mas por práticas (reproduzidas)*; e são as práticas, não papéis, que (via dualidade da estrutura) têm que ser encaradas como os "pontos de articulação" entre atores e estruturas.

Figura 3.3

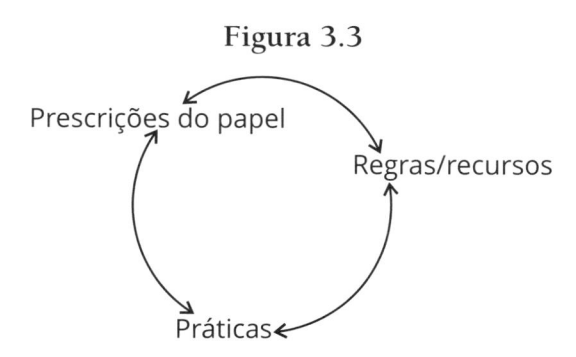

De acordo com a concepção de teoria social que sugeri nos estudos anteriores deste livro, os sistemas – mas não as estruturas – sociais são situados no tempo e no espaço. Não há dificuldade, portanto, em pensar os sistemas sociais como "campos" estruturados nos quais (tal como reproduzido na temporalidade da interação) os atores ocupam *posições* definidas *em relação uns aos outros*.

A noção de posição social não recebeu nada parecido à extensa discussão que se deu sobre a de papel, ainda que a maioria dos autores que empreenderam análise de papel o tenham feito em íntima conjunção com aquela noção. Definirei aqui posição social como uma identidade social que carrega consigo uma série de prerrogativas e obrigações (ainda que de difusa especificação) que podem ser ativadas ou desempenhadas por um ator com essa identidade: tais prerrogativas e obrigações constituem as prescrições de papel associadas a essa posição. Uma identidade social é essencialmente uma categoria ou uma tipificação feita com base em algum critério ou critérios definidos: ocupação, parentesco, faixa de idade etc. Uma vez rejeitemos a tese de que os sistemas sociais consistem de posições ou papéis e reconheçamos que os papéis só podem ser conceituados de forma satisfatória em relação a práticas, como indicado na figura 3.3, não parece haver razão para que a noção de papel seja libertada das fragilidades acima mencionadas que foram obstáculos para o seu uso em teoria social. Mas o conceito também se torna por isso menos importante em análise social do que pretenderam muitos dos seus defensores.

Insistir que os papéis só podem ser analisados em relação a regras e recursos é ressaltar a necessidade de não aceitar quaisquer prescrições de papel como "dadas" ou consensuais, uma vez que as prescrições de papel podem incorporar contradições e focar conflitos que expressam aspectos estruturais amplos da sociedade. Papel, como ressaltei acima, é um conceito normativo, portanto ligado intimamente, de forma mais geral, ao de norma: as prescrições de papel são preceitos organizados por diferenciação de identidades sociais e, como tais, têm a ver obviamente com tipos mais generalizados de regra normativa. De forma simular, todas as prescrições de papel são atualizadas, como quaisquer outros componentes da atividade social, através da utilização de recursos e, assim, se ligam a estruturas de dominação. Por fim, as prescrições de papel têm que ser estudadas em sua inter-relação com as práticas efetivas que são o "material" da vida social; pode haver vários tipos de deslocamentos entre a receita prescrita para um papel e o que os atores efetivamente fazem como ocupantes de determinada posição social.

Com esses pontos em mente, é relativamente fácil identificar de maneira formal algumas fontes possíveis de tensão ou conflito que, no sentido imediato da execução das prescrições de papel, podem contribuir para tais deslocamentos. Nenhuma delas, claro, deve ser encarada do ponto de vista do funcionalismo normativo, ou seja, como desvio de algum suposto modelo consensual; mas, como indiquei no parágrafo anterior, como algo fundado geralmente em contradições mais amplas da totalidade. Vale a pena distinguir quatro tipos de "tensões de papel", não necessariamente excludentes entre si.

1) Aquela em que se concentra boa parte da literatura sobre a teoria do papel: a tensão entre as necessidades ou carências dos atores e as prescrições de papéis associados a suas identidades sociais. É importante ver, no entanto, que isso não é nem necessariamente apenas de caráter psicológico nem "irracional".

Esse tipo de visão decorre normalmente do pressuposto de que os papéis são "dados" e de que a eles os indivíduos bem ou mal se "ajustam".

2) Tensão entre os elementos dos conjuntos de papéis dos atores. Merton analisou isso com algum detalhe[216]. Mas temos que fazer certas reservas à análise de Merton. Uma é a de que escreve sobre deslocamentos nos conjuntos de papéis de uma perspectiva funcionalista: se sua visão não ressalta o consenso tanto quanto o "funcionalismo normativo" de Parsons, mesmo assim ainda fala do conflito como algo que interfere com a "eficiência funcional" dos sistemas de papéis[217]. A outra é de que não relaciona as tensões dentro dos conjuntos de papéis aos aspectos mais gerais dos sistemas sociais: conflitos enraizados nos deslocamentos dos conjuntos de papéis, como acontece com os relacionados ao tipo 3 abaixo, podem ser associados a fontes de contradição sistêmica, as quais expressam "em miniatura".

3) Tensão entre as prescrições de papéis das diferentes identidades sociais atribuídas a um indivíduo, por ele adotadas ou que é forçado a assumir. Pode-se aceitar, com Merton, que vale a pena fazer uma distinção conceitual entre "conjuntos de papéis" e "múltiplos papéis", os primeiros consistindo nas prescrições de papéis associados a uma única posição social, os segundos referindo a interseção de diferentes identidades sociais.

4) Tensão decorrente da contestação das prescrições de papel. As prescrições de papel, como quaisquer outros elementos normativos, estão potencialmente sujeitas a "interpretações" diversas no contexto da vida social prática e às relações de poder envolvidas. Todas as posições dentro dos sistemas sociais são "posições de poder" no sentido de que estão integradas em relações de autonomia e dependência reproduzidas; a contestação de prescrições de papel é um aspecto característico das lutas de poder na sociedade.

Esses comentários sobre a teoria do papel levam de pronto a uma discussão da socialização, uma vez que a noção de papel tem figurado com frequência como um laço importante na literatura sociológica – em especial, mais uma vez, a literatura funcionalista – entre o desenvolvimento da personalidade, por um lado, e as estruturas institucionalizadas da sociedade, por outro. Grande parte dessa literatura assume um ponto de vista que eu particularmente quero criticar: o de que "socialização" diz respeito apenas à adaptação da criança aos papéis que é chamada a desempenhar na sociedade e a sua adoção desses papéis. Aparece aí temporariamente apenas no nível do desenvolvimento psicológico da criança, confrontada por uma sociedade já formada a que essa criança é moldada "com sucesso" ou nem tanto.

---

216. MERTON, R.K. "Continuities in the theory of reference groups and social structure". In: *Social Theory and Social Structure*, p. 370.

217. Ibid., p. 380.

Esse modo temporário tem que ser entendido em conjunção com dois dos outros sentidos nos quais, como disse anteriormente, a temporalidade está envolvida na reprodução social: como parte integrante da interação social e enquanto implicada na reprodução do pessoal dos sistemas sociais.

Socialização e inconsciente

Argumentei em estudos anteriores que é tarefa da teoria social buscar superar dualismos tradicionais entre sujeito e objeto na análise da reprodução social. A análise social não deve fundar-se nem na consciência ou atividades do sujeito nem nas características do objeto (a sociedade), mas na dualidade da estrutura. Mas se é para transcender o dualismo sujeito/objeto no que toca ao sentido imediato da interação, ele tem que ser também superado na forma bem diferente em que aparece em teorias da socialização. Quer dizer, temos que evitar qualquer explicação de socialização que presuma que o sujeito é determinado pelo objeto social (o indivíduo simplesmente "moldado" pela sociedade) ou que, ao contrário, tome a subjetividade como coisa garantida, como característica inerente dos seres humanos, sem necessidade de explicação. Ambas as abordagens carecem de uma "teoria do sujeito", pois a primeira reduz a subjetividade a um resultado determinado de forças sociais, enquanto a segunda pressupõe que o subjetivo não admite qualquer tipo de análise social.

Uma teoria do sujeito, colocada em termos de desenvolvimento pessoal, requer uma teoria do inconsciente. Para traçar os rudimentos de tal teoria, podemos nos inspirar (de maneira crítica e parcimoniosa) no "Freud de Lacan". Uma das características centrais da psicanálise de Lacan é reconhecer a importância essencial da ênfase freudiana de que "ela", a análise, pensa no espaço onde o "eu" ainda não apareceu, ligando assim a emergência do "eu" e, portanto, de uma relação predicativa com o objeto, a aspectos básicos da língua enquanto Outro. Lacan lê *Wo es war soll ich werden* [onde deveria ser eu] não como uma injunção terapêutica da prática psicanalítica (compare-se, ao contrário, o modelo de Habermas da psicanálise como teoria crítica), não implicando que "o ego deve deslocar o id"[218], mas como uma fórmula para o desenvolvimento: "ela" precede o "eu" e este sempre permanece amarrado ao Outro.

As concepções de Lacan sobre cisão ou dissociação e a fase do espelho guardam certas afinidades com a interpretação das origens da subjetividade que teve talvez maior influência na sociologia de língua inglesa: a de G.H. Mead. Ambos ressaltam que um "sujeito situado" só emerge no curso do desenvolvimento psicanalítico do indivíduo e, portanto, que a reflexividade do *cogito* não é uma propriedade inerente aos seres humanos. Mas, comparada à perspectiva de Lacan e à da teoria psicanalítica de modo mais geral, a abordagem de Mead e a de auto-

---

218. LACAN, J. *The Four Fundamental Concepts of Psychoanalysis.* Londres: Hogarth, 1977, p. 43.

res sob sua influência tem deficiências significativas. Primeiro, Mead falha em romper finalmente com um ponto de partida enraizado no sujeito, como mostra a natureza do "eu" em sua obra. O "eu", em outras palavras, aparece como um componente dado ou inexplicado da psique humana – ainda que a pessoa só se *reconheça* como um "eu" em relação à formação da identidade social, o "mim".

Para Lacan o "eu" é concebido na relação imaginária com o corpo: o "posicionamento" narcisista da criança na fase do espelho é a condição para entender uma dialética "eu/mim". Tanto Lacan quanto Mead enfatizam esse posicionamento, esse "situar-se", mas Lacan o vê como necessário à própria constituição do "eu" e o relaciona às qualidades dêiticas da língua: o "eu", para ele, "nada mais é que o *comutador* ou indicador que designa o sujeito de um enunciado assim que ele fala no momento presente"[219]. Em segundo lugar, para Mead o modelo "eu/mim" é claramente harmonioso: há um certo espaço para a divisão e conflito internos no eu social, mas Mead não dá grande importância a isso. O processo de "assumir o papel do outro", no qual emerge o sujeito reflexivo, é descrito como um processo relativamente ordenado e progressivo; e, uma vez que o "eu" não é analisado, acaba sendo tratado de forma necessariamente indiferenciada. Se Lacan estiver certo, a inserção infantil numa relação sujeito/ objeto é alcançada pela fase do espelho e o complexo de castração, ambos envolvendo repressão: e o "eu" já é "interiormente dividido" pelo próprio processo de alcançar essa condição.

Não quero com isso sugerir que a concepção de socialização que pretendo traçar aqui depende da aceitação do corpo principal da obra de Lacan. Quero afirmar apenas que, no que toca à interpretação da emergência da subjetividade, o Freud de Lacan pode ser uma inspiração útil. Sob outros aspectos parece-me importante permanecer mais próximo do que Lacan de pelo menos alguns elementos centrais da própria obra de Freud. Assim, embora Lacan especificamente rejeite a acusação de que sua teoria é uma "intelectualização" que ignora a pulsão, sua abordagem baseada numa concepção quase estruturalista da linguagem não parece de fato ser capaz de incorporar de forma adequada os fundamentos orgânicos da motivação humana. De qualquer modo, penso que é importante afirmar algo mais próximo das preocupações tradicionais da teoria psicanalítica, segundo a qual o período inicial do desenvolvimento da criança envolve a formação do que Kardiner chama de sistema básico de segurança: capacidades de administrar a tensão relativa a necessidades orgânicas, habilidades que formam as primeiras e mais abrangentes acomodações da criança aos mundos social e material.

Ainda não está inteiramente claro, de fato, dada a natureza enigmática e fugidia de muitas formulações de Lacan, até que ponto é possível separar de maneira

---

219. LACAN, J. *Écrits*, p. 26.

frutífera alguns dos seus teoremas do esquema geral de sua teoria. Mas temos que manter sérias reservas sobre a sua interpretação do inconsciente segundo a fórmula saussuriana $\frac{S}{s}$: Lacan vê o inconsciente como coextensivo do "que não pode ser dito" da língua, entendido como a característica do significante (mediado por todo o *corpus* dos signos linguísticos). Essa concepção, no entanto, expõe-se às críticas que fiz de outros tipos de teoria e filosofia sociais influenciados pela linguística estruturalista. Um dos principais argumentos de Lacan é que o significante "insiste" no inconsciente[220]. A forma literal do significante é um elemento estruturante do inconsciente separado do grupo consciente de significados, sendo a linha entre eles resistente a significação. As sentenças constituem os *pontos de captação* que abotoam as duas cadeias de significação, unindo-as. Não se pode negar que a aplicação por Lacan dos princípios gêmeos da metáfora e da metonímia apresenta brilhantes reformulações (ou, como ele preferiria dizer, atentas releituras) da teoria psicanalítica do inconsciente. Mas essas releituras não parecem depender de maneira essencial da apropriação que faz da linguística estruturalista enquanto tal. Os efeitos nocivos da distinção entre significante e significado são tão visíveis nos escritos de Lacan quanto nos de outros autores estruturalistas[221]. O símbolo pictórico pode ser visto não como um exemplo gráfico das propriedades geradoras de sentido de formas desprovidas de sentido, mas como a interseção de dois parâmetros já dotados de sentido. Gostaria de argumentar, sem maior elaboração sobre o caso, que o sentido ou significado é constituído tanto no nível do inconsciente quanto no nível do consciente, sejam quais forem os deslocamentos que possam existir entre os dois.

Um modelo "estratificado" de personalidade, no qual as necessidades humanas são encaradas como hierarquicamente ligadas, envolvendo um sistema de segurança básica inacessível ao sujeito consciente. Não é de modo algum incompatível com uma ênfase equivalente sobre a importância do monitoramento reflexivo da ação, este tornando-se possível apenas após o ator "situar-se" no sentido lacaniano. Há ainda consideráveis defasagens entre a teoria psicanalítica (em qualquer concepção), a teoria da ação e as explicações psicológicas mais ortodoxas da socialização. Mas na fase pós-behaviorista em que parece estar agora entrando a psicologia acadêmica há determinadas chaves quanto

---

220. "A ação da letra no inconsciente" (*Écrits*). Cf. tb. LEMAIRE, A. *Jacques Lacan*. Londres: Routledge, 1977. • WILDEN, A. *The Language of the Self*. Nova York: Dell, 1975.

221. Por exemplo, ele muitas vezes elide "significado" e "objeto significado" nos seus *Écrits*. Penso que os argumentos de Ricoeur são relevantes para a visão que quero defender. A afirmação de que "o inconsciente é estruturado como uma língua", diz ele, "não deve ser divorciada da observação de Benveniste de que os mecanismos freudianos são tanto infra quanto supralinguísticos. Os mecanismos do inconsciente não são tanto fenômenos linguísticos específicos quanto distorções paralinguísticas da língua cotidiana" (p. 404). Além do mais, ao ressaltar o aspecto "econômico" do fechamento do discurso do inconsciente, Ricoeur enfatiza a relação entre repressão e a energia da prática.

às possíveis conexões que se podem forjar entre elas. Assim, se o monitoramento reflexivo da ação só se torna possível quando a criança passa a ser um "sujeito situado", há mesmo assim uma série de competências que precedem esse desenvolvimento, como um tipo de condição necessária à sua realização: é plausível supor que tais competências estão ligadas a processos contemporâneos de formação do sistema de segurança básico. Não é de surpreender que a biologia humana pode ser a base imediata dessas ligações. A literatura psicanalítica sempre focalizou sobretudo o controle das pulsões orgânicas – como, de forma diferente, fez também grande parte da teoria behaviorista. Mas trabalhos mais recentes em psicologia sugerem que há "ordens seriais" nos processos de aprendizagem que devem ter determinada base biológica: uma base de competências "embutidas", incorporadas, mais do que necessidades. Chomsky argumentou de forma semelhante no caso da aquisição das características sintáticas da língua: ele e outros também sugeriram que certos paralelos podem ser encontrados em várias outras habilidades.

Situações críticas e rotina

Podemos aprender um bocado sobre a vida cotidiana em cenários de rotina a partir da análise de circunstâncias em que esses cenários são radicalmente perturbados: algo similar ao método freudiano em psicologia. Quero examinar de forma sumária alguns materiais relevantes aqui. Um ponto de partida adequado pode ser encontrado numa área de início aparentemente pouco promissora: o estudo do "comportamento de turba" tal como formulado por Le Bon, Sighele e outros na virada dos séculos XIX para XX. As obras desses autores são na verdade de interesse por várias razões. Representam uma das fontes do que veio a ser chamado de "psicologia social"[222]. Também integram uma crítica conservadora da democracia liberal que tem similaridades com a "teoria da elite" desenvolvida por Pareto e Mosca; ao mesmo tempo, no entanto, podem ser lidos como uma primeira previsão e crítica do fascismo. Mas, bem longe de tais considerações, esses escritos preservam um interesse intrínseco por fornecer análises exemplares de um tipo específico de *situação crítica*. Por situação crítica entendo um conjunto de circunstâncias que – seja por que razão for – rompe radicalmente as rotinas costumeiras da vida cotidiana. Devo assinalar que não é esse o quadro em que Le Bon e os outros entenderam sua obra. Le Bon via o comportamento de turba como uma espécie de protótipo do comportamento das coletividades em geral; já eu interpreto a atitude da multidão como tendo lugar em condições sociais que decorrem do caráter rotineiro da reprodução social característica da maioria dos cenários da vida social.

---

222. Como nos livros publicados em 1908, ambos intitulados *Social Psychology*, de William Mac-Dougall e E.A. Ross.

Em sua obra *A multidão*, Le Bon preocupa-se com a importância do inconsciente no comportamento de massa e não é de surpreender que o livro tenha sido depois submetido a uma avaliação crítica mas simpática de Freud[223]. De acordo com Le Bon, é uma "verdade da psicologia moderna" que

> os fenômenos inconscientes desempenham papel de total preponderância não apenas na vida orgânica, mas também nas operações da inteligência [...] Por trás das causas admitidas de nossos atos há indubitavelmente causas secretas que não admitimos, mas por trás dessas causas secretas há muitas outras ainda mais secretas que nós mesmos ignoramos. A maior parte das nossas ações diárias é resultado de motivos ocultos que escapam a nossa observação[224].

O comportamento de massa torna isso visível, porque sob o estímulo da ação da multidão – o principal exemplo dado por Le Bon é o dos distúrbios revolucionários de 1789 – as respostas inconscientes vêm à tona de maneiras que não se dão nas atividades sociais corriqueiras. Quando apanhados em ação de multidão, os indivíduos perdem as "faculdades críticas do intelecto" que são capazes de exibir na vida social cotidiana. Tornam-se altamente sugestionáveis a influências que, fora da atmosfera carregada da turba, tenderiam a avaliar de modo mais razoável. Le Bon comparou a sugestionabilidade da multidão à do sujeito hipnotizado, ao "estado de 'fascinação' em que o indivíduo hipnotizado se encontra nas mãos do hipnotizador"[225]; é com efeito um estado de perda da parte consciente da personalidade. Sob a influência da turba, os indivíduos regridem a formas mais "primitivas" de reação: "Isolada, uma pessoa pode ser um indivíduo cultivado; na multidão, é um bárbaro – isto é, uma criatura que age por instinto. Possui a espontaneidade, a violência, a ferocidade e o entusiasmo e heroísmo dos seres primitivos"[226]. Em tal situação, os participantes da multidão são facilmente explorados por líderes ou demagogos: a influência do líder de massa é um fenômeno ao qual Le Bon dedicou parte considerável de sua obra.

Não estou interessado no comportamento da turba enquanto tal para os propósitos do que discuto aqui, mas em investigar a significância de diversos fenômenos para os quais Le Bon chamou a atenção, sobretudo a sugestionabilidade, a regressão e a importância do líder de massa. Na minha opinião, reações similares a essas podem ser discernidas em uma variedade de circunstâncias que pouco têm em comum entre si, salvo que em cada uma delas as rotinas costumeiras da vida cotidiana são drasticamente rompidas. Examine-se, por exemplo, a descrição que Bettelheim fez das reações dos prisioneiros nos campos de

---

223. FREUD, S. *Group Psychology and the Analysis of the Ego*. Londres: Hogarth, 1959.

224. LE BON, G. *The Crowd*. Londres: 1925, p. 7. Le Bon sustentava, no entanto, que o inconsciente é composto primordialmente de uma "herança arcaica" de caráter racial.

225. Ibid., p. 11.

226. Ibid., p. 12.

concentração nazistas (baseadas em parte nas suas próprias experiências)[227]. De acordo com Bettelheim, os prisioneiros dos campos sofreram uma série de mudanças de conduta e atitudes mais ou menos generalizadas – entre os que sobreviveram para isso. No período inicial de confinamento, os presos tentavam manter os modos de comportamento habituais ligados à sua existência anterior, face às privações e brutalidades da vida no campo de concentração, que incluíam tortura física, alojamentos superlotados, vários outros tipos de abusos e uma severa escassez de comida. Expostos a tais condições, qualquer perspectiva de manter modos de conduta preexistentes era rapidamente desfeita; o quadro referencial do mundo "exterior" perdia importância e os prisioneiros ficavam totalmente preocupados com o mundo no interior do campo. Nesse estágio, os prisioneiros passavam pelo que Bettelheim descreve como uma regressão a atitudes infantis de dependência. Esse comportamento regressivo incluía uma diminuição do tempo de experiência dos fenômenos, uma concentração nos eventos imediatos e perda de quaisquer perspectivas de longo prazo, uma rápida oscilação entre estados de exaltação e depressão, além de uma inversão entre o sério e o trivial que atribuía mais significância a eventos aparentemente menores que a outros de maiores consequências para os indivíduos envolvidos. Num estágio subsequente, ocorria algo como um processo de "ressocialização", mas baseado na identificação com os próprios opressores, os guardas do campo de concentração. "O resultado de todas essas mudanças", diz Bettelheim, embora "de modo algum produzidas plenamente em todos os velhos prisioneiros, era uma estrutura de personalidade disposta a e capaz de aceitar como seus próprios os valores e comportamentos das SS"[228].

O relato de Bettelheim pode ser comparado à discussão mais geral de situações críticas apresentada por Sargant[229]. Este compara diversas interrupções da existência rotineira ao comportamento sob fogo no campo de batalha, ao interrogatório forçado e à conversão religiosa. Tenho muitas reservas sobre a natureza das interpretações de Sargant sobre esses fenômenos[230]. O interrogatório forçado talvez se aproxime mais na forma e consequências da situação dos prisioneiros nos campos de concentração tal como descrita por Bettelheim. Prisioneiros no mundo inteiro são submetidos a formas de degradação física e mental que, se raramente rivalizam com as terríveis condições do campo de concentração nazista, estão próximas delas em maior ou menor grau. Sob severo e prolongado interrogatório, as reações que ocorrem assemelham-se de maneira

---

227. BETTELHEIM, B. *The Informed Heart*. Glencoe: Free Press, 1960.

228. Ibid., p. 169.

229. SARGANT, W. *Battle for the Mind*. Londres: Pan, 1959.

230. O livro tem um forte tom da guerra fria (foi publicado pela primeira vez em 1957). Sargant está mais preocupado com processos de alteração radical de crenças do que com situações críticas como as que conceituo aqui e busca explicar em termos psicológicos as reações que analisa.

assombrosa às descritas por Bettelheim. Nos estágios iniciais, o indivíduo tenta resistir às pressões impostas. Se o processo de interrogatório prossegue por longo período, têm lugar fases de mudança de personalidade semelhantes às identificadas na análise de Bettelheim. Comportamento regressivo envolvendo cada um dos três aspectos mencionados acima é uma característica destacada, culminando também na identificação com o agressor, o interrogador no caso. Sargant observa: "Uma das consequências mais horríveis desses interrogatórios implacáveis, conforme relatos das vítimas, é que de repente começam a sentir afeição pelo interrogador que as está tratando de modo tão cruel..."[231]

Os elementos comuns envolvidos em situações críticas parecem ser os que seguem. A ruptura radical da rotina produz uma espécie de efeito corrosivo sobre o comportamento costumeiro do ator, associada ao impacto da ansiedade ou do medo. Essa circunstância provoca uma maior sugestionabilidade ou vulnerabilidade às incitações e provocações alheias: o correlato disso é o comportamento regressivo. O resultado é de novo um processo de identificação com a figura da autoridade – transitório no caso da multidão, mais permanente em situações críticas prolongadas.

Freud tem uma interpretação convincente desse último fenômeno, que quero interpolar na minha discussão das implicações do estudo de situações críticas para a reprodução social rotineira do dia a dia. A identificação, diz Freud, é "a primeira expressão de um laço emocional com outra pessoa"; é parte essencial do estágio edipiano do desenvolvimento da personalidade. A identificação é sempre ambivalente e "pode tornar-se expressão de ternura tão facilmente quanto um desejo de eliminação de alguém"[232]. Como primeira forma de laço emocional, a identificação é subjacente a capacidades mais maduras de escolha do objeto; afiliar-se através da identificação é, portanto, uma forma regressiva entre os adultos, que pode ser tanto com um ser amado ou alguém que é odiado. A identificação com um demagogo da multidão, que pode ser inicialmente objeto de emoções positivas ou negativas[233], é um processo no qual o líder da massa se torna um sucedâneo temporário do superego ou ego ideal.

Isso nos dá uma explicação útil dos elementos psicológicos envolvidos em situações críticas. Em tais situações, uma *ansiedade aumentada* torna os atores vulneráveis a *modos regressivos de filiação a um objeto*, envolvendo forte ambivalência. Tal análise ajuda a entender o processo dos eventos envolvidos nos dois tipos prolongados de situação crítica que examinei: o aprisionamento nos cam-

---

231. SARGANT, W. *Battle for the Mind*, p. 192.

232. FREUD, S. *Group Psychology*, p. 37.

233. Cf. SARGANT, W. *Battle for the Mind*, p. 95-96, que diz ser mais fácil resistir ao impacto das cerimônias de conversão religiosa se a pessoa for indiferente ou adotar uma atitude brincalhona em relação a elas; uma atitude decidida fortemente hostil, por outro lado, pode produzir uma experiência efetiva de conversão.

pos de concentração e o interrogatório forçado. Sua importância sociológica também está ligada a fenômenos semelhantes aos que Le Bon discute: não o comportamento em multidões enquanto tal, mas *a dinâmica psicológica dos movimentos sociais*, especialmente em relação ao requisito de um "líder forte".

No presente contexto, porém, estou também preocupado com as implicações do comportamento em situações críticas para o entendimento do seu contrário: a rotina e o mundano. Será uma dessas implicações o fato de que o irracional geralmente prevalece sobre a razão, que os nossos atos conscientes são dominados por impulsos ou sentimentos dos quais estamos bem inconscientes? Porque um dos aspectos impressionantes das situações críticas prolongadas é que ocorrem mudanças nas personalidades dos que são expostos a elas, apesar de sua decisão consciente de resistir – embora a extensão de tempo envolvida possa variar de forma ampla, em larga medida supostamente em consequência da força relativa do indivíduo decidido a resistir. Mas uma situação crítica prolongada é precisamente o tipo de situação que está radicalmente fora dos contextos habituais de reprodução social; não devemos ser levados a concluir que o consciente é normalmente inundado pelo inconsciente. O estudo de situações críticas na verdade sugere uma análise da interação social rotineira que nos permite conectar dois aspectos da teoria da estruturação: por um lado, a concepção de um modelo de estratificação do agente e, por outro, a ênfase no conhecimento pelos atores das condições de sua ação.

O esquema dessa análise é o seguinte. O monitoramento reflexivo da ação faz uso de e reproduz formas de conhecimento tácito e discursivamente disponíveis: *a continuidade da reprodução social envolve o contínuo "ressulcar" de atitudes e perspectivas cognitivas estabelecidas* para conter as fontes potenciais de ansiedade no sistema básico de segurança. "Socialização" deveria ser entendida como um elemento de continuidade da reprodução social, mais do que se referir simplesmente à temporalidade da formação da personalidade da criança. (Devemos observar, no entanto, que personalidade é um *"módulo temporal"* no qual a história passada do indivíduo está subjacente, sedimentada ou armazenada, pronta para influenciar o presente.) A rotinização das relações sociais é o modo pelo qual se sustenta a estratificação da personalidade, quer dizer, no qual são contidos efeitos de ansiedade potencialmente corrosivos. O que é familiar é tranquilizador e *o que é familiar nos cenários sociais é criado e recriado pela própria atuação humana, na dualidade da estrutura*. Isso não deve ser entendido como loa à estabilidade social. Ao contrário, quero sugerir (cf. tb. p. 211-214 adiante) que certas escolas de teoria social tendem a superestimar o nível e minúcia do compromisso motivacional com as práticas sociais que constituem um determinado sistema social. A maioria dos elementos das práticas sociais não são diretamente motivados. O compromisso motivacional envolve mais normalmente a integração generalizada de práticas habituais, como produções reflexivamente monitoradas de agentes em interação, ao sistema básico de segurança da personalidade. A rotinização implica mais uma *"continuidade etnometodológica"* do que a reprodução do conteúdo empírico das práticas.

Socialização: observações finais

Durkheim tratou a socialização como um dos modos pelos quais se fazem sentir as propriedades limitadoras dos fatos sociais. A "externalidade" da sociedade em relação ao indivíduo, argumentou, fica evidente no fato de que a sociedade existe antes de cada um de seus membros nascer e restringe ou molda o processo de desenvolvimento deles. Mas essa tese é melhor apresentada como uma interação de duas formas de reprodução social indicadas anteriormente. Podemos aceitar que processos de socialização são básicos para uma explicação da organização institucional dos sistemas sociais na medida em que tenhamos em mente três pontos importantes, cada um dos quais tende a ser obscurecido ou não adequadamente enfrentado na perspectiva de Durkheim e dos que foram influenciados por ele.

Primeiro, a socialização nunca é como uma marca ou impressão passiva da "sociedade" sobre cada "indivíduo". Desde suas primeiras experiências, a criança é parceira ativa na dupla contingência da interação e num progressivo "envolvimento com a sociedade". Segundo, a socialização não é interrompida simplesmente em algum ponto da vida do indivíduo, quando ele se torna um membro maduro da sociedade. Que a socialização está confinada à infância ou à infância e à adolescência é uma suposição explícita ou implícita de bom número de autores que têm feito uso do termo. Mas socialização deve ser realmente entendida como algo que compreende todo o ciclo de vida do indivíduo. Tal asserção não vai longe o bastante se apenas se refere à continuidade ou temporalidade do curso de vida. Pois tal visão ainda trata a "sociedade" como uma ordem estática ou acabada, em vez de reconhecer a *reciprocidade do processo temporal* ligando o curso de vida à inerente temporalidade da reprodução social.

Terceiro, não podemos falar propriamente *do* processo de socialização, exceto de maneira bem vaga. Tal expressão implica estandardização ou uniformidade excessiva sob dois ângulos, como se houvesse um único tipo de "processo" facilmente mapeado a que todo indivíduo é submetido e como existisse uma unidade consensual na qual cada um é socializado.

É claro que muitas obras sobre o desenvolvimento psicológico do indivíduo são deficientes enquanto relatos de socialização, na medida em que o foco predominante é na diferenciação da personalidade dentro de uma "sociedade" indiferenciada. Isso se aplica também em considerável medida à teoria que por longo tempo dominou a psicologia infantil no tocante ao desenvolvimento cognitivo, ou seja, a de Piaget. É preciso em especial ter em mente certas questões se quisermos evitar as deficiências de tais concepções. Temos que reconhecer que "tornar-se social" não pode ser entendido de forma "monológica", como uma série de competências simplesmente "armazenadas" no aprendiz[234]. Em vez disso, tornar-se social envolve, no nível da cognição, o domínio de contextos "dialógicos" de comunicação. Tal domínio não é de modo algum inteiramente discursivo, envolvendo ao contrário a acumulação de conhecimento prático das convenções a que se recorre na produção e reprodução da interação social. Ademais, não basta enfatizar que a criança é participante ativa nos processos de socialização, por mais importante que isso seja, e ficar nisso. Para entender por que, é útil notar a íntima ligação entre "socialização" (cf. o termo alemão com esse sentido muito empregado por Simmel, *Vergesellschaftung*) e a concepção de produção e reprodução da sociedade que tenho apresentado nestes ensaios. Socialização só parece um termo especial, diferenciado, que enfatiza processo e tempo, quando empregado da maneira que anteriormente descartei, em que a sociedade é tratada como uma forma estática na qual o indivíduo é progressivamente incorporado. *O desdobramento da infância não significa tempo decorrido apenas para a criança*: é tempo que decorre para as figuras paternas e para todos os outros membros da sociedade; a socialização envolvida não é simplesmente a da criança, mas também dos pais e outros com quem a criança tem contato e cuja conduta é influenciada por ela da mesma maneira que ela o é por eles na continuidade da interação[235]. Por ser tão indefeso o recém-nascido humano e tão dependente dos outros, normalmente os seus pais, esquecemos facilmente que as crianças "criam os pais" tanto quanto os pais criam os filhos. A chegada e desenvolvimento de uma criança reordena as vidas dos adultos que cuidam dela e com ela interagem. A categoria "mãe" é dada pela chegada de um filho, mas a prática ou desempenho da maternidade envolve processos de aprendizagem que remontam ao período de gravidez e continuam após o nascimento da criança. É, portanto, mais apropriado falar de socialização não como "incorporação da criança à sociedade", mas como *sucessão das gerações*.

---

234. Cf. BRUNER, J.S. "The organization of early skilled action". In: RICHARDS, M.P. *The Integration of a Child into a Social World*. Cambridge: Cambridge University Press, 1974.

235. BERTAUX, D. *Destins personnels et structure de classe*. Paris: PUF, 1977, em que o autor argumenta em favor de uma versão da teoria de classes que incorpora "trajetórias sociais".

4
Contradição, poder e materialismo histórico

Neste ensaio vou desenvolver uma interpretação de uma série de questões em torno de problemas da contradição e do conflito em sociedade, tendo como pano de fundo os elementos da teoria da estruturação apresentada nos ensaios anteriores. O método de análise social que proponho pode ser encarado quase como o inverso do funcionalismo; seu princípio guia é não buscar funções para as práticas sociais, mas as contradições que incorporam!

Figura 4.1

CONFLITO — Luta entre atores ou coletividades expressa como práticas sociais definidas

CONTRADIÇÃO — Disjunção dos princípios estruturais da organização sistêmica

Como indica a figura 4.1, pretendo formular uma clara separação conceitual entre contradição e conflito. Temos que reconhecer dois sentidos do termo "conflito", como muitos autores assinalaram. Um é o de conflito como oposição ou divisão de interesses; o outro é o de conflito como luta efetiva entre atores ou grupos, ou seja, na minha terminologia, conflito que ocorre no nível das práticas sociais. Nenhum problema conceitual particular está envolvido na elucidação da natureza do conflito como luta efetiva. Mas tal não é o caso com os conceitos de interesse ou contradição; vou adiar a discussão do primeiro para o próximo ensaio, concentrando-me aqui na noção de contradição.

O conceito de contradição em Marx

O exame do conceito de contradição em ciências sociais apresenta dificuldades, mas são problemas cuja resolução é de grande importância. Temos que começar na relação entre Hegel e Marx. Diz-se com frequência que Hegel tomou emprestado a ideia de contradição à lógica, aplicando-a então ontologicamente. Mas trata-se na verdade de um equívoco, pois Hegel queria mostrar que a lógica e o real não podem ser separados um do outro como se pertencessem a esferas inteiramente diferentes. Ele não inseriu simplesmente a contradição no real, mas buscou demonstrar como a contradição está igualmente na raiz da lógica e da realidade. A contradição é indissolúvel da finitude do ser e, portanto, da abrangência do devir. Assim, na filosofia de Hegel, a "contraditoriedade" é a fonte de uma motilidade ontologicamente inerente à natureza de tudo o que existe – expressão da negação da negação.

Desde o início Marx rejeitou a tese de que a negatividade está na essência do real. Como Feuerbach, ele queria recuperar a "positividade" das coisas: a identificação hegeliana da fonte da dissolução e transformação do real na negatividade foi condenada por ele como um idealismo inaceitável.

> Ao conceber a negação da negação, sob o aspecto da relação positiva inerente a ela, como o único ato positivo verdadeiro e, sob o aspecto da relação negativa inerente a ela, como o único ato verdadeiro de autoconfirmação de todo ser, Hegel meramente descobriu uma expressão *abstrata*, *lógica* e *especulativa* do processo histórico, que ainda não é a história *real* do homem como sujeito determinado...[236]

Marx negou assim à contradição um estatuto ontológico na constituição das coisas. A contradição e a negatividade continuam sendo para Marx forças condutoras de mudança, mas de mudança no movimento da "história real do homem" (ênfase que mais tarde seria parcialmente anulada por Engels, embora de forma um tanto grosseira, no *Anti-Dühring* e na *Dialética da natureza*). A "contraditoriedade" está no caráter da sociedade de classe. O capitalismo maximiza as contradições inerentes às relações de classe e ao mesmo tempo prepara o estágio para a transcendência da contradição em uma sociedade sem classes. O "choque de contradições recíprocas", como coloca Marx, é o enfrentamento entre capital e trabalho. O proletariado é "negatividade radical", sofrendo uma "total perda de humanidade", o peso acumulado das contradições; ao se resgatar, o proletariado resgata toda a sociedade à natureza contraditória da sociedade de classes[237].

A contradição e a negatividade não refletem, portanto, para Marx, a finitude do ser como condição ontológica universal do real, referindo-se na verdade à finitude da sociedade de classes, como um tipo transitório e não universal de ordem social humana[238]. A contradição desempenha o seu papel na história ao mobilizar as transformações sociais entre a ausência de classes da sociedade tribal e a do socialismo; a contradição pertence apenas ao que Marx certa vez chamou de "pré-história" do homem e, portanto, pode ser e será superada.

---

236. MARX, K. "Critique of Hegel's dialectic". In: BOTTOMORE, T.B. *Karl Marx, Early Writings*. Nova York: McGraw-Hill, 1964, p. 198.

237. "Economical and philosophical manuscripts". Ibid., p. 144.

238. "Contribution to the critique of Hegel's Philosophy of Right", Ibid., p. 58-59.

De que maneira Marx emprega o termo "contradição" em seus escritos? Não é difícil descobrir consistências gerais na sua utilização, embora na superfície haja considerável variedade. Como ele interpola a noção de contradição em sua descrição do conflito de classes, não é talvez de surpreender que muitas vezes use "contradição" (*Widerspruch*), "antagonismo" (*Gegensatz*) e "conflito" (*Konflikt*) como termos intercambiáveis. Talvez a passagem mais celebrada de toda a sua obra em que aparece o termo contradição seja o prefácio de *Uma contribuição à crítica da economia política*. As linhas relevantes valem talvez a pena ser citadas de modo mais extenso:

> Em certo estágio de seu desenvolvimento, as forças produtivas materiais da sociedade entram em conflito [*Widerspruch*] com as relações de produção existentes [...] De formas de desenvolvimento das forças produtivas essas relações passam a ser seus grilhões. Então começa um período de revolução social. Com a mudança dos alicerces econômicos, toda a imensa superestrutura é mais ou menos rapidamente transformada [...] Assim como nossa opinião sobre um indivíduo não se baseia no que ele pensa de si mesmo, também não podemos julgar tal período de transformação por sua própria consciência; ao contrário, essa consciência tem que ser explicada antes a partir das contradições [*Widersprüchen*] da vida material, a partir do conflito [*Konflikt*] existente entre as forças sociais produtivas e as relações de produção. Nenhuma ordem social jamais perece antes que todas as forças produtivas para as quais há espaço nela se tenham desenvolvido; e novas e mais elevadas relações de produção nunca aparecem antes que as condições materiais para a sua existência tenham amadurecido no ventre da própria sociedade velha. A humanidade, portanto, sempre se coloca apenas as tarefas que possa resolver [...] De maneira ampla, os modos de produção asiático, antigo, feudal e burguês moderno podem ser definidos como épocas progressistas na formação econômica da sociedade. As relações burguesas de produção são a última forma antagônica [*antagonistische*] do processo social de produção – antagônica não no sentido do antagonismo individual, mas de um antagonismo que surge das condições sociais da vida dos indivíduos; ao mesmo tempo as forças produtivas que se desenvolvem no ventre da sociedade burguesa criam as condições materiais para a solução desse antagonismo[239].

Essa passagem reúne todos os elementos principais do esquema de contradições e de sua solução que Marx aplicou ao desenvolvimento social, indicando tanto o dinamismo da contradição quanto sua visão progressista do curso da história na formação sequencial dos tipos de sociedade. O aforisma "a humanidade sempre se coloca apenas as tarefas que possa resolver" expressa essa visão progressista de maneira bem adequada: cada estágio cria não apenas a possibilidade, mas os meios de avançar a uma ordem "mais elevada".

---

239. MARX, K. & ENGELS, F. *Selected Works*. Londres: Lawrence and Wishart, 1968, p. 182-183.

Há várias dificuldades com esse esquema, mesmo que julgado puramente no contexto das perspectivas de Marx, quando aplicado a outras obras. Situar o tipo asiático como primeiro estágio das formas de sociedade desenvolvidas na Europa é algo que o próprio Marx mais tarde rejeitou: ele acabou adotando a visão de que o modo asiático de produção e a sociedade clássica são desdobramentos independentes da sociedade tribal. E podemos perguntar em que sentido a humanidade se colocou na Antiguidade apenas tarefas que podia resolver. A análise que Marx faz da queda do Império Romano sugere que isso resultou precisamente de contradições internas que não puderam levá-lo a um estágio superior de síntese devido a certos impedimentos (sobretudo a escravidão) à expansão manufatureira e comercial[240]. Claro, pode-se argumentar que o declínio do Império Romano em certo sentido produziu as condições necessárias para o surgimento do feudalismo, que por sua vez criou as condições para a ascensão do capitalismo moderno. Mas esse tipo de raciocínio elíptico não é muito convincente e vou propor adiante um ponto de vista diferente.

Se ignorarmos a diversidade terminológica em Marx, pode-se dizer que há dois contextos principais em que o conceito de contradição aparece em sua obra. Um, como na citação acima, tem relação com as descrições gerais do materialismo histórico como abordagem para explicar a mudança social. Ora Marx escreve sobre as contradições "da vida material", ora invoca a chamada "fórmula canônica" do marxismo, a contradição entre as forças e as relações de produção[241]. O esquema forças/relações de produção aparece em seus textos em várias ocasiões, tanto antes quanto depois de *Uma contribuição à crítica da economia política* (1859). No *Manifesto comunista* de 1848, por exemplo, ele aplica a fórmula ao feudalismo e ao capitalismo. "Em certo estágio" do desenvolvimento do feudalismo, diz Marx, "as relações feudais de propriedade deixaram de ser compatíveis com as forças produtivas já desenvolvidas": o resultado foi a transformação revolucionária que levou ao estabelecimento da sociedade burguesa. Mas no capitalismo "está ocorrendo ante nossos olhos um movimento semelhante". Diz Marx que "[h]á décadas a história da indústria e do comércio não é mais que a história da revolta das forças produtivas modernas contra as condições modernas de produção, contra as relações de propriedade que são as condições para a existência da burguesia e de seu domínio"[242]. No primeiro volume de *O capital* Marx retorna ao mesmo tema, enfatizando especialmente o desenvolvimento do capital monopolista. "A centralização dos meios de produção e a socialização do

---

240. Diz-se com frequência que os comentários de Marx sobre a decadência de Roma assemelham-se à posterior e mais detalhada discussão de Weber. Cf. "Marx, Weber and the development of capitalism". In: *Studies in Social and Political Theory*, p. 197-198.

241. YOUNG, G. "The fundamental contradiction of capitalist production". *Philosophy and Public Affairs*, vol. 5, 1976, p. 196.

242. "Manifesto of the Communist Party". In: MARX, K. & ENGELS, F. *Selected Works*, p. 40.

trabalho", diz ele, "alcançam por fim um ponto em que se tornam incompatíveis [*unverträglich*] com seu invólucro capitalista". Seguem-se estas famosas frases: "O invólucro é rompido. Soa então o dobre de finados da propriedade capitalista. Os expropriadores são expropriados"[243].

O esquema forças/relações de produção claramente não pode ser discutido à parte de questões gerais da "interpretação materialista da história" proposta por Marx e terei muito a dizer adiante sobre a "concepção materialista". Mais relevante para as seções do ensaio que se segue a este é o segundo tipo de contexto em que Marx fala muitas vezes de contradição social. É o tipo de contexto no qual se preocupa em examinar o caráter específico das contradições da produção capitalista.

"Contradição" aparece com frequência ao longo das três obras principais da "maturidade" de Marx: os *Grundrisse*, *O capital* e *Teorias da mais-valia*. Vários aspectos do sistema capitalista são considerados contraditórios, incluindo os seguintes:

1) A relação entre capital e trabalho assalariado como relação de classes. No entanto, embora as versões inglesas traduzam isso como contradição, Marx normalmente se refere a essa relação com o termo *Gegensatz*, não *Widerspruch*.

2) A ligação entre valor de uso e valor de troca, entre as "propriedades naturais específicas" e as "propriedades sociais universais" das mercadorias.

3) As circunstâncias envolvidas na geração da mais-valia, especialmente a tendência de queda da taxa de lucro.

4) A natureza do processo de trabalho, expressa na alienação do trabalhador posto à margem da riqueza criada pelo capitalismo[244].

A implicação é que o capitalismo multiplica contradições se comparado a tipos anteriores de sistemas produtivos. Mas reconhece Marx que há no capitalismo uma fonte ou tipo de contradição subjacente às outras? Há uma *contradição primordial* no modo capitalista de produção? E, se há, qual é? A maioria dos marxistas supôs que há e acho que estão certos, tanto no tocante à exegese de Marx quanto no que toca à análise do capitalismo moderno. Mas intérpretes de Marx nem sempre concordaram sobre como caracterizar a contradição primária do capitalismo. Em recente discussão sobre a contradição, por exemplo, Young argumentou que, "estritamente falando", a contradição primordial do capitalis-

---

243. *Capital*, vol. 1, p. 763.

244. "A barreira ao *capital* é que todo esse desenvolvimento se dá de forma contraditória e a operação das forças produtivas, da riqueza geral etc., do conhecimento etc. ocorre de modo que o indivíduo trabalhador se *aliena*, relacionando-se às condições que lhe são extraídas por seu trabalho como se não fossem dele *mesmo*, mas de uma *riqueza alheia* e propriedade sua" (*Grundrisse*. Harmondsworth: Pelican, 1973, p. 451).

mo não é entre forças e relações de produção, mas está inteiramente nas "relações produtivas capitalistas"[245]. De acordo com Young, essa contradição deve ser encontrada no processo de troca: é uma contradição entre a venda e a compra de mercadorias no processo de circulação, baseada na categoria 2 da classificação que apresentei acima.

Mas isso é implausível, porque não está ligado diretamente a um aspecto central da perspectiva de Marx, um aspecto que eu gostaria de defender. É que a contradição social manifesta uma forma imanente de ordem social, estimulada em seu desenvolvimento por uma ordem existente. A contradição primordial do capitalismo com certeza tem que ser a que pressagia um novo tipo de sistema social e econômico, o socialismo. Há apenas uma candidata para o posto na minha opinião: a contradição entre *apropriação privada* e *produção socializada*. Tentarei explicar isso mais plenamente depois. O principal sentido, no entanto, pode ser indicado por qualquer citação das obras posteriores de Marx, como esta:

> A divisão do trabalho resulta em concentração, coordenação, cooperação, antagonismo de interesses privados e interesses de classe, competição, centralização de capital, monopólios e sociedades anônimas – tantas formas contraditórias de unidade que por sua vez engendra todas essas contradições. Da mesma forma que a troca privada cria o comércio mundial, a independência privada dá origem a uma completa dependência do chamado mercado mundial, e os atos fragmentados de troca tornam necessário um sistema de bancos e crédito... [Podemos encontrar] na sociedade tal como é hoje as condições materiais de produção e as relações comerciais da sociedade de classes[246].

Duas visões posteriores

Em grande parte da literatura marxista pós-Marx, o termo "contraditório" é usado de forma liberal mas pouco precisa, assim contribuindo para o emprego um tanto descurado da terminologia já encontrada em Marx. Não se ganharia muito fazendo uma pesquisa de usos do termo por autores posteriores a Marx e vou referir aqui apenas duas recentes discussões que tentam uma análise direta do conceito de contradição em teoria social – discussões que contrastam entre si e também com os pontos de vista que pretendo desenvolver.

A primeira encontra-se num artigo bastante conhecido de Godelier que elabora uma visão influenciada por Lévi-Strauss e Althusser[247]. Segundo Godelier, podemos encontrar em Marx dois sentidos básicos para contradições da socie-

245. YOUNG, G. "Fundamental contradiction of capitalist production", p. 201.

246. *Grundrisse*, p. 77.

247. GODELIER, M. "Structure and contradiction in *Capital*". In: BLACKBURN, R. *Ideology in Social Science*. Londres: Fontana, 1972.

dade capitalista. Um é aquele que sustenta que o capital e o trabalho assalariado, como duas classes, têm uma relação contraditória entre si. Essa é uma contradição do modo capitalista de produção ou, como coloca Godelier, "a contradição interna de uma estrutura"[248]. A contradição entre capital e trabalho assalariado expressa o traço característico do capitalismo se comparado a outros tipos de sistema produtivo. Ele está lá, diz Godelier, desde o início do modo capitalista de produção e sob esse e outros aspectos pode ser distinguido pela segunda forma com que Marx usa o termo "contradição". Este segundo sentido é aquele em que fala da emergente antinomia entre apropriação privada e produção socializada com o desenvolvimento crescente do capitalismo. Não se trata, nos termos de Godelier, de uma contradição dentro de uma estrutura, mas de uma contradição entre duas estruturas: aquela que é característica do capitalismo e a outra que antecipa o surgimento do socialismo. A contradição entre apropriação privada e produção socializada só aparece em um estágio relativamente tardio do desenvolvimento do capitalismo, porque nas suas fases iniciais as relações capitalistas de produção são "funcionais" para as forças de produção. De acordo com Godelier, o segundo tipo de contradição, ao contrário do primeiro, é "não intencional" e "sem teleologia"[249], expondo as limitações funcionais do capitalismo, limites além dos quais ele não pode expandir-se sem introduzir novas relações de produção baseadas em princípios diferentes.

O interesse específico da abordagem de Godelier, na minha opinião, não é mostrar a importância de diferenciar dois sentidos ou tipos de contradição, como ele diz, mas indicar que deveríamos distinguir entre conflito e contradição (ainda que Marx não o tenha feito de forma tão explícita – mas também não distingue explicitamente dois tipos de contradição)[250]. Não faz sentido usar a noção de contradição de modo tão difuso que passa a ser mais ou menos equivalente a conflito. Direi, portanto, que a relação entre capital e trabalho assalariado, como uma relação de classe entre capitalistas e trabalhadores, *é uma relação de conflito inerente, no sentido de oposição de interesses* e de luta efetiva mais ou menos contínua.

Dizer, como fiz anteriormente, que o conflito enquanto luta opera no nível das práticas sociais parece o mesmo que um dos argumentos de Godelier. Mas a formulação dele não é de modo algum satisfatória, pois exibe vários aspectos primordiais do argumento funcionalista que procuro rebater neste livro. Godelier enfatiza de forma tão incisiva, à maneira de Althusser, que as concepções de Hegel sobre a contradição e a negatividade são irrelevantes para as que Marx

---

248. Ibid., p. 350.

249. Ibid., p. 353.

250. Fiz uma diferenciação entre conflito e contradição em *The Class Structure of the Advanced Societies*; a interpretação que dei ali para contradição, no entanto, vejo agora como limitada e deficiente.

desenvolveu que ele é forçado a rejeitar a ideia de que a contradição em Marx tenha qualquer semelhança com a contradição em lógica. Por conseguinte, ele entende contradição como incompatibilidade funcional, contrastando-a com a integração como a correspondência funcional de questões sociais. A equação entre contradição e incongruência funcional aparece não raramente na literatura funcionalista da sociologia americana[251], mas quero com certeza negá-la. Godelier diz que seu segundo tipo de contradição, a "contradição entre estruturas", é "não teleológica", mas na verdade é o contrário, como seu texto mostra claramente. A teleologia da "contradição entre estruturas" é a da necessidade funcional: a necessidade da estrutura ou sistema, não reconhecida pelos próprios atores sociais. A formulação de Godelier na verdade tem notável semelhança com a distinção entre funções manifestas e latentes que é tão evidente na literatura funcionalista. (Para exame mais detalhado das teorias funcionalistas sobre mudança social, cf. p. 206-210 adiante.) O que ele chama de "racionalidade comportamental intencional dos membros de uma sociedade" é diferenciado da "racionalidade não intencional da estrutura hierárquica das relações sociais que caracteriza essa sociedade", esta última expressando a necessidade funcional que rege a mudança de uma estrutura para outra[252].

Uma discussão da contradição por Elster complementa de forma útil e interessante o ponto de vista de Godelier[253]. Elster tenta distinguir com cuidado entre conflito e contradição, ao mesmo tempo relacionando intimamente contradição social e contradição lógica – embora não devendo coisa alguma a Hegel nesse ponto[254]. A análise de Elster é complicada e ambiciosa e só vou me referir a alguns dos seus pontos. Ele relaciona contradição a dois tipos de situação, uma das quais diz respeito ao que chama de "falácia da composição", a outra ao que denomina "suboptimalidade"; mas como admite que este último tipo é menos importante, vou ignorá-lo. Por falácia da composição ele entende a tese ou pressuposto de que aquilo que um ator pode fazer em dado conjunto de circunstâncias deve ser possível de fazer simultaneamente por um número indefinido de atores. Por exemplo, é um erro supor que só porque um determinado investidor pode retirar dinheiro de um banco a qualquer momento, todos os investidores possam fazê-lo. Elster discute a falácia da composição em conjunto com a

251. Cf. Van Den BERGHE, P. "Dialectic and functionalism. Toward a theoretical synthesis". *American Sociological Review*, vol. 28, 1963.

252. Op. cit., p. 367. Cf. tb. Van den BERGHE, P. *Rationality and Irrationality in Economics*. Londres: New Left Books, 1972.

253. ELSTER, J. *Logic and Society:* Contradictions and Possible Words. Chichester: Wiley, 1978.

254. Elster critica especificamente Althusser e Godelier na p. 90, dizendo que o termo contradição não deveria ser usado com referência à contradição entre capital e trabalho assalariado. Ele atribui, no entanto, mais consistência terminológica a Marx do que é justificado, afirmando erroneamente que Marx nunca se refere à contradição (*Widerspruch*) entre capital e trabalho assalariado.

"contrafinalidade", que é a base principal de sua interpretação da contradição. Contrafinalidade refere-se às consequências não intencionais que decorrem da ação de todos os membros de um grupo a partir de premissas que envolvem a falácia da composição. Tal situação, diz ele, satisfaz os requisitos da contradição lógica, ao mesmo tempo que preserva a racionalidade de cada ator individual; pois não há nada errado com os fundamentos da ação de cada pessoa considerada separadamente[255]. Embora Elster dê vários exemplos de contrafinalidade como contradição, é talvez mais apropriado citar aqui um que é considerado em conformidade com a contradição em Marx: o que se refere à redução da margem de lucro no capitalismo. Nas palavras de Elster, "Marx explicou a queda da margem de lucro como resultado de medidas (para poupar trabalho) tomadas a fim de neutralizar as margens de lucro decrescentes"[256].

Acho que a importância da obra de Elster é bem diferente da de Godelier. Sejam quais forem as limitações do trabalho deste último, está ancorado em problemas substanciais: os processos dinâmicos envolvidos no desenvolvimento capitalista tais como descreveu Marx. Por outro lado, Elster está mais preocupado com uma análise formal do conceito de contradição (dentre outros) e os exemplos que dá, minuciosos como são, têm mais a ver com o que discute do que acontece no caso de Godelier; outros exemplos poderiam ter sido escolhidos. A importância da análise de Elster é sua insistência de que conflito e contradição não devem ser conceitualmente misturados e que a contradição em teoria social não precisa se distanciar demais da contradição lógica.

Tenho, no entanto, algumas reservas quanto à posição de Elster. Ele liga a contradição social, via contrafinalidade, às consequências não intencionais do comportamento dos atores individuais (embora tenha o cuidado de limitar tais consequências às que se dão, em vez do que se pretendia, excluindo as que se seguem além do que se pretendia). Não tenho nada contra a alegação de que *vale* chamar de contradições os exemplos com que Elster ilustra seus argumentos; o problema com o seu ponto de vista é a abordagem analítica desses exemplos, que trata a contradição apenas como resultado agregado de atos

---

255. Deve-se mencionar que Elster rejeita a concepção de que a persistência ou mudança de um elemento social possa ser explicada pela necessidade funcional, com o que concordo inteiramente. "Se [...] puderem demonstrar que a aparente neutralidade do Estado nas modernas sociedades capitalistas é na verdade mais adequada aos propósitos capitalistas do que um governo abertamente alinhado a eles, então um bem conhecido argumento funcionalista marxista tenderá a concluir que esse efeito benéfico *explica* a neutralidade do Estado" (p. 121). Mas não é o caso, a não ser que se mostre de que maneira a postura neutra do Estado se produz e reproduz; "a retroação tem que ser *demonstrada*, não meramente postulada" (p. 122). Cf. tb. a discussão de Elster de um exemplo tirado da obra de E.P. Thompson, p. 119ss.

256. Ibid., p. 113. Elster argumenta, no entanto, que Marx cometeu um erro sobre isso ao cometer a falácia da composição. "Pelo fato de que uma dada inovação é poupadora de trabalho quando todas as outras coisas são constantes, Marx ilegitimamente conclui que isso continua verdadeiro quando todas as inovações são consideradas simultaneamente" (p. 118).

individuais. Tomemos o caso mencionado anteriormente, a explicação de Marx sobre as margens de lucro decrescentes. Elster faz com que isso se conforme à sua noção de contrafinalidade como contradição, ao considerá-la, por assim dizer, somente "por um lado": uma queda da margem de lucro é o resultado geral das medidas tomadas por vários atores para aumentar sua margem de lucro. Mas *não* foi assim, como sustenta Elster, que "Marx explicou a queda da margem de lucro". Examinando "o outro lado" da questão, a tendência de queda da margem de lucro cria as circunstâncias (ou uma das circunstâncias) em que os capitalistas são individualmente levados a tomar medidas para gerar um aumento de valor excedente. A contradição é, em outras palavras, um *aspecto estrutural* do sistema de produção capitalista; a contrafinalidade tal como evidenciada nas atividades dos empreendedores capitalistas é uma expressão da *contradição sistêmica* e deve ser explicada dessa forma (como espero ter deixado claro no ensaio anterior, "explicada" não significa aqui "reduzida a", mas implica uma referência à dualidade da estrutura).

A exposição de Godelier pode ser deficiente, mas de fato tenta dar uma noção de contradição ligada às tendências imanentes da mudança estrutural em sociedade. As contradições de Elster são todas entre resultados intencionais (ou desejados) e não intencionais (ou indesejados), o que não dá lugar ao "lado positivo da negação", que é o aspecto central da interpretação marxista da mudança social, aspecto que, a meu ver, é importante sustentar. Elster desconsidera, pelo menos como tendo algo a ver com contradição, o segundo sentido de Godelier para contradição no capitalismo: entre a apropriação privada e a produção socializada. Elster diz, de forma um tanto precipitada, que essa é "uma frase favorita do marxismo vulgar" que na verdade não ocorre nos escritos de Marx. Com certeza isso não corresponde à realidade, embora Engels gostasse mais do que Marx de falar de maneira contundente na "contradição entre apropriação capitalista e produção socializada"[257]. Como disse anteriormente, há muitas passagens nos escritos de Marx que documentam que ele tinha a mesma visão – e com certeza não quero encarar isso apenas como um caso entre outros, mas como a instância primordial em que se manifesta a natureza contraditória da produção capitalista.

Contradição e conflito

O conceito de contradição em teoria social deve relacionar-se, portanto, aos componentes estruturais dos sistemas sociais, mas ao mesmo tempo deve ser diferenciado de qualquer versão de "incompatibilidade funcional". Definirei contradição social como uma *oposição ou disjunção de princípios estruturais*

---

257. ENGELS, F. "Socialism: utopian and scientific". In: MARX, K. & ENGELS, F. *Selected Works*, p. 421.

dos sistemas sociais, em que esses princípios operam *uns com os outros*; mas, ao mesmo tempo, *em contraposição entre si*[258]. Quero propor que as contradições surgem no meio e como resultado da estruturação dos modos de reprodução sistêmica. Por princípio estrutural ou de organização do sistema entendo um conjunto institucionalizado de interligações que regem a reprodução sistêmica; interligações que podem operar em qualquer um ou nos três níveis de integração sistêmica anteriormente descritos: homeostase, retroalimentação ou autorregulação reflexiva.

Para explicar o que implica dizer que os princípios estruturais podem operar uns com os outros e ao mesmo tempo se contrapor entre si, é melhor voltar ao que significa tratar como contraditória a disjunção entre apropriação privada e produção socializada. (De certa forma, o adjetivo "contraditória" é preferível ao substantivo "contradição", pois este tende a implicar relações estáticas de natureza fixa, ao passo que as contradições sociais estão sempre em processo ou movimento.) Apropriação privada é uma forma abreviada para o ciclo de investimento-produção-lucro-investimento, dominado pelo capital privado, que opera na reprodução da relação capital-trabalho assalariado. Não concordo com a visão de Godelier nem com sua interpretação de Marx, quando diz que a contradição entre apropriação privada e produção socializada não se encontra no início do capitalismo ou não é inerente ao modo de produção capitalista. Ao contrário, a produção capitalista é nesse sentido *intrinsecamente contraditória*, embora as consequências do seu caráter contraditório sejam acentuadas se o desenvolvimento do capitalismo segue a trajetória traçada por Marx. O argumento de Marx pode ser expresso da melhor forma, creio, se dissermos que, nos estágios relativamente iniciais de formação do capitalismo moderno, a contradição inerente que o próprio surgimento da produção capitalista representa *dentro do feudalismo* encobre grandemente a natureza contraditória do modo capitalista de produção enquanto tal. O capitalismo é intrinsecamente contraditório porque a própria operação do modo de produção capitalista (a apropriação privada) *pressupõe* um princípio estrutural que a nega (a produção socializada). Desde os seus primeiros dias, ao envolver a acumulação de capital privado em um ciclo de investimento-produção-lucro-investimento, a produção capitalista pressupõe e tende a estimular a existência de elementos estruturais que a contradizem. O foco desses elementos contraditórios é a "anarquia" da acumulação capitalista *versus* o controle socializado dos processos produtivos. Tal contradição se expressa, como diz Marx na citação da página 141s., como "formas contraditórias de unidade". Os modos dessa negação são complexos; a relação contraditória entre apropriação privada e

---

258. Acho essa formulação superior à que propus em *New Rules of Sociological Method*, p. 125, e em "Functionalism: après la lutte", p. 127-128, onde ainda não separava, plenamente como devia, contradição e oposição de interesse.

produção socializada é uma relação móvel, que altera suas formas à medida que ocorrem mudanças no caráter geral do sistema capitalista.

Não desejo questionar – e aceito como teorema básico – a posição de Marx de que a contradição é subjacente à possibilidade de movimento progressista na história. Nem pretendo tentar aqui fazer o termo "progressista" parecer moralmente neutro. Mas também proponho interpor um conceito de *degeneração sistêmica*: em outras palavras, se aceitamos plenamente a contingência histórica, temos que aceitar a possibilidade de que a *contradição possa estar subjacente a ou estimular movimentos retrógrados de mudança social*.

Figura 4.2 – Capitalismo moderno

CONTRADIÇÃO PRIMÁRIA	Apropriação privada/produção socializada
PRINCIPAL CONTRADIÇÃO SECUNDÁRIA	Hegemonia do Estado-nação/internacionalização do capital
TIPO DE DEGENERAÇÃO SISTÊMICA	Totalitarismo de direita (fascismo)

Como Marx usou o termo contradição de maneira bem difusa, não fez explicitamente uma outra distinção que quero fazer e que apresentei anteriormente: aquela entre princípios primários e secundários de organização, portanto entre contradições *primárias* e *secundárias*[259]. Por contradições primárias entendo aquelas que podem ser identificadas como fundamental e indissoluvelmente envolvidas na reprodução sistêmica de uma sociedade ou tipo de sociedade – não de modo funcional, mas por entrarem na própria estruturação do que *é* o sistema em questão. Por contradições secundárias entendo aquelas que são produzidas pela existência de contradições primárias e de certa forma resultam delas. A contradição primária do capitalismo, por exemplo, entre apropriação privada e produção socializada, pode ser ligada a outros elementos contraditórios no sistema que são decorrentes dela (por exemplo, reforma urbana/ciclos de decadência). As contradições secundárias não são "tentativas do sistema de lidar com as contradições primárias". Como disse repetidas vezes, na perspectiva desenvolvida aqui os sistemas não tentam nem lidam com coisa alguma; tais predicados simplesmente não se aplicam aos sistemas ou coletividades.

Não tentarei explicar aqui a figura 4.2. No livro que se seguirá a este, analisarei com algum detalhe o caráter contraditório das sociedades de socialismo de Estado (que operam de qualquer forma num contexto econômico mundial

---

259. Cf. MAO TSE-TUNG. "On contradiction". *Selected Works of Mao Tse-Tung*. Pequim: Foreign Languages Press, 1967, p. 331ss.

ainda dominado por mecanismos econômicos capitalistas). Pretendo mostrar que essas sociedades manifestam um tipo genérico de degeneração sistêmica, a saber, o *totalitarismo de esquerda* (stalinismo).

Vale a pena ressaltar que as distinções entre integração social e conflito social e entre integração sistêmica e contradição sistêmica não referem apenas opostos ou "polos" de duas dimensões. A conceituação que pretendo é mais dialética do que isso. A contradição só ocorre *através* da integração do sistema, uma vez que a própria noção de contradição, tal como a formulei, implica a de integração sistêmica.

Quero propor que, *ceteris paribus* [em igualdade de condições], conflito e contradição têm a tendência de coincidir, mas que vários conjuntos de circunstâncias podem servir para distanciá-los. Aqui a análise de contradição e conflito converge para a de dominação: qualquer um desses tipos de circunstância ou todos eles podem ser incorporados como aspectos de estruturas de dominação. Vou distinguir três desses conjuntos de circunstâncias, que podem ser chamados de *opacidade* da ação, *dispersão de contradições* e *repressão direta*. Por opacidade entendo um baixo grau de percepção dos atores sobre as condições de sua ação e do envolvimento dela na reprodução dos sistemas sociais. De acordo com a teoria da estruturação, não há circunstância em que as condições da ação podem ser inteiramente opacas para os agentes, uma vez que a ação é constituída através da explicação das práticas; os atores são sempre conhecedores do quadro estrutural em que sua conduta é realizada, porque recorrem a esse quadro ao produzir a ação ao mesmo tempo em que o reconstituem pela ação. Mas a percepção que essa "cogniscibilidade" permite é normalmente limitada no que diz respeito às fronteiras da ação identificadas no ensaio anterior: o caráter localizado da ação, o grau em que o conhecimento tácito pode ser articulado no discurso, as fontes de motivação inconscientes e as consequências não intencionais da ação incorporadas na reprodução do sistema. Não vou discutir aqui os modos pelos quais essas fronteiras podem ser opacas, uma vez que isso pressupõe uma extensa análise sobre ideologia, que empreenderei no ensaio seguinte.

Ao falar em dispersão das contradições quero dizer que a tendência de as contradições envolverem conflito é enfraquecida na medida em que são mantidas separadas entre si. De maneira inversa, quanto mais fusão ou "sobreposição" de contradições, maior é a probabilidade de conflito e de que tal conflito seja intenso. A dispersão das contradições está claramente ligada à opacidade da ação, pois quanto maior essa dispersão, menor é a tendência de qualquer elemento contraditório específico se tornar uma fonte mobilizadora de conflito.

Da repressão direta pouco precisa ser dito aqui. No entanto, devemos reconhecer que algumas das grandes tradições da ciência social tendem a subestimar até que ponto a força e a violência (ou sua ameaça) podem ser empregadas com sucesso para impedir a transformação do conflito em luta aberta.

Figura 4.3

DOMINAÇÃO	Assimetria de recursos
PODER	Relações de autonomia/dependência
CONFLITO	Relações de antagonismo ou luta
CONTRADIÇÃO	Oposição de princípios estruturais

Na figura 4.3 junto de forma abstrata ideias traçadas neste ensaio e nos anteriores. Tanto a dominação quanto a contradição são conceitos estruturais, mas não estão em pé de igualdade. A dominação é reproduzida na e através da contradição, podendo ser estudada em suas consequências pelas ligações entre contradição e conflito. A contradição e o conflito estão diretamente ligados, embora haja uma área de contingência entre eles. A contradição está ligada ao poder, no entanto, somente através da dominação, como a forma pela qual os recursos são estruturados na reprodução da interação social. Dominação e poder estão intimamente amarrados, mas as ligações entre dominação e conflito são mediadas pelas relações de poder.

Poder, controle, subordinação

Nesta seção quero discutir o que chamarei de *dialética do controle* nos sistemas sociais. Esta é uma das áreas centrais em que o teorema segundo o qual os atores sociais sabem e têm que saber bastante sobre as circunstâncias de sua ação pode ser mais imediatamente relacionado a dominação e poder (cf. tb. p. 204-206 adiante). Embora os problemas em questão tenham ampla abrangência, vou abordá-los em um contexto específico: a crítica da concepção de burocracia de Max Weber[260]. A análise que Weber faz da burocracia é tão conhecida que praticamente não precisa ser descrita aqui. Segundo o tipo ideal, a burocracia distingue-se por: uma ordem de legitimação legal e racional; a hierarquia das funções em uma pirâmide de autoridade; a existência de regras escritas; a especialização profissional de funcionários assalariados de tempo integral; e, o que é altamente relevante para outros temas da análise histórica de Weber, a separação entre os funcionários e a propriedade dos seus meios de administração.

Não estou interessado aqui na discussão da natureza lógica de tipos ideais e vou apenas comentar certos aspectos do tratamento que Weber dá à organização burocrática[261]. Os dois elementos da concepção de Weber que quero destacar para uma atenção especial são os da hierarquia das funções e da importância das

---

260. Exposta de forma geral em WEBER, M. *Economy and Society*, vol. 1. Mas cf. vários dos *Gesammelte politische Schriften* (Tübingen: Möhr, 1958) são quase igualmente importantes.

261. Para uma útil discussão de fundo, cf. ALBROW, M. *Bureaucracy*. Londres: Pall Mall, 1970.

regras burocráticas. Segundo a visão de Weber, nas burocracias a autoridade e o poder – nos sentidos que ele dá a esses termos – são "drenados" para o topo, de tal forma que o avanço da burocratização significa de modo mais ou menos inevitável um declínio progressivo na autonomia da ação dos que ocupam os escalões inferiores. Foi esse o estímulo para Michels descrever de maneira ainda mais firme a "lei de ferro" da oligarquia dentro das organizações. Essa perda de autonomia da ação incorpora, nos textos de Weber, uma visão de mundo bastante sombria: a expansão de uma civilização industrial cria "especialistas sem espírito, sensualistas sem coração". Não precisamos procurar muito para encontrar outros autores, mais recentes, de intenção mais radical que Weber e perspectivas que têm paralelos evidentes com a dele. Sejam quais forem as diferenças de Marcuse com Weber[262], a sociedade unidimensional de Marcuse parece um pouco a burocracia de Weber em linhas gerais: uma sociedade organizada com cerrada hierarquia, fechada e conformista[263]. Em contexto um tanto diferente, a análise de Braverman sobre a divisão do trabalho na empresa industrial sugere que a drenagem do controle da tarefa laboral das mãos do trabalhador para o alto da hierarquia é um processo progressivo (e aparentemente incontrolável) no desenvolvimento tecnológico do capitalismo moderno[264]. Não questiono a importância desses escritos nem o caráter premente das questões neles levantadas. Mas um dos seus aspectos notáveis é que as tendências diagnosticadas são descritas como tão entranhadas e difíceis de reverter, especialmente pelos mais afetados por elas, que as esperanças de transformação radical manifestadas pelos autores não parecem mais do que desejos piedosos. Pode-se sugerir que o pessimismo de Weber combina melhor com as implicações da sua análise do que acontece com as visões dos autores cujas interpretações da "cadeia de aço" da moderna divisão do trabalho se assemelham à dele, mas que não preveem exatamente uma fuga geral dessa prisão e, sim, a dissolução total de suas grades.

No entanto, nem as sociedades capitalistas ocidentais nem as do socialismo estatal do bloco oriental são de fato unidimensionais, como também não há qualquer necessidade de aceitar certos aspectos fundamentais da análise de Weber que podem aparentemente reforçar esse ponto de vista.

1) Em filosofia da história (que, apesar de suas negativas, emerge com frequência em seus textos)[265] Weber traçou um contraste generalizado, mas em grande parte implícito, entre a autonomia da ação de que os atores desfrutam em comunidades tradicionais e a organização "férrea" dos sistemas burocráticos desenvolvidos. Mas é certamente um equívoco contrapor burocracia e

---

262. MARCUSE, H. "Industrialism and capitalismo in the work of Max Weber". In: STAMMER, O. *Max Weber and Sociology Today*. Oxford: Blackwell, 1971.

263. MARCUSE, H. *One-dimensional Man*. Londres: Sphere, 1968.

264. BRAVERMAN, H. *Labour and Monopoly Capital*. Nova York: Monthly Review, 1974.

265. Cf. MOMMSEN, W. *The Age of Bureaucracy*. Oxford: Blackwell, 1974.

autonomia da ação dessa maneira. Algumas formas de coletividade tradicional em pequena escala praticamente não deram muita autonomia a seus membros ou pelo menos aos mais subordinados, como as mulheres nos sistemas de família patriarcais.

2) Temos boas razões para supor que, nos modernos sistemas burocráticos, há muito mais "abertura" para os que ocupam posições formalmente subordinadas adquirirem ou recuperarem o controle de suas tarefas do que reconheceu Weber. Para Weber, o avanço da burocratização dentro de uma organização produz uma hierarquia de poder cada vez mais rígida. Mas, como assinalou Crozier de forma pertinente, as relações entre funcionários nas organizações normalmente oferecem espaços de controle potencial que não se encontram em coletividades menores, mais tradicionais[266]. Quanto mais rígidas e inflexíveis as relações formais de autoridade dentro de uma organização, maiores são de fato as possíveis aberturas para contorná-las. Os textos de Weber tendem a apresentar as relações formais de autoridade nas burocracias como se fossem aceitas por consenso em todos os níveis da organização. Mas os sistemas simbólicos dominantes são geralmente aceitos – com variado grau de compromisso – sobretudo por aqueles que ocupam posições mais altas de autoridade (cf. p. 79-81 acima). A luta vitoriosa dos subordinados para manter elementos de controle é muito mais comum do que Weber parece afirmar: por exemplo, a árdua resistência diária a tarefas opressivas das quais querem distância[267]. Evitá-las ou afastá-las não é, por si só, controlar, mas pode ser um importante fator a permitir o tipo de percepção da visão autorizada das coisas – uma consciência infeliz – que estimula tentativas práticas de estender o controle.

Weber sem dúvida estava certo ao ressaltar a importância de haver regras escritas nas organizações burocráticas. Mas as regras não seguem nem interpretam a si mesmas e tendem a ser com frequência mais um foco de conflito do que Weber admitiu. As regras escritas, como as relações formais de autoridade que tais regras nominalmente coordenam, são muitas vezes honradas por sua quebra. "Trabalhar de acordo com as regras" é mais do que uma mera palavra de ordem levantada nos conflitos entre capital e trabalho. Mas mesmo que fosse apenas isso, é uma ilustração bastante clara de um distanciamento deliberadamente meio irônico dos grupos subordinados face a injunções que supostamente devem observar, que são brandidas de volta contra os que deveriam mais lucrar com sua aplicação.

Tomar equivocadamente a participação distanciada, pragmática, irônica e humorística nas rotinas do trabalho alienado como sendo fruto de consenso normativo foi um dos grandes erros da sociologia acadêmica ortodoxa das déca-

---

266. CROZIER, M. *The Bureaucratic Phenomenon*. Londres: Tavistock, 1964.

267. Cf. TAYLOR, L. & COHEN, S. *Escape Attempts*. Londres: Allen Lane, 1976.

das de 1950 e 1960 (cf. p. 227-231 adiante). O erro não estava desligado do *desprezo ao ator leigo* de que falei anteriormente no âmbito da teoria mais geral da atuação: um rebaixamento que, no entanto, não ficou com certeza confinado à ciência social não marxista. Três fatores levaram observadores sociológicos a imaginar que os que trabalham em ocupações mortalmente monótonas e repetitivas são mais comumente "ajustados" ao que fazem. Um dos fatores é que o nível de penetração discursiva em tais circunstâncias só é captado através do que os participantes oferecem "seriamente" sobre si ou em termos do que o observador está "procurando" ou está preparado para achar aceitável. A brincadeira agressiva da oficina dá provavelmente maior percepção, por sua *forma* tanto quanto por seu conteúdo explícito, de como o trabalho é vivido e entendido do que quaisquer questionários de pesquisa ou mesmo longas entrevistas. Uma segunda razão é que a observação com frequência se limita apenas ao discurso, embora esse possa ser construído; mas estilos oposicionistas são também expressos na consciência prática. Uma terceira razão, no entanto, é simplesmente a falta de quaisquer alternativas que pareçam disponíveis. Esse ponto deve ser fortemente ressaltado e tem relação direta com problemas de ideologia. Por "alternativas disponíveis" entendo não a possibilidade de mobilidade lateral entre ocupações de caráter similar, mas concepções de "como as coisas poderiam ser diferentes"[268]. Podemos notar aí o elo entre a atuação humana enquanto tal – que implica, contrariamente, a possibilidade de fazer diferente – e o trabalho alienado. "Fazer diferente" em circunstâncias que limitam inteiramente essa possibilidade pode assumir formas que não são imediatamente identificáveis como oposição em nenhum sentido óbvio[269].

A dialética do controle opera mesmo em formas altamente repressivas de coletividade ou organização. Pois meu argumento é que a dialética do controle é construída na própria natureza da atuação ou, mais corretamente, nas relações de autonomia e dependência que os agentes reproduzem no contexto da execução de determinadas práticas. *Um agente que não participa minimamente da dialética do controle deixa de ser um agente.* Como ressaltei antes, todas as relações de poder, ou relações de autonomia e dependência, são recíprocas: por mais assimétrica que seja a distribuição dos recursos envolvidos, todas as relações de poder manifestam autonomia e dependência "nas duas direções". Uma pessoa mantida em total confinamento e sob vigilância, como alguém numa camisa de força, talvez tenha perdido toda capacidade de ação e não participe de uma relação recíproca de poder. Mas em todos os outros casos – isto é, em todos os casos nos quais a atuação humana se faz dentro de um relacionamento

---

268. Essa foi a base da distinção que fiz entre consciência do conflito e consciência revolucionária em *The Class Structure of the Advanced Societies*.

269. Cf. SENNETT, R. & COBB, J. *The Hidden Injuries of Class*. Cambridge: Cambridge University Press, 1977.

qualquer – as relações de poder são em mão-dupla. Isso explica a ligação íntima entre atuação e suicídio[270]. A autodestruição é uma opção (virtualmente) sempre aberta, como rejeição última que finalmente e de forma absoluta anula o poder opressivo dos outros; por isso os próprios atos suicidas podem ser entendidos como exercício de poder[271].

Não quero fazer da dialética do controle um princípio metafísico, uma versão moderna da dialética entre senhor e escravo. A dialética do controle é simplesmente uma característica intrínseca das relações regularizadas de poder dentro dos sistemas sociais. Como tal, entretanto, é necessariamente relevante para a análise do conflito de classes no capitalismo moderno. Não tentarei fazer essa análise aqui. Mas podemos encarar as origens do movimento trabalhista quase como o caso típico de funcionamento da dialética do controle. O "livre" contrato de trabalho introduzido com o advento do capitalismo, como Marx mostrou na sua crítica da economia política clássica, serviu para consolidar o poder dos empregadores sobre os trabalhadores. Mas estes conseguiram transformar o contrato de trabalho em recurso próprio pela retirada coletiva da mão de obra, nascendo daí o movimento operário.

A interpretação materialista da história

A teoria da contradição em Marx é desenvolvida no contexto de uma interpretação de mudança histórica, uma "interpretação materialista da história". Nesta seção vou examinar algumas (mas apenas algumas) questões levantadas pelo materialismo de Marx.

Diversas versões da concepção materialista de Marx sobre história podem ser encontradas nas obras tanto de seus defensores quanto de seus críticos. Isso talvez não seja especialmente de surpreender, uma vez que as várias descrições e interpretações da concepção materialista de Marx não são todas de modo algum sem ambiguidades ou mutuamente consistentes. Vou me preocupar aqui menos com o que Marx deve ter pretendido dizer do que em analisar até que ponto as visões supostamente baseadas em seus escritos podem ser tidas como potencialmente válidas.

Podemos distinguir as seguintes explicações (sem dúvida seria possível encontrar outras) da interpretação materialista da história, todas elas com pelo menos uma mínima plausibilidade a partir de segmentos dos escritos de Marx. Seriam:

1) Uma *prescrição metodológica*, um tipo de abordagem da análise histórica. Marx desenvolveu suas concepções em específica oposição a formas da

---

270. CAMUS, A. *The Myth of Sisyphus*. Nova York: Knopf, 1955.

271. Cf. "A theory of suicide". In: *Studies in Social and Political Theory*.

filosofia e historiografia idealistas, especialmente as de Hegel e seus seguidores. "Em contraste direto com a filosofia alemã que desce dos céus à terra, aqui nós subimos da terra aos céus. Quer dizer, não partimos do que os homens dizem, imaginam, concebem, nem do que foi dito, pensado ou concebido sobre os homens, para chegar aos homens de carne e osso. Nós partimos dos homens reais, atuantes..."[272] A concepção materialista, diz Marx muitas vezes, substitui os dogmas abstratos que supõem tendências históricas pela pesquisa histórica concreta sobre as condições efetivas da vida social humana.

2) Uma *concepção da práxis humana* segundo a qual os seres humanos não devem ser tratados como objetos passivos nem sujeitos inteiramente livres. A concepção materialista da história, nesse contexto, opõe-se tanto ao idealismo quanto ao materialismo "passivo" ou "mecânico". A exposição mais famosa e mais brilhantemente sucinta dessa concepção é apresentada nas teses sobre Feuerbach, onde Marx argumenta que a falha maior das formas anteriores de materialismo (e muitos tipos subsequentes também, pode-se acrescentar!) é que as relações entre atores humanos e entre estes e o mundo material são tratadas como contemplação passiva, não como relações ativas, práticas. O estudo da vida humana, ressalta Marx, é o estudo de práticas sociais definidas, em função de necessidades humanas. A interação dos seres humanos com a natureza é de apropriação ativa: "Toda a história humana é uma preparação para o 'homem' se tornar objeto da percepção sensorial e para o desenvolvimento das necessidades humanas (as necessidades do homem enquanto tal)"[273].

3) Uma perspectiva intimamente ligada à anterior, mas em parte distinta dela, que enfatiza *a importância do trabalho no desenvolvimento da sociedade humana*. O trabalho aparece em Marx de duas maneiras, nem sempre claramente diferenciadas. Uma deve bastante a Hegel, para quem trabalho se refere à interação da atividade humana com a natureza material, interação que está na raiz do caráter "histórico" da cultura humana se comparada à vida "imutável" ou instintiva dos animais. Trabalho, nesse sentido, confunde-se com práxis como produção e reprodução genéricas da vida social humana. Mas trabalho também denota em Marx o processo laboral, isto é, a esfera mais estritamente definida da atividade econômica. Encarar a análise do trabalho no primeiro sentido como chave para a compreensão histórica da sociedade humana é nitidamente diferente de tentar explicar a história pelo primado do trabalho no segundo sentido. Este remete a um quarto sentido da interpretação materialista como:

4) Uma *teoria da mudança social* que afirma em certa perspectiva o primado dos fatores econômicos na determinação do desenvolvimento social. Há, na-

---

272. *The German Ideology*. Londres: Lawrence and Wishart, 1965. (Alterei esta e algumas outras traduções adiante.)

273. "Economical and philosophical manuscripts". In: BOTTOMORE, T.B. *Karl Marx*: Early Writings, p. 164.

turalmente, várias maneiras de enquadrar essa concepção de Marx assim definida, dependendo do que se entende por "economia" ou fator "econômico", por um lado, e "determinação", por outro. Como bem sabemos, não é nada difícil encontrar em Marx declarações que se aproximam de alguma forma do determinismo econômico ou mesmo tecnológico, em especial o tão debatido trecho da *Miséria da filosofia*: "As relações sociais estão intimamente ligadas às forças produtivas. Ao adquirir novas forças produtivas, os homens mudam seu modo de produção, a maneira de ganhar a vida; mudam todas as suas relações sociais. O moinho manual dá uma sociedade com senhores feudais, o moinho a vapor uma sociedade com capitalistas industriais"[274]. Como é igualmente bem sabido, perto do final de carreira tanto Marx quanto Engels estavam ansiosos em minimizar interpretações de suas ideias que indevidamente enfatizavam a influência da infraestrutura econômica, ressaltando a interdependência entre infra e superestruturas (mais especialmente na famosa afirmação de Engels do papel determinante da economia "em última instância"). Isso estimulou alguns comentaristas a considerar que as concepções de Marx e Engels implicam:

5) Uma *teoria funcional das relações entre infra e superestruturas* que destaca, de novo em oposição ao idealismo, a necessidade de ligar as instituições políticas e ideológicas às instituições econômicas como elementos de uma totalidade. De acordo com essa visão, se rejeitarmos qualquer versão da teoria 4, ficamos com uma perspectiva que enfatiza a interdependência funcional das diferentes esferas da atividade social humana. Uma interpretação funcionalista pode ainda salvar o caráter "especial" da atividade econômica ao tratá-la como primeiro e mais fundamental pré-requisito funcional da existência da sociedade. Há em Marx pelo menos um tipo de justificação possível dessa tática:

> Temos que começar afirmando o primeiro pressuposto de toda existência humana e, portanto, de toda história, a saber, que os homens devem ter condição de viver para poderem "fazer história" [...] O primeiro ato histórico é, portanto, a produção da própria vida material. Este é de fato um ato histórico, uma condição fundamental de toda história, que hoje, como milhares de anos atrás, deve produzir-se todo dia e a toda hora simplesmente para sustentar a vida humana[275].

6) Uma *teoria reducionista da consciência* que trata o conteúdo da consciência humana como de alguma forma determinado por "fatores materiais". Há várias interpretações dessa concepção. Mas a tese básica, formulada com ênfase variada, é que as "ideias" têm pouca ou nenhuma autonomia face à "realidade material" ou "econômica" na determinação do desenvolvimento social; as ideias "refletem" as condições materiais da vida social. O tipo de passagem em Marx que possivelmente se prestaria a tal leitura é: "A consciência não pode jamais

---

274. *The Poverty of Philosophy*. Londres: Lawrence & Wishart, p. 92.

275. *The German Ideology*, p. 39.

ser outra coisa que não existência consciente, e a existência dos homens é seu efetivo processo de vida [...] A partir de homens reais, ativos, e de seu processo real de vida mostramos o desenvolvimento dos reflexos e ecos ideológicos desse processo de vida"[276].

7) Uma *teoria da centralidade das divisões de classe* segundo a qual as relações de classe regem ou determinam em grande parte os alinhamentos de outras instituições, de modo que o conflito de classes é o motor fundamental das mudanças sociais (pelo menos nas sociedades de classe). Claro, o *Manifesto comunista* proclama que "[a] história de toda sociedade que existiu até hoje é a história das lutas de classe"[277]. Subjacente a isso está a tese de que as relações de propriedade, coordenadas em modos de produção, fornecem a base tanto para a classificação dos tipos de sociedade (como em *A ideologia alemã* e mais tarde nos *Grundrisse*) quanto para a explicação dos grandes processos de mudança social.

Claro que essas interpretações não são todas mutuamente excludentes, embora algumas o sejam. Não discutirei aqui as interpretações 1 e 2, a primeira parte da 3, nem a 5 e a 6, por diferentes razões: as três primeiras porque expressam uma posição que aceito e que tentei na verdade expor com algum detalhe nos ensaios anteriores; as duas seguintes porque representam pontos de vista inaceitáveis – como também se depreende de minhas outras discussões. Argumentarei que as duas restantes, a 4 e a 7, têm importantes ingredientes de validade, embora sua identificação pressuponha examinar com maior precisão de que modo devem ser formuladas e como se relacionam entre si.

Na classificação acima não citei (embora o tenha feito numa seção anterior deste ensaio) a passagem mais famosa em que Marx expôs sua abordagem: o prefácio a *Uma contribuição à crítica da economia política*. Ele contém uma série de ideias diferentes formuladas com alto nível de generalidade, mas quero selecionar e examinar as seguintes asserções:

> Em certo estágio de seu desenvolvimento, as forças materiais de produção na sociedade entram em conflito com as relações existentes de produção ou – o que não passa de expressão legal da mesma coisa – com as relações de propriedade dentro das quais estiveram trabalhando antes. De formas de desenvolvimento das forças produtivas essas relações passam a ser seus grilhões. Então ocorre um período de revolução social. Com a mudança do alicerce econômico, toda a imensa superestrutura é transformada mais ou menos rapidamente...[278]

Ao se avaliar a importância dessa passagem à luz dos problemas levantados por 4 e 7, duas perguntas básicas têm que ser feitas. Pode o esquema forças/relações de produção ser de fato aplicado tão amplamente quanto Marx sugere,

276. Ibid., p. 37-38.
277. "The Communist Manifesto". In: MARX, K. & ENGELS, F. *Selected Works*, p. 35.
278. MARX, K. & ENGELS, F. *Selected Works*, p. 182-183.

como uma espécie de arcabouço explicativo geral das transformações sociais radicais? De que forma o esquema forças/relações de produção se relaciona às divisões e ao conflito de classes?

Analisarei a segunda pergunta na seção conclusiva deste ensaio. A primeira pode ser reformulada de modo útil, eu acho, da seguinte maneira: a evolução das forças produtivas ocorre caracteristicamente no nível das forças produtivas? Com isso quero saber até que ponto o desenvolvimento das forças produtivas, em diferentes períodos históricos ou tipos de sociedade, resulta de processos relativamente "autônomos" de mudança econômica. Discutirei na seção seguinte a resposta de Althusser a essa questão. A visão que quero defender, no entanto, é diferente da dele. Althusser busca evitar explicações "economicistas" do desenvolvimento social – aquelas que envolvem uma versão da interpretação 7 – ao fazer distinção entre o "determinante" e o "dominante" nas formações sociais. É assim capaz de reconhecer que, antes do capitalismo, a economia não é dominante. Permanece determinante "em última instância". Mas a concepção de "última instância" tal como formulada por Althusser, como direi adiante, não parece defensável, mas pouco mais do que uma concessão à ortodoxia. Parece mais razoável ser ousado o bastante para descartar inteiramente a "última instância" e sugerir que Marx aplicou tanto esforço em estudar o capitalismo que subestimou sua peculiaridade em comparação com outras formas históricas de sociedade. Quer dizer, podemos sugerir que *é somente com o advento do capitalismo* que a evolução das forças produtivas ocorre caracteristicamente no nível das forças produtivas. Pois o capitalismo (como indica o próprio fato de que o nome se aplica tanto a um tipo de sistema de produção quanto a um tipo de sociedade em geral) *torna a exploração da natureza uma força propulsora da mudança social.* O desenvolvimento do capitalismo põe em movimento um ímpeto de contínua inovação técnica e expansão das forças produtivas, o que se dá de forma "autônoma" no sentido de que a reprodução do capital se expande promovida pelo próprio funcionamento da produção capitalista.

Althusser e a causalidade estrutural

Os escritos de Althusser representam, por um lado, uma forte reação às interpretações "tecnicistas" e "economicistas" de Marx e, por outro, às interpretações "historicistas", esta última categoria incluindo em particular versões de Marx fortemente influenciadas por Hegel[279]. Daí o uso de "totalidade" em

---

279. Abstraio ao máximo da perspectiva filosófica mais ampla de Althusser. Para um exemplo dos caprichos a que pode dar margem essa perspectiva, cf. as divagações de Hirst e Hindess em suas várias obras: HINDESS, B. & HIRST, P.Q. *Pre-capitalist Modes of Production.* Londres: Routledge, 1975. • *Mode of Production and Social Formation.* Londres: Macmillan, 1977. • CUTLER, A.; HINDESS, B.; HIRST, P. & HUSSEIN, A. *Marx's 'Capital' and Capitalism Today.* Londres: Routledge [vol. 1: 1977; vol. 2: 1978].

Althusser pretende ser bem diferente do emprego que lhe dão autores como o primeiro Lukács. Totalidade é uma unidade de "níveis objetivos" que operam de modo relativamente autônomo uns dos outros como elementos constitutivos de uma formação social. Esses níveis não são simétricos na influência que exercem em uma formação social: podemos falar de uma "estrutura dominante". A infraestrutura econômica é um desses níveis, mas ela não "determina" os outros níveis da formação da maneira como frequentemente se entende o que seja determinar. A infraestrutura econômica só determina – e "em última instância" – quais elementos são dominantes numa formação social.

> A dialética econômica nunca é ativa em *estado puro*; na história, essas instâncias, as superestruturas etc., jamais se põem respeitosamente de lado uma vez realizado o seu trabalho nem, quando chega o tempo, se dispersam como puros fenômenos do momento ante sua majestade, a economia, à medida que ela avança pela estrada real rumo à dialética. Do primeiro ao derradeiro instante, a hora solitária da "última instância" nunca chega[280].

Assim, segundo Althusser, a contradição entre forças e relações de produção não pode em si e por si mesma criar uma situação de transformação radical da sociedade. Como contradição mais básica em qualquer formação social, ela se expressa através da assimetria dos outros níveis dentro da totalidade. Althusser explica isso com seus conceitos de sobredeterminação e causalidade estrutural. Um e outro são relevantes na sua tentativa de escapar à acusação de ter substituído uma teoria marxista da infraestrutura/superestrutura por uma visão "pluralista" ou que recai na categoria 5 listada acima. Segundo ele, as contradições nunca são simples, mas sobredeterminadas: a estrutura dominante está presente em cada uma das contradições que constituem o todo. A contradição forças/relações de produção é expressa nas relações desiguais entre os níveis da totalidade; mas estes, em troca, "reverberam" uns sobre os outros, multiplicando as contradições, que então podem "retroagir" através da contradição forças/relações de produção e assim por diante. Na medida em que essas contradições são dispersadas ou deslocadas, não há um impulso à mudança revolucionária; se elas se fundem, por outro lado, pode ocorrer uma "ruptura" da formação social preexistente. O desenvolvimento desigual não é assim apenas incidental na constituição de uma formação social, mas parte integrante dela: Althusser na verdade justifica o uso da noção de sobredeterminação generalizando a análise de Lênin sobre a Rússia como elo mais fraco da cadeia de países capitalistas.

A ideia de sobredeterminação, na opinião de Althusser, não pode ser explicada com as visões tradicionais de causalidade. Ele distingue duas dessas visões, contrastando cada uma com a sua. Uma é uma concepção "mecânica", associada particularmente a Descartes mas que supostamente inclui também a visão de

---

280. ALTHUSSER, L. *For Marx*. Londres: Allen Lane, 1969, p. 113.

Hume e que trata a causalidade como uma relação "transitiva" entre causas e efeitos tomados como eventos ou classes de eventos. A outra, para Althusser, remonta a Leibniz mas foi desenvolvida especialmente por Hegel e envolve um conceito de causalidade "expressiva". Enquanto a primeira não tem como conceituar os efeitos do todo sobre as partes, a causalidade expressiva é exatamente a tese de que cada um dos elementos de uma totalidade é uma expressão ou momento da "essência" dessa totalidade, com "o princípio interno da essência presente em cada parte do todo"[281]. Althusser associa as duas visões a abordagens marxistas que rejeita: a primeira a versões economicistas de Marx, a segunda a versões historicistas. Sua categoria de "causalidade estrutural" assemelha-se mais a estas do que àquelas, uma vez que também se refere à influência entre a parte e o todo; mas numa totalidade estruturada, segundo ele, não podemos pensar em termos de essências.

Causalidade estrutural ou metonímica, diz Althusser, é um conceito que pode ser encontrado em Marx e Freud. Daí tomar de empréstimo a Freud o termo "sobredeterminação" não é uma importação alheia à teoria social; Marx e Freud buscavam resolver uma questão similar: como uma estrutura e seus efeitos se determinam mutuamente. Althusser entende que causalidade estrutural denota a existência de uma estrutura através de seus efeitos:

> Isso implica, portanto, que os efeitos não estão fora da estrutura, não são um objeto, elemento ou espaço preexistente em que a estrutura chega para *imprimir sua marca*: ao contrário, implica que a estrutura é imanente em seus efeitos, uma causa imanente em seus efeitos no sentido que Spinoza dá ao termo, de que *toda a existência da estrutura consiste em seus efeitos*; em suma, a estrutura, que é meramente uma combinação específica de seus elementos específicos, nada é além de seus efeitos[282].

A breve exposição das visões de Althusser não pode ser encerrada sem alguns comentários sobre a discussão que ele faz sobre a relevância da causalidade metonímica para a atuação humana. Se entendermos a totalidade social como uma estrutura, de acordo com Althusser, e, portanto, como "autodeterminante" ou, como ele diz, "determinante de seus elementos", segue-se que os atores humanos nunca são mais do que ocupantes de posições dentro da estrutura: são, nos termos hoje notórios usados por ele, "suportes" ou "portadores" da estrutura. As "*relações* de produção (e as relações sociais políticas e ideológicas) são irredutíveis a qualquer intersubjetividade antropológica – uma vez que apenas combinam agentes e objetos numa estrutura específica da distribuição de relações, lugares e funções, ocupados e "sustentados" por objetos e agentes de produção"[283]. A categoria

---

281. ALTHUSSER, L. & BALIBAR, E. *Reading Capital*. Londres: New Left Books, 1970, p. 186ss.

282. Ibid., p. 188-189.

283. Ibid., p. 180.

de sujeito ou, mais precisamente, a diferenciação sujeito/objeto, diz Althusser, é constituída apenas na ideologia. Este é um dos sentidos centrais em que a noção de superestrutura é mantida na teoria de Althusser: a ideologia integra o "indivíduo" na "sociedade" pela transformação dos "suportes" dos verdadeiros motores da história – as características estruturais das formações sociais – em sujeitos com formas definidas de consciência e necessidades.

Não examinarei por ora a visão de ideologia de Althusser, mas tentarei discuti-la no contexto de um tratamento abrangente da ideologia no ensaio seguinte. Aqui vou me concentrar na noção de sobredeterminação como Althusser a emprega, na ideia de determinação "em última instância" pelo esquema das forças/relações de produção, na noção de causalidade metonímica e, por fim, retornarei rapidamente a questões de estrutura e atuação.

Ao avaliar o uso do termo "sobredeterminação" por Althusser, vale a pena rastrear o processo de raciocínio pelo qual ele liga essa noção à ideia leninista de elo mais fraco. A Rússia era um país maduro para a revolução porque concentrava uma série de contradições importantes, decorrentes da presença conjunta de setores avançados de desenvolvimento capitalista e uma ordem semifeudal, atrasada. Esse exemplo, argumenta Althusser, demonstra com particular clareza que a contradição entre as forças e as relações de produção não desencadeia diretamente a mudança social; tem que haver o acúmulo de outras contradições "numa fusão para a ruptura". A "ruptura revolucionária", em outras palavras, é sobredeterminada, diz Althusser. Se assim é nesse conjunto aparentemente incomum de circunstâncias, acrescenta, por que deveríamos supor que se limita a elas? Na verdade, na situação da Rússia revolucionária vemos um caso especial do que é genérico nas formações sociais em contradição sobredeterminada.

Agora, analisar a mudança social como uma fusão de contradições, como argumentei anteriormente, é uma ideia importante. A introdução da noção de sobredeterminação na teoria social pode também ser defendida, mas apenas com duas reservas de monta:

1) Como assinalam Laplanche e Pontalis, a "sobredeterminação" em Freud tem dois sentidos distintos. Um é que determinada formação psicológica expressa uma pluralidade de elementos inconscientes por meio de sequências de significado divergentes, cada uma delas coerente em diferentes níveis de interpretação. O outro é que uma formação psicológica resulta da convergência de vários tipos de causas, nenhuma das quais responsável sozinha por ela[284]. Só o segundo uso, que não é na verdade o mais característico em Freud, parece relevante para a sobredeterminação tal como empregada por Althusser.

2) O uso do conceito de "sobredeterminação" em análise social pressupõe uma explicação adequada do que "determina" a mudança social – sua cau-

---

284. LAPLANCHE, J. & PONTALIS, J.-B. *The Language of Psycho-analysis*. Londres: Hogarth, 1973, p. 292-293.

sação e agência. Mas essas são as partes mais falhas de todo o esquema teorético de Althusser.

Há sem dúvida mérito nas críticas de Althusser tanto às versões "economicistas" quanto hegelianas da totalidade. No que se refere às primeiras, ele tenta romper com interpretações de Marx que encaram os elementos políticos ou ideológicos como tendo pouca influência no desenvolvimento da sociedade ou que procuram explicá-los de forma reducionista para desprezá-los. Quanto às versões hegelianas, busca com toda razão enfatizar a diferença de "níveis" ou "regiões" que compõem o todo, ressaltando particularmente as tensões que existem entre eles – ainda que essa concepção não esteja de modo algum tão distante das versões hegelianas ou influenciadas por Hegel como ele parece acreditar. Além disso, a tese de que a contradição entre forças e relações de produção só é determinante numa "última instância" (atemporal) permite um bem-vindo reconhecimento da importância de instituições não econômicas na organização da sociedade. Mas um preço considerável é pago por isso, pois a ideia de "última instância" com certeza permanece obscura em Althusser e oscila estranhamente entre ser um dogma metafísico ou uma interpretação que se aproxima incomodamente de uma espécie de funcionalismo pluralista[285]. Como defesa da distinção entre infra e superestruturas ou do papel dos fatores econômicos para a mudança social, é ao mesmo tempo demasiado forte e fraca demais. É forte demais na medida em que é afirmada como algum tipo de princípio inequívoco (embora seja ao mesmo tempo obscuro, pois não fica claro em que sentido a última instância é "em última análise" determinante). E é fraca demais na medida em que o caráter da economia em larga medida não é especificado – ou, pelo menos, como a contradição entre as forças e relações de produção efetivamente exerce sua influência determinante[286]. Althusser às vezes compara a influência da economia ao inconsciente em psicanálise: não pode ser diretamente observada e só existe refratada por outras estruturas. Mas isso nem esclarece coisa alguma sobre a natureza da determinação econômica nem justifica a tese de que as relações econômicas determinam quais níveis são dominantes na formação social.

Essas dificuldades decorrem em parte das limitações da concepção de Althusser sobre causalidade metonímica. Ao analisar isso temos que mencionar a dívida de Althusser para com o estruturalismo. Muitas vezes ele é considerado um estruturalista, apesar de suas frequentes negativas[287]. Não precisamos nos deter muito nisso, pois se trata em grande parte de uma questão de ter-

285. Para observações recentes de Althusser sobre essa questão, cf. ALTHUSSER, L. *Essays in Self-criticism*. Londres: New Left Books, 1976, p. 176ss.

286. Cf. GLICKSMANN, M. *Structural Analysis in Contemporary Social Thought*. Londres: Routledge, 1974, p. 129ss.

287. Cf. *Essays in Self-criticism*, p. 126-131.

minologia. A teoria de Althusser não é "estruturalista", se definirmos o termo com algum grau de precisão – assim como Popper não é um "positivista" em filosofia da ciência, para tomar um paralelo de outro contexto[288]. Althusser é particularmente crítico de algumas doutrinas cardeais de Lévi-Strauss. Por outro lado, não há qualquer dúvida de que, assim como Popper e o positivismo, Althusser partilha certas perspectivas gerais adotadas por outros autores – incluindo Lévi-Strauss – que são normalmente classificados como "estruturalistas". Isso inclui uma predileção pela própria noção de estrutura, uma atitude crítica rigorosa em relação ao "humanismo" e uma certa concepção do todo social. É essa última concepção que é especialmente importante aqui. Como indiquei anteriormente neste livro, em sua definição de linguística Saussure empregou um conceito de totalidade que diverge da noção do todo que é mais proeminente em ciências sociais. A dialética da presença/ausência formulada por Saussure e adotada nas ciências sociais fornece uma ideia da maior importância quando desenvolvida de maneira adequada. Uma das suas principais características é a noção de que a totalidade só existe em seus momentos – ou, como Althusser diz, em seus efeitos. Não há dúvida de que tal concepção pode ser encontrada em Marx, embora, apesar do que afirma Althusser, haja igualmente pouca dúvida de que ele a tomou primordialmente a Hegel. O que Althusser faz é construir essa concepção da totalidade como causalidade ao falar em "estrutura existindo em seus efeitos". Mas isso não ajuda muito. A dialética da presença/ausência não é uma relação causal tal como concebida normalmente, nem tem muito sentido tentar transformá-la nisso; na verdade é uma construção contraproducente na medida em que exclui a causalidade "transitiva", como Althusser a denomina. Sua teoria está em conformidade com as perspectivas centrais do estruturalismo por carecer de uma distinção entre estrutura e sistema. Tentei mostrar num ensaio anterior que, se adotarmos tal distinção, podemos reconhecer a importância fundamental da dialética da presença/ausência sem sacrificar a análise da causalidade "transitiva" tal como envolvida na reprodução social.

As discussões de Althusser sobre a subjetividade também têm uma forte marca das ênfases estruturalistas, embora o espaço que dá ao autoentendimento do ator humano seja ainda menor do que normalmente ocorre entre os autores estruturalistas. Nem o tratamento dos agentes como "suportes" das relações constituintes das formações sociais nem a tese de que a subjetividade é formada inteiramente por ideologia resistem a muita análise. A concepção de estrutura em Althusser, na qual a única força motora é a contradição sobredeterminada, tratada como causalidade metonímica, não tem como captar a dualidade de estrutura e ação.

---

288. ADORNO, T. *The Positivist Dispute in German Sociology*. Londres: Heinemann, 1976.

Contradição e dominação de classe

Para concluir este ensaio, quero esboçar uma abordagem da ligação entre contradição e dominação de classe, traçando de modo bem sumário os aspectos essenciais de uma explicação mais detalhada que tentarei dar num volume subsequente.

Marx, reagindo a Hegel, associou as noções de contradição e negatividade primariamente a conflito de classe. Quero argumentar aqui que Marx estava certo (embora não reivindicasse originalidade) em supor que o advento da dominação de classe introduz uma nova dinâmica na história. Mas quero propor que foi um erro ligar a contradição e a negatividade puramente à dominação de classe, em vez de ver a dominação de classe como apenas um modo pelo qual a sociedade humana manifesta uma contradição.

Vou sugerir o seguinte teorema fundamental: em todas as formas de sociedade os seres humanos existem em *relação contraditória com a natureza*. Os seres humanos existem em relação contraditória com a natureza porque são na e da natureza enquanto seres corpóreos existentes em ambientes materiais; e, no entanto, ao mesmo tempo, se colocam contra a natureza, como possuidores de uma "segunda natureza" própria, irredutível a objetos ou eventos físicos. Essa contradição, que talvez esteja na origem de todas as religiões, tem sua expressão universal na finitude do *Dasein* como negação do aparente infinito do tempo-espaço em que cada vida humana faz sua fugaz aparição. É contraditório num sentido autêntico, pois a negação da natureza pela "segunda natureza", essa "unidade contraditória" que distingue o homem da natureza, sustenta as acomodações alcançadas com ela e os modos de controle a que a natureza é submetida. Mas a relação entre o *Dasein* e a continuidade do Ser é sempre mediada pela sociedade ou pelas instituições através das quais se realiza, na dualidade da estrutura, a reprodução social. A contradição existencial do ser humano é traduzida assim em contradição estrutural, que é na verdade o seu único meio.

A meu ver, a mediação institucional da contradição toma formas diferentes em sociedades "frias" e em sociedades "quentes", para adotarmos a terminologia de Lévi-Strauss – sendo as "quentes" movidas pelo impulso dinâmico das divisões de classe. Nas sociedades frias a relação contraditória entre o homem e a natureza é expressa *através de sua incorporação interior*. Considero esse um dos temas principais que Lévi-Strauss deseja enfatizar: a natureza não é separada das categorias do pensamento e da ação humanos; mas, ao contrário, parte integrante de sua constituição. *Christophorus Christum, sed Christus sustulit orbem: Constiterit pedibus dic ubi Christophorus* [Cristóvão levava Cristo, mas Cristo levava o mundo: Diga-me onde Cristóvão pôs os pés]. A contradição é mediada sob a forma mesma de instituições, especialmente as de parentesco e os mitos. Só com o aparecimento da divisão de classes *a contradição é mediada através da formação seccional de grupo*. O que não é a tautologia que pode parecer.

Não é uma tautologia porque condições outras além do aparecimento de classes estão na origem das sociedades divididas em classes. Uso a expressão *sociedade dividida em classes* como distinta de *sociedade de classe*. A sociedade dividida em classes é uma sociedade na qual existem classes, com uma relação de classe sempre constituindo, inerentemente, uma relação conflituosa no sentido de oposição de interesses; mas não é uma sociedade na qual a análise de classes dá a chave para desvendar todas as características mais significativas da ordem institucional. O único tipo de sociedade que é uma sociedade de classes nesse sentido é aquele a que se aplica o esquema de forças/relações de produção sugerido anteriormente: o capitalismo. O esquema marxista de forças/relações de produção pode ser lido como afirmação do primado universal da atribuição sobre a autorização, tanto na constituição da sociedade quanto na dinâmica da mudança social (em todas as formas de sociedade dividida em classes). Mas quero propor que na verdade o que acontece é de certa forma o inverso: nas sociedades divididas em classes, ao contrário da sociedade de classes, *a autorização tem primazia sobre a atribuição*. Repetindo o argumento apresentado anteriormente: só no capitalismo, devido ao caráter específico do modo capitalista de produção, que põe em movimento um processo de acumulação em última análise dominado pelo capital privado, o motor primeiro é o mecanismo da atividade econômica.

Todas as sociedades de classe ou divididas em classes são *sociedades administradas*: a importância disso nunca foi plenamente reconhecida por Marx, que escreveu na época dos maiores triunfos do capitalismo empresarial e num país onde a direção estatal da empresa econômica era provavelmente tão mínima quanto já foi em qualquer lugar na ordem capitalista moderna. Uma sociedade administrada é aquela na qual o controle centralizado do "conhecimento" ou "informação" é um meio de dominação. A importância disso talvez tivesse sido mais visível para Marx se ele houvesse prestado atenção nas civilizações divididas em classes do Oriente Médio, surgidas no terceiro milênio antes de nossa era. Nessas civilizações, o controle administrativo dos seres humanos, voltado para a exploração da natureza, foi exercido com uma crueldade sem paralelo até os tempos modernos[289]. As características estruturais das sociedades de classe e divididas em classes, a meu ver, são basicamente regidas pelo *caráter das ligações entre autorização e alocação*, especialmente as conexões entre *autoridade* e *propriedade*, que se conjugam de diferentes maneiras não apenas entre si como também em relação à exploração da natureza.

As primeiras civilizações e o capitalismo moderno têm em comum uma relação "exteriorizada" ou instrumental com a natureza. Uma *atitude exploradora da natureza* associa-se, nos dois casos, à *exploração social*, nela diretamente engrenada. Vejo isso como de fundamental importância. No feudalismo, a extração

---

289. Cf. esp. MUMFORD, L. *The Myth of the Machine*. Londres: Secker and Warburg, 1967.

de um produto excedente, através da coleta do dízimo etc., *não era enquanto tal parte do processo produtivo imediato*. Um servo da gleba podia ter que alocar parte de sua produção ao senhor feudal, mas isso não era parte integrante da produção como tal, embora essa relação de exploração estivesse na base da dominação de classe. Não ocorria o mesmo nas primeiras civilizações, como também não é o caso no capitalismo contemporâneo: então e agora a relação de exploração de classe faz parte do mecanismo de produção e a relação entre sociedade e natureza é predominantemente de controle instrumental. Nas primeiras civilizações, no entanto, a autorização e não a alocação era o meio primordial de organização da exploração tanto da natureza quanto dos seres humanos: nem o avanço técnico dos instrumentos de produção nem o controle da propriedade eram de importância fundamental para isso. O que era decisivo era mobilizar "máquinas humanas", numa divisão autoritária do trabalho. O capitalismo moderno conjuga a exploração da natureza e do trabalho humano de maneira diferente, que deve ser vista como resultado característico da desintegração da sociedade feudal na Europa. O capitalismo desenvolveu-se nas comunas urbanas, no contexto de um sistema de classe emergente que já existia no quadro institucional da sociedade feudal, mas ao mesmo tempo fora dele. Os primeiros capitalistas não tinham à disposição os meios para organizar os homens como "máquinas humanas"; a inovação que traziam era organizar *o empreendimento produtivo imediato* como uma divisão de trabalho ligando homens e máquinas.

O capitalismo é uma sociedade de classe, em contraste com as sociedades divididas em classes, porque na empresa capitalista a propriedade se torna o princípio organizador da produção ao mesmo tempo que é a fonte da divisão de classe. Só no capitalismo as fontes da contradição e do conflito de classe são idênticas. A propriedade privada é tanto o meio de se apropriar do produto excedente, como nas sociedades divididas em classes, quanto, ao mesmo tempo, aquele que move o sistema econômico. Por isso é tão importante a ênfase de Marx no processo pelo qual a própria força de trabalho se torna uma mercadoria, pois é no contrato de trabalho que a contradição e o conflito de classe coincidem no modo de produção capitalista.

5
Ideologia e consciência

Ideologia: Comte e Marx

A história do conceito de ideologia tem sido analisada com frequência[290]. Ainda assim faz sentido comentá-la aqui, uma vez que isso será indispensável para examinar como se deve entender "ideologia" em ciências sociais. Vou me limitar a certas fases da evolução da noção: seu uso por Marx, que ainda é o ponto de partida inevitável para qualquer discussão contemporânea de ideologia, a versão de Mannheim de "sociologia do conhecimento" e as definições de ideologia propostas por Habermas e Althusser.

A maioria das histórias da ideologia começa com Destutt de Tracy, geralmente considerado o primeiro autor a ter utilizado o termo sob forma impressa; mas alguns (incluindo Mannheim) veem um precursor em Bacon e sua concepção dos *idola*. A associação a "ídolos", obstáculos ao conhecimento válido, emprestaria um tom pejorativo a "ideologia". O próprio Destutt de Tracy, no entanto, usou o termo de maneira positiva em seus *Éléments d'idéologie*, obra publicada logo no início do século XIX, para sancionar uma nova "ciência das ideias". Mas ele se baseou grandemente nos escritos de Condillac, que por sua vez havia defendido a necessidade de ampliar a crítica de Bacon aos "ídolos" para fundamentar uma reforma da consciência: os "preconceitos" deviam ser transformados pela razão.

É bem sabido que a polêmica de Napoleão contra os "ideólogos" ajudou a fixar o termo "ideologia" num sentido pejorativo, predominante desde então. Mas o repúdio à ideologia assumiu depois duas formas divergentes, manifestas no contraste entre as perspectivas de Comte e Marx[291]. As críticas de Comte aos ideólogos concentraram-se no caráter radical dos ataques que eles faziam

---

290. Cf., p. ex., LICHTHEIM, G. *The Concept of Ideology and Other Essays*. Nova York: Vintage, 1967. • SELIGER, M. *Ideology and Politics*. Londres: Allen and Unwin, 1976. • PAREKH, B. "Social and political thought and the problem of ideology". In: BENEWICK, R. *Knowledge and Belief in Politics*. Londres: Allen and Unwin, 1973.

291. Como notaram Lichtheim (*Concept of Ideology*, p. 154) e Alvin W. Gouldner (*The Dialectic of Ideology and Technology*. Nova York: Seabury Press, 1976, p. 11ss.).

à tradição e à metafísica. Mas, ao trocar o "negativismo radical" dos ideólogos pelo "positivismo", insistiu nas mesmas questões enfatizadas por eles, embora integrando-as numa perspectiva que destacava a necessidade de temperar a mudança com a "ordem". Como visualizava a sociologia se ocupando em sintetizar a ordem e o progresso, Comte achava que o principal objetivo da nova ciência da sociedade era completar a transcendência da metafísica e forjar ao mesmo tempo novos laços de unidade social. Na tradição do pensamento desenvolvido por Comte, do qual Durkheim se apropriou em grau substancial, o conceito de ideologia não figura como algo central. Comte manteve o programa dos ideólogos de estudar a evolução natural da mente humana, mas rejeitou o caráter individualista da abordagem de Destutt de Tracy, para quem os indivíduos e suas ideias são tudo o que existe de real[292]. Comte rompeu com essa noção e também descartou o termo ideologia.

A questão era bem diferente, claro, para Marx, cujo pensamento tinha conexões intelectuais diretas com os ideólogos, mas que incorporou o termo em seus escritos com influência fundamental de Hegel e da "inversão de Feuerbach". Este tentou escapar ao idealismo de Hegel e sua "teologia mística" não apenas trocando o "idealismo" pelo "materialismo", mas restaurando os princípios do estudo do Iluminismo francês. Marx, porém, acabou vendo Bauer e outros de seus colaboradores iniciais (e, mais tarde, o próprio Feuerbach) como "ideólogos". A posição de Marx incluía tanto uma rejeição a Hegel quanto uma recuperação de certos aspectos da filosofia hegeliana que havia em grande parte evaporado na "inversão" de Feuerbach. Para Hegel, os seres humanos são criadores de sua própria história, mas em condições só parcialmente reveladas a eles em termos conscientes, condições que só podem ser entendidas em retrospectiva. Ao rejeitar essa última ideia e sustentar que a análise social (ao contrário da filosofia) pode discernir e ajudar a atualizar tendências imanentes no desenvolvimento da sociedade, Marx introduziu uma perspectiva nova radicalmente diferente em teoria social. Daí em diante o diagnóstico da ideologia tornou-se uma maneira de penetrar além da consciência dos atores humanos e desvendar os "fundamentos reais" de sua atividade, sendo esta então direcionada para a transformação social. O que em Comte era justaposição de ciência e metafísica tornou-se em Marx, até certo ponto, justaposição de ciência e ideologia. O estudo empírico, científico, da sociedade permitiria dissipar as distorções da consciência exemplificadas na ideologia, *mas somente se a crítica da ideologia puder ser realizada na efetiva intervenção social*, uma vez que a "crítica da consciência pela consciência" era exatamente o que Marx condenava nos "ideólogos alemães".

O primeiro capítulo da *Ideologia alemã* é na verdade a única parte dos escritos de Marx em que a noção de ideologia é discutida em certa extensão. Um dos aspectos notáveis dessa discussão são as imagens usadas várias vezes por Marx

---

292. Cf. BARTH, H. *Wahrheit und Ideologie*. Zurique, 1945.

para se referir a ideologia, imagens que não se limitam, porém, a essa obra relativamente inicial, aparecendo também ocasionalmente em textos posteriores de Marx. São as imagens da *camera obscura* [câmara escura], do mundo de cabeça para baixo, dos reflexos e ecos[293]:

> A consciência não pode ser jamais outra coisa senão existência consciente, e a existência dos homens é o seu processo efetivo de vida. Se em toda ideologia os homens e suas circunstâncias aparecem virados de cabeça para baixo como numa *camera obscura*, esse fenômeno decorre do seu processo histórico de vida exatamente como a inversão dos objetos na retina se dá por seu processo físico de vida[294].

Se boa parte disso era Feuerbach, servia, porém, a Marx como crítica a esse filósofo, porque a inferência de Marx não é simplesmente de que as coisas têm que ser postas novamente de cabeça para cima, mas de que temos que desvendar, através do estudo histórico empírico, as circunstâncias que levaram à formação de diferentes tipos de ideologia.

Há um outro contexto em que aparece o termo na *Ideologia alemã*, de início aparentemente não muito próximo do primeiro. É onde Marx afirma que as ideologias expressam ou justificam os interesses das classes dominantes:

> As ideias da classe dominante são, em cada época, as ideias que dominam, ou seja, a classe que é a força *material* dominante da sociedade é ao mesmo tempo sua força *intelectual* dominante. A classe que tem os meios de produção material à sua disposição tem ao mesmo tempo controle sobre os meios de produção mental, de modo que, de maneira geral, as ideias dos que carecem dos meios de produção mental estão submetidas a essa classe [...] Por exemplo, numa época e num país onde o poder régio, a aristocracia e a burguesia disputam o controle e onde, por isso, o controle é partilhado, a doutrina da separação de poderes mostra-se dominante e é expressa como uma "lei eterna"[295].

A ligação entre os dois, no entanto, é revelada precisamente pela desmistificação da ideologia sugerida na alusão à *camera obscura*: a história não deve ser escrita "de cabeça para baixo" – como fazem os ideólogos – sob o prisma das ideias dominantes[296]. Historiadores e analistas sociais que não conseguiram ver a base "material" da ideologia em determinada época foram presas

---

293. Para uma discussão da importância cultural da câmara escura, cf. KOFMAN, S. *Camera obscura* – De L'idéologie. Paris: Galilée, 1973. Para comentários sobre ideologia nos primeiros trabalhos e na obra posterior de Marx, cf. MEPHAM, J. "The theory of ideology in *Capital*". *Radical Philosophy*, vol. 2, 1972.

294. MARX, K. & ENGELS, F. *The German Ideology*. Londres: Lawrence and Wishart, 1965, p. 37.

295. Ibid., p. 61.

296. Muitos comentaristas subsequentes da noção de ideologia de Marx baseiam-se essencialmente nas seções de abertura da *Ideologia alemã*, ignorando o restante do livro, que é afinal um longo ataque a certos *ideólogos*.

das "ilusões da época". A filosofia hegeliana, segundo Marx, era um excelente exemplo dessa tendência.

Marx faz aqui uma ligação entre dois usos de "ideologia" que reaparecem constantemente na literatura subsequente. É importante reconhecer certas diferenças essenciais entre eles. O primeiro gira comumente em torno de uma polaridade ciência/ideologia, o segundo em torno de uma polaridade interesses setoriais/ideologia. O termo "falsa consciência" (introduzido por Engels, não Marx) é ambíguo em relação a eles, dependendo da interpretação de "falsa". Se entendida como o oposto de uma proposição "válida" ou "verdadeira", a expressão é mais próxima da primeira concepção; se, no entanto, o que é "falsa" é a compreensão dos atores sobre seus próprios interesses e motivações, aproxima-se mais da segunda. O mesmo praticamente se aplica à distinção entre infraestrutura e superestrutura. Se a diferença está ligada ao primeiro sentido de ideologia, as questões que emergem dizem respeito à determinação social das ideias – e levam ao tipo de problema em que Lukács se concentrou e que Mannheim discutiu sob a rubrica de "sociologia do conhecimento". Por outro lado, se a diferença entre infraestrutura e superestrutura é interpretada sobretudo no contexto da segunda conotação de ideologia, isso leva mais à questão sociológica da "cultura hegemônica" do que diretamente a questões epistemológicas como no primeiro caso.

Mannheim e a sociologia do conhecimento

O interesse de Mannheim pela "sociologia do conhecimento" não surgiu como resultado direto de um "diálogo com Marx". Parece ter sido em parte estimulado por *História e consciência de classe*, de Lukács (a influência de Lukács sobre Mannheim é um tanto controvertida). Mas a obra de Mannheim foi impregnada das tradições do historicismo alemão que inspiraram Dilthey, Weber e o próprio Lukács – e que, na sua versão hegeliana, influenciaram Marx. É interessante ver como Mannheim descreveu o que chamou de "transição" da ideologia à sociologia do conhecimento. "O marxismo meramente descobriu", segundo ele, "uma chave de entendimento e uma forma de pensamento de cujo gradual acabamento participou todo o século XIX". Essa "chave de entendimento" é que analisar os pontos de vista dos oponentes como ideológicos permite esvaziá-los. Mas essa tática não pode ser monopolizada pelo marxismo, pois seus críticos podem voltá-la contra sua fonte, tratando o próprio marxismo como uma ideologia. Quando chegamos a uma situação em que todo mundo pode classificar as opiniões dos adversários como ideologia, somos forçados a "reconhecer que nossos axiomas, nossa ontologia e nossa epistemologia foram profundamente transformados"[297]. Por isso a discussão sobre ideologia deve

---

297. As duas citações extraídas de MANNHEIM, K. *Ideology and Utopia*. Nova York: Harcourt, Brace and World, 1936, p. 76. Cf. tb. *Essays on the Sociology of Knowledge*. Londres: Routledge, 1952.

retomar a tradição de pensamento que ajudou a gerá-la, pois o historicismo alemão sempre se preocupou com o caráter "produzido" do conhecimento, em contínuo desenvolvimento, enquanto situado na história.

O processo pelo qual o uso do termo "ideologia" se torna generalizado é, segundo Mannheim, um movimento que vai de uma concepção "particular" para uma concepção "total" de ideologia. Ele aplicou o primeiro conceito a situações em que um partido é cético quanto às ideias de outro porque essas ideias visam a esconder interesses não admitidos, seja de modo calculado ou em grande parte inconsciente. A concepção total refere-se à ideologia geral de um grupo, classe ou período histórico. Os conceitos particular e total de ideologia estão ligados pelo fato de que ambos envolvem o que está além ou "por baixo" do conteúdo manifesto das crenças ou ideias: as duas visões tratam as ideias como sendo em certo sentido produto do meio social daqueles que as professam. A concepção particular de ideologia, no entanto, considera apenas parte das declarações de um adversário como ideológicas, enquanto a versão total coloca em questão todo o aparato conceitual do antagonista. A primeira, diz Mannheim, concerne apenas o indivíduo e opera num nível psicológico; a outra diz respeito à organização de grupos. E foi a concepção total que se tornou predominante na história contemporânea: em política, em teoria social e na filosofia, onde dá margem a problemas típicos de *relativismo*.

Uma vez que a concepção total de ideologia só é aplicada às ideias de um oponente, raciocinou Mannheim, há ainda um outro passo a ser dado: o de reconhecer que a visão de mundo de si mesmo pode ser legitimamente submetida a análise ideológica. Quando é dado esse passo, a teoria da ideologia avança e vira sociologia do conhecimento. "Torna-se tarefa da história sociológica do pensamento analisar sem partidarismos todos os fatores da situação social efetivamente existente que possam influenciar o pensamento. Essa história das ideias sociologicamente orientada destina-se a prover o homem moderno de uma visão renovada de todo o processo histórico"[298]. O problema de saber "o que constitui conhecimento confiável" admite então duas soluções possíveis. Uma, que Mannheim obviamente rejeitou, é adotar na verdade algum tipo de perspectiva relativista; a outra, que aceitava, é optar pelo "relacionismo" em vez do relativismo. O relacionismo implica aceitar e estudar a influência de contextos sociais e históricos na formação das ideias, mas reconhecendo que podemos e temos que discriminar entre reivindicações ao conhecimento válidas e errôneas. Mannheim distinguia dois ramos da sociologia do conhecimento. Como descrição do que classificava de "determinação social do conhecimento", a sociologia do conhecimento pode ser concebida simplesmente como a análise empírica do modo como formas da vida social influenciam a produção das ideias. Isso *pode* derivar em investigação epistemológica, segundo interesse da

---

298. MANNHEIM, K. *Ideology and Utopia*, p. 78.

sociologia do conhecimento; mas Mannheim achava que essas duas formas de investigação podem ser mantidas bem separadas.

Devido à tendência frequente de comentaristas da obra de Mannheim em supor que ele considerava os "intelectuais socialmente flutuantes" como fornecedores de uma perspectiva epistemologicamente privilegiada, que escapa ao potencial desvio do "relacionismo" para o relativismo, vale a pena assinalar que as concepções de Mannheim tinham como alvo principal de ataque a posição dos intelectuais. Mas a educação destes, que lhes permite em parte transcender os pontos de vista de classe (como talvez se possa supor sobre Marx), lhes dá chance maior de adquirir um conhecimento válido sobre as ideologias totais. Não importa o que pensemos das concepções de Mannheim, elas não são necessariamente paradoxais[299]. A essência do pensamento de Mannheim é expressa em sua crítica do positivismo, que para ele tinha as seguintes características:

> Foi desacreditado todo tipo de conhecimento que apenas certos grupos históricos/sociais específicos podiam adquirir. Só era desejado o tipo de conhecimento que fosse livre de todas as influências da *Weltanschauung* [visão de mundo] dos sujeitos. O que não se percebia é que o próprio mundo do puramente quantificável e analisável só podia ser descoberto com base em determinada *Weltanschauung*. De forma semelhante, não se percebia que uma *Weltanschauung* não é necessariamente fonte de erro, mas muitas vezes dá acesso a esferas de conhecimento de outro modo inacessível[300].

Não vou me ocupar em comentar aqui a concepção de Mannheim sobre a sociologia do conhecimento, exceto quando for relevante para os problemas de ideologia. Como mencionei anteriormente, seria um equívoco supor que Mannheim desenvolveu sua abordagem da ideologia com base numa crítica de Marx, ainda que o próprio Mannheim gostasse às vezes de ressaltar essa ligação[301]. Marx tinha em comum com Mannheim uma formação no historicismo alemão, mas nunca se ocupou particularmente de problemas do relativismo[302]. Esses problemas, por outro lado, foram o ponto de partida de Mannheim, em cujos termos devem ser entendidas igualmente sua análise social e sua teoria política. Em análise social, Mannheim argumentava que o historicismo é uma corrente intelectual que expressa a característica principal da cultura moderna:

---

299. É o que diz Seliger em *The Marxist Conception of Ideology* (Cambridge: Cambridge University Press, 1977, p. 136-137).

300. MANNHEIM, K. *Ideology and Utopia*, p. 168.

301. Em outros momentos preferiu repudiá-la. Cf. REMMLING, G.W. *The Sociology of Karl Mannheim*. Londres: Routledge, 1975, p. 74-75.

302. Para um comentário de Marx sobre essas questões, cf. sua breve discussão de por que a literatura grega mantém ainda hoje seu apelo e interesse, *Grundrisse*, p. 110-111.

tudo está em processo de devir ou mudança[303]. Esse foi o pano de fundo de sua descrição do movimento do particular para o geral na concepção de ideologia que assinalamos acima. Em política, Mannheim buscou uma síntese que reconciliasse ou transcendesse as ideologias particulares de um cenário. Essa era sua visão básica do papel-chave a ser desempenhado pelos intelectuais.

Como ressaltou Merton[304], embora Mannheim negasse que sua abordagem da sociologia do conhecimento fosse de algum modo influenciada pelo neokantianismo, essa corrente deixou uma marca decisiva no modelo do seu pensamento. É plausível argumentar, com efeito, que uma mistura de noções derivadas do neokantianismo e outras influenciadas por Hegel e Marx está na origem do caráter hesitante e ambíguo de boa parte da obra de Mannheim. Para os neokantianos, duas questões da filosofia da história se colocavam de maneira particularmente aguda: a do relativismo e a da relação entre as ciências naturais e sociais. Autores como Rickert e Max Weber procuraram resolver a primeira com a separação de duas abordagens da "realidade" (se natural ou social): uma orientada para uma "matéria tema", regida pela "relevância de valor", e outra voltada para a análise ou estudo dessa matéria tema uma vez constituída. Todo conhecimento é relativo, mas apenas quanto aos valores que determinam quais aspectos de uma realidade potencialmente infinita são "enfocados" e assim disponibilizados para estudo. Constituída uma matéria tema, há regras intersubjetivas que permitem a formação de conhecimento válido e o descarte de hipóteses errôneas. Na minha opinião, essa perspectiva tem dificuldades insuperáveis. Mas parece na verdade mais forte que o "relacionismo" de Mannheim, que de fato se lhe assemelha bastante. O conceito de relevância de valor, distinto da validação de presunções de conhecimento, fornece pelo menos alguma base para reconciliar a história e a possibilidade de "conhecimento" abstrato de maneira plausível. Como Mannheim não sustenta um conceito de relevância de valor, ao mesmo tempo que separa o relacionismo do relativismo, sua tese de que a sociologia do conhecimento é antes relacionista que relativista equivale a pouco mais do que uma asserção sem fundamento.

Nos textos de Mannheim a combinação de elementos derivados de Hegel e Marx com uma visão neokantiana tem consequências especiais para o suposto movimento da concepção particular para a concepção total de ideologia. O que é tido como uma transição de uma versão limitada de ideologia para outra mais abrangente é de certa forma, em Mannheim, uma transição de um ponto de vista filosófico para outro. O tratamento que Marx dá a ideologia, por mais fragmentado e não desenvolvido que possa ter sido, não foi uma tentativa de "contextua-

303. MANNHEIM, K. "Historicism". In: REMMLING, G.W. *Towards the Sociology of Knowledge*. Londres: Routledge, 1973.

304. MERTON, R.K. "Karl Mannheim and the sociology of knowledge". In: *Social Theory and Social Structure*. Glencoe: Free Press, 1963, p. 491ss.

lizar" e, assim, relativizar a consciência. Os dois sentidos principais em que ele usou o termo "ideologia", como assinalei, visavam uma crítica aos "ideólogos", tais como ele os via: os que escreviam história como se ela estivesse "de cabeça para baixo" – e que entendiam os eventos apenas do ponto de vista das classes dominantes. Cada um dos sentidos tem relevância imediata para interpretações idealistas da história, mas não há muita dificuldade em ajustá-los ao conjunto de ideias que ocupou Marx no final da carreira: a economia política clássica. A economia política não é idealismo, mas tenta se livrar inteiramente da história, tratando os "indivíduos que livremente participam das trocas" como ponto de partida da análise social, em vez de condição resultante de mudanças históricas no passado e aberta a mudanças no futuro. Dessa forma, se a economia política não age como uma *camera obscura*, ainda assim vira a história "de trás para a frente", sendo, portanto, ideológica de maneira similar ao idealismo.

Marx não se considerava vulnerável à acusação de que seus próprios escritos eram ideológicos, mas não porque não visse que eram produzidos em um contexto social. A "contextualidade" das ideias não era a base de sua definição de maneiras de pensar como "ideológicas" – pelo menos não como tese generalizada. As maneiras de pensar são ideológicas, para Marx, quando não retratam as coisas como são e esse erro de representação serve a determinados interesses setoriais. Ele nunca escreveu um texto mais alentado sobre quais critérios ou formas de validação têm que ser usados para demonstrar "como as coisas realmente são": o mais provável, parece, é que simplesmente sustentava que a aplicação dos procedimentos científicos permite que penetremos as fachadas ideológicas. Mas há mais do que um sinal de visão alternativa (ou talvez, dependendo de como é construída, uma visão complementar) – essa teoria tem que ser validada na prática – indicando dois polos em torno dos quais podem gravitar as análises marxistas. A perspectiva de Lukács orientava-se para a segunda alternativa, constituindo um meio termo entre Marx e a tradução de Mannheim do estudo da ideologia para a sociologia do conhecimento. Mas ao mesmo tempo que foi influenciado pela abordagem de Lukács (que também devia muito a Max Weber), claro que Mannheim repudiava tanto a concepção de Lukács do papel do partido quanto sua noção de verdade. Por isso as discussões de Mannheim sobre "verdade" e "conhecimento" oscilam entre várias instâncias diferentes, não elucidadas uma em relação à outra de maneira satisfatória.

Mannheim parece que nunca se decidiu sobre o que conta como pretensão válida de conhecimento ou, pelo menos, onde está a fronteira entre conhecimento e crença partidarista. Os tipos de pensamento que utiliza para ilustrar problemas da sociologia do conhecimento são sobretudo ideias políticas ou filosofias da história, em vez de "ciência"[305]. Segundo Mannheim, as perspectivas sociais penetram a "maior parte das áreas de conhecimento". Mas não algumas

---

305. MERTON, R.K. Ibid., p. 501ss.

áreas: o "conhecimento formal" não é condicionado por circunstâncias sociais. Às vezes por "conhecimento formal" ele parece entender apenas o conhecimento que pode ser tido como analítico (a lógica e a matemática). No entanto, em outras ocasiões, essa categoria parece estender-se a um tipo de conhecimento mais amplo desenvolvido em ciência natural e em sociologia (o "pensamento sociológico formal e outros tipos de conhecimento puramente formalizante"[306]). Por vezes, em contraste com cada uma dessas posições e na tradição das *Geisteswissenschaften* [ciências do espírito], o texto de Mannheim implica que há uma diferença radical entre as ciências naturais e sociais pelo fato de que estas são penetradas por situações históricas e aquelas não. Ambiguidades semelhantes ocorrem com relação à noção de verdade. Em alguns casos Mannheim parece sugerir ou tomar como coisa segura que há uma concepção de verdade (não esclarecida) que se aplica a todas as áreas de conhecimento humano. Em outros, no entanto, ele se ocupa dos que "tiram seus critérios e modelo de verdade de outros campos de conhecimento" e "não percebem que cada nível de realidade pode ter sua própria forma de conhecimento"[307]. A noção de verdade ligada a esses "níveis" tem a ver de certa forma, aparentemente, com a prática (é bem conhecida a atitude favorável de Mannheim em relação ao pragmatismo nos estágios finais da carreira) e é mais "restrita" que conceitos tradicionais de verdade – mas o que envolve cada um desses elementos fica bem obscuro.

Não podemos descartar as ideias de Mannheim sobre as tarefas dos intelectuais nos tempos contemporâneos meramente rejeitando a ideia de que os intelectuais podem ocupar uma "estaca zero" epistemológica, noção que, como indiquei anteriormente, ele não propôs. A visão de Mannheim está aberta à crítica precisamente quanto à perspectiva de sua discussão, que é uma perspectiva política. Ele considera os intelectuais capazes de e dispostos a se elevar acima das lutas partidárias da vida política, podendo assim arbitrar entre protagonistas em conflito. Não vou examinar essa questão aqui, mas com certeza poucos seriam hoje tão otimistas quanto Mannheim sobre os talentos e inclinações da intelligentsia para a conciliação[308].

Habermas: ideologia como comunicação distorcida

Passar de Mannheim para uma concepção mais contemporânea de ideologia, como a que se encontra na obra de Habermas, não é abandonar inteiramente as tradições de pensamento dentro das quais Mannheim trabalhou, uma vez que as fontes intelectuais que interessaram Habermas incluem a maioria daquelas

---

306. *Ideology and Utopia*, p. 188.
307. Ibid., p. 186.
308. Cf. NEUSÜSS, A. *Utopia, Bewusstein und freischwebende Intelligenz*. Meisenheim, 1968.

que inspiraram Mannheim. Mas Habermas não foi influenciado por Mannheim nem sua abordagem dos problemas da ideologia tem muito em comum com a de Mannheim. A obra deste último, na verdade, teve consideravelmente mais impacto sobre o mundo de língua inglesa do que na Alemanha.

Há duas vertentes na obra de Habermas que são relevantes para a definição de ideologia – e para a crítica da ideologia. Uma é mais substantiva, a outra mais abstrata. A primeira faz parte da discussão de Habermas sobre o desenvolvimento da sociedade e da política modernas; a outra situa a ideologia no nível da análise metodológica. Nos dois casos, porém, *a noção de ideologia está intrinsecamente ligada à crítica da ideologia*. O conceito de ideologia, argumenta Habermas, não passou a existir com a ascensão da sociedade burguesa; só é relevante, na verdade, em situações de debate público forjadas por essa sociedade. Essas situações envolvem a criação de uma "esfera pública" em que as questões que preocupam a comunidade podem (em princípio) ser abertamente debatidas e tomadas decisões com base na razão e não na tradição ou na imposição dos poderosos[309]. O desenvolvimento do conceito de ideologia, segundo Habermas, é "coetâneo com a crítica da ideologia"[310], uma vez que identificar o pensamento como ideológico pressupõe desvendar maneiras pelas quais as ideias são regidas por outras forças além de processos racionais conscientes. Habermas não contrapõe diretamente ideologia a ciência, pois quer ressaltar que no mundo contemporâneo ciência e tecnologia estão ligadas à ideologia. Argumenta que processos de secularização dissolvem formas de legitimação tradicionais e ao mesmo tempo liberam o conteúdo da tradição para ser reorganizado de maneira formalmente racional (no sentido de Weber). Novos modos de legitimação

> surgem da crítica do dogmatismo das interpretações tradicionais do mundo e reivindicam um caráter científico. Mas preservam funções legitimadoras, mantendo assim as relações de poder inacessíveis à análise e à consciência pública. É dessa maneira que as ideologias, em sentido estrito, passam a existir. Substituem legitimações tradicionais de poder, aparecendo sob o manto da ciência moderna e buscando justificação na crítica da ideologia[311].

Na Idade Contemporânea, como resultado da fusão entre ciência e tecnologia e o descrédito da ideia burguesa de "troca justa", diz Habermas, a ideologia dominante torna-se uma ideologia de "consciência tecnocrática". A satisfação de imperativos técnicos torna-se o principal etos legitimador da política. A avaliação de Habermas do problema da ideologia na sociedade moderna parece assim, em certo sentido, quase o contrário da de Mannheim. Este preocupa-

---

309. HABERMAS, J. *Strukturwandel der Öffentlichkeit*. Neuwied: Luchterhand, 1962.

310. HABERMAS, J. "Technology and science as ideology". In: *Towards a Rational Society*. Londres: Heinemann, 1971, p. 99.

311. Ibid.

va-se acima de tudo com a "confusão de línguas", com o choque de múltiplas ideologias; já Habermas, como Marcuse, considera como tendência principal o fato de se acalmar esse clamor por uma redução geral das normas às decisões técnicas. Mas Habermas e Mannheim compartilham uma semelhança subjacente de orientação: ambos contrapõem o estudo da ideologia à possibilidade de se alcançar um consenso não comprometido por distorções ideológicas. O que, para Habermas, não se deve analisar como uma concepção "não avaliativa" de ideologia, mas como postulação contrafactual de uma situação na qual a comunicação é "irrestrita" ou "livre de dominação".

É possível entender melhor a abordagem de Habermas sobre como essa situação pode ser conceituada contra o pano de fundo de sua crítica à pretensão de Gadamer à "universalidade da hermenêutica"[312]. O debate entre Gadamer e Habermas retoma questões levantadas pelos filósofos iluministas: o mesmo tipo de questões que originalmente estimularam a própria formulação da noção de ideologia. Gadamer identifica a hermenêutica com a fecundidade da tradição, em explícito contraste com a crítica iluminista do "preconceito". A tradição é a fonte necessária de todo entendimento e conhecimento humanos, sendo, portanto, as "pré-concepções" sua base necessária[313]. Habermas rejeita o ponto de vista de Gadamer precisamente porque ele não oferece qualquer perspectiva geral para a crítica da tradição como ideologia, como "comunicação sistematicamente distorcida". A crítica da ideologia envolve, portanto, para Habermas, que se desvendem as fontes de comunicação distorcida, processo que pode ser iluminado traçando-se um paralelo entre psicanálise e ciências sociais. O objeto da terapia analítica é superar barreiras ao diálogo entre o paciente e o analista, libertar o paciente de repressões que inibem seu entendimento racional da própria conduta e, assim, a capacidade de comunicação com os outros. As repressões que distorcem a comunicação equivalem às fontes sociais da ideologia. A hermenêutica, segundo Gadamer, pode ser vista como voltada para a criação do diálogo a partir do choque de tradições. Mas na visão de Habermas essa concepção não fornece nenhum meio de captar o envolvimento das tradições com formas de dominação que produzem desequilíbrios em possíveis modos de diálogo.

Pode parecer que a visão de Habermas corre o risco de cair num relativismo não muito diferente do que preocupou Mannheim: se os arcabouços de sentido incorporados na tradição estão na origem de todo entendimento humano, como podemos localizar uma posição "fora" dessas molduras de sentido a partir das quais pode ser criticada como ideológica? A resposta de Habermas a essa questão envolve sua ideia de uma "situação ideal de discurso" imanente em toda comunicação e através da qual se pode diagnosticar as distorções da comunica-

---

312. Cf. meu estudo "Habermas's critique of hermeneutics" (In: *Studies in Social and Political Theory*).

313. GADAMER, H.-G. *Truth and Method*. Londres: Sheed and Ward, 1975.

ção. Toda comunicação em interação social, segundo Habermas, envolve implicitamente quatro tipos de "pretensões de validade": que o que é comunicado é mutuamente inteligível; que o seu conteúdo propositivo é verdadeiro; que cada participante tem o direito de falar ou agir como o faz; e que cada um fala ou age de forma sincera. Se determinada circunstância de interação social não dá sustentação a essas pretensões de validade, a comunicação é distorcida[314].

A concepção de ideologia de Habermas está tão intimamente envolvida com esses temas gerais de seus escritos que seria impossível discuti-la aqui de forma adequada. Praticamente o mesmo se aplica à teoria da ideologia de Althusser, que vou analisar na seção seguinte. Em cada caso, portanto, só farei uns breves comentários relevantes para a abordagem de ideologia que me proponho desenvolver nas partes conclusivas deste ensaio.

1) Habermas usa "ideologia" de duas maneiras. O que chama de sentido "restrito" do termo refere-se a ideias de um tipo definido: as que introduziram o próprio conceito de ideologia no discurso político e que requerem defesa da "razão", em contraposição a formas tradicionais ou costumeiras de legitimação[315]. Ideologia nesse sentido surge em um período específico da história, sendo "internamente" justificada como ataque ao preconceito. Em sua conotação mais geral nos textos de Habermas, ideologia não é considerada um tipo de sistema de ideias enquanto tal, mas *um aspecto ou dimensão de símbolos envolvidos na comunicação*: qualquer tipo de sistema simbólico é ideológico na medida em que opera em condições de comunicação distorcida. Parece bastante evidente que o sentido restrito é um subtipo do sentido mais geral, mas eu não acho que fica inteiramente claro qual é a natureza das relações entre eles. O primeiro sentido aparentemente concede alguma importância positiva à ideologia, como algo envolvido com a expansão do discurso na evolução social. Em seu segundo sentido, ideologia parece algo totalmente negativo. Não podemos considerar "ideologia" um tipo de sistema simbólico, distinto de outros tipos, e ao mesmo tempo um conjunto de características que podem se aplicar em princípio a todas as formas de sistemas sociais.

2) Habermas também usa o termo "interesse" de duas maneiras, prática que, na melhor das hipóteses, é terminologicamente confusa. Em *Conhecimento e interesse*, ele usa o termo num sentido que define como "quase transcendental", para referir-se ao caráter "interessado" de diferentes formas de conhecimento. Mas em outras partes de seus textos ele se refere a "interesse" num sentido mais convencional, indicando interesses específicos de grupos ou atores específicos. Mais uma vez não fica inteiramente claro que conexões ele supõe existir entre

---

314. HABERMAS, J. "Was heisst Universalpragmatik?" In: APEL, K.-O. *Sprachpragmatik und Philosophie*. Frankfurt: Suhrkamp, 1976.

315. Esse tema é desenvolvido em GOULDNER, A.W. *The Dialectic of Ideology and Technology*. Londres: Macmillan, 1976.

os dois sentidos de interesse. Sugiro abaixo que o conceito de ideologia deve ser entendido como se referindo a interesses, mas no segundo sentido do termo e não no primeiro.

3) Ao analisar ideologia como comunicação distorcida, Habermas sugere que a crítica da ideologia pode ser comparada à tradução do inconsciente para o consciente. Essa visão parece identificar em bloco a repressão com distorções de comunicação. O que parece insatisfatório em mais de um sentido. (a) Podemos assinalar que a repressão parece parte necessária do desenvolvimento da personalidade e uma maneira de alcançar a identidade do eu (Lacan), não apenas uma barreira ao autoentendimento. (b) O *conteúdo* efetivo de elementos inconscientes da personalidade é importante para a teoria da ideologia. Não é apenas o "fato" da repressão, mas *o que* é reprimido, que é relevante para a crítica da ideologia. Habermas tende a ignorar isso, porque vê a psicanálise como um modelo para a crítica da ideologia em análise social e não como uma teoria substantiva.

4) O modelo psicanalítico não ajuda a esclarecer como a ideologia pode ser relacionada à dominação ou poder social[316]. A teoria psicanalítica, na interpretação de Habermas, destina-se a libertar o paciente de influências que o dominam e a subordinar essas influências a um controle consciente, assim expandindo a autonomia de ação da pessoa. Mas é difícil ver que "dominação" nesse sentido tenha muita semelhança com a dominação envolvida nas relações de poder entre coletividades.

A teoria da ideologia de Althusser

A concepção de ideologia de Althusser contrasta de modo considerável com a utilizada por Habermas. Para Althusser, ideologia não é nem uma criação específica da sociedade burguesa nem comunicação distorcida, mas *um aspecto funcionalmente necessário de todo tipo de sociedade*. A ideologia, segundo Althusser, "é indispensável em toda sociedade para moldar os homens, transformá-los e capacitá-los a responder às exigências da existência"[317]. Althusser distingue "ideologia" enquanto tal, ou "ideologia em geral", de ideologias empiricamente existentes em formações sociais específicas. Se as ideologias mudam junto com os processos de desenvolvimento social, não pode haver um "fim da ideologia", mesmo com a superação do capitalismo pelo socialismo. Não raro Althusser compara ideologia e inconsciente, mas com implicações

---

316. Cf. a introdução de Habermas para a quarta edição alemã de *Theory and Practice* (Londres: Heinemann, 1974).

317. ALTHUSSER, L. *For Marx*. Londres: Allen Lane, 1969, p. 253 (alterei a tradução). O uso do termo "ideologia" por Althusser, no entanto, nem sempre parece consistente. Para uma discussão relevante, cf. McLENNAN, G. et al., "Althusser's theory of ideology". In: *Working Papers in Cultural Studies*. Vol. 10. Centre for Contemporary Cultural Studies, 1977.

diferentes das que traçou Habermas: "a ideologia", diz ele, "é eterna, exatamente como o inconsciente"[318].

A principal preocupação de Althusser é combater as interpretações que tratam a ideologia – como sugerem vários comentários de Marx – como um "reflexo" do real. Mas igualmente visa rejeitar a concepção alternativa de ideologia como um tipo de expressão dos interesses de grupos ou classes dominantes. As duas interpretações situam a ideologia numa relação sujeito-objeto e, para Althusser, estão ligadas ao "empirismo". O estudo da ideologia não é uma avenida para chegar a uma representação verídica da realidade social; em vez disso, a ideologia tem que ser tratada como parte dessa realidade, como elemento integrante da constituição da vida social. O erro de muitas teorias anteriores é supor que ideologia é meramente uma representação passiva "imaginária" das condições políticas e econômicas. O imaginário na ideologia, segundo Althusser, não se encontra nas próprias representações ideológicas, mas nas relações com o real que são sustentadas através da ideologia. Para usar uma expressão dele, ideologia é o "cimento social", a fonte indispensável de coesão da sociedade: através da ideologia os seres humanos vivem como "sujeitos conscientes" dentro da totalidade das relações sociais. A ideologia não é uma criação consciente dos sujeitos humanos, mas é apenas nela e por seu intermédio que existem os sujeitos conscientes. O imaginário, para Althusser, não se refere às ideias ou crenças enquanto tais, mas à organização prática da conduta cotidiana tal como a vivem os agentes sociais. "Ideologia", observa Karsz, "não é um reino imaginário, mas o reino onde o imaginário se percebe"[319].

Essas considerações são importantes para a visão de Althusser sobre a relação entre ciência e ideologia. Ciência e ideologia estão ligadas por sua conexão com o real: a ciência não é um meio de dissolver os equívocos de representação ideológicos, mas uma empresa diferente da ideologia. Como qualquer outro tipo de atividade humana, a ciência só existe através da ideologia; mas rompe com a ideologia ao instituir seu próprio nível de discurso autônomo, produzindo novo conhecimento que pode então retroagir sobre a ideologia.

Como elemento de formações sociais concretas, as ideologias são "regiões" cuja forma é determinada por sua articulação dentro do todo social e que, portanto, expressa modos de dominação de classe (nas sociedades de classe). As ideologias estão diretamente envolvidas nas lutas políticas e econômicas: em qualquer tipo de sociedade uma ideologia dominante dá o quadro geral de sentido dentro do qual têm lugar as confrontações ideológicas. Tal ideologia não

---

318. ALTHUSSER, L. "Ideology and the state ideological apparatuses". In: *Lenin and Philosophy and Other Essays*. Londres: New Left Books, 1977. A comparação da interpretação de Lacan para o *Wo es war, soll ich werden* [onde deveria ser eu] com a interpretação de Habermas é relevante aqui (cf. p. 126-127 acima).

319. KARSZ, S. *Théorie et politique*: Louis Althusser. Paris: Maspero, 1974, p. 82.

pode, de maneira válida, ser criticada como "falsa", pois essa categoria não se aplica às formas ideológicas. Pode ser apenas avaliada do ponto de vista funcional, deixando claro como o real e o imaginário se entrelaçam na prática ideológica. Isso pode ser ilustrado pelo exemplo da ideologia liberal do individualismo:

> Na ideologia da *liberdade* a burguesia vive de forma direta a relação com suas condições de existência, quer dizer, sua relação real (a lei da economia liberal capitalista), *mas incorporada* numa relação imaginária (todos os homens são livres, incluindo os trabalhadores livres). Sua ideologia consiste nesse jogo de palavras acerca da liberdade, um jogo que trai não apenas a vontade da burguesia de mistificar os que ela explora (livres!) a fim de mantê-los na rédea, em servidão à liberdade, mas igualmente a necessidade burguesa de *viver* sua dominação de classe como liberdade dos explorados[320].

A abordagem de Althusser da ideologia não pode ser avaliada sem referência a sua teoria da ciência e à *coupure épistemologique* [corte epistemológico]. Esse corte marca a diferenciação entre uma problemática científica e outra ideológica, esta constituída sob a forma de "ideologia teórica", quer dizer, ideologia enquanto formulada discursivamente (por exemplo, como economia política ou como "ciência social burguesa"); as "ideologias teóricas" continuam presas aos contextos ideológicos práticos de que derivam. À primeira vista essa posição parece escapar às questões de relativismo que Mannheim colocou no centro da análise da ideologia. Na verdade isso não acontece, em absoluto – ou só acontece através de uma asserção dogmática. Uma ciência é formada quando constrói seu "objeto teórico"; mas, como muitos críticos observaram, Althusser não oferece critérios plausíveis aos quais recorrer quando há discordâncias sobre o que é "científico" e o que não é. Os dois exemplos a que Althusser geralmente se refere como "ciências" no reino da análise social, o marxismo e a psicanálise, foram considerados por outros (por exemplo, Popper) como exemplos premiados do tipo de empresa intelectual cujo *status* científico é particularmente suspeito. As características de uma ciência mais mencionadas por Althusser, seu caráter sistemático e relacional, não têm relevância para a análise dessas controvérsias[321]. Embora Althusser tente escapar da polaridade entre ideologia como sendo "falsa" e ciência como sendo "válida", seu ponto de vista na verdade repousa sobre uma versão particularmente sem fundamento dessa diferenciação. O marxismo (no entendimento de Althusser) é uma ciência e a economia política e coisas do tipo não o são, pois permanecem enraizadas na "ideologia prática". Outros, no entanto, declaram exatamente o oposto – e eis que estamos de volta na luta entre "ideologias específicas" apontada por Mannheim.

---

320. *For Marx*, p. 234-235 (tradução modificada).
321. Cf. McLENNAN, G. "Althusser's theory of ideology".

Pode-se argumentar, portanto, que a visão de Althusser não se distancia tanto dos temas estabelecidos por Mannheim como poderia parecer de início. Pois Mannheim também desejava escapar do pressuposto de que a ideologia é simplesmente "falsa": daí o contraste que faz entre as concepções particular e total de ideologia. A concepção total de ideologia, como a "ideologia em geral" de Althusser, é condição necessária de existência da sociedade humana e veículo da consciência individual. Podemos lembrar a declaração de Mannheim de que "é incorreto, estritamente falando, dizer que o indivíduo pensa. Em vez disso, é mais correto dizer que ele participa pensando mais além o que outros homens pensaram antes dele... [P]or um lado, ele encontra uma situação pronta e, por outro, encontra nessa situação padrões pré-formados de pensamento e conduta"[322]. Mannheim também ressaltou que é um equívoco tratar as ideologias totais meramente como "sistemas de ideias" ou "sistemas de pensamento", pois estão incorporadas à conduta prática diária dos atores sociais e a tornam possível.

Ideologia: algumas questões básicas

O conceito de ideologia teve origem na crítica iluminista da tradição e do preconceito: o conceito fundamentado, racional, deveria substituir as mistificações das formas anteriores de pensamento. Na apropriação que fez dessa perspectiva, Comte abandonou o próprio termo "ideologia", não apenas por seu desejo de afastar-se do individualismo de Destutt, mas porque não havia um lugar significativo para ele no seu sistema. *A sociologia, tal como Comte a formulou, substituiu a ideologia em seu sentido original*, como triunfo do método positivo, ou seja, a ciência, no campo da conduta social humana. A sobrevivência da noção de ideologia em ciências sociais deve-se a sua incorporação por Marx no duplo sentido que já descrevi. Embora na sua crítica da "ideologia alemã" Marx tenha dado ao conceito um toque particular, ele manteve a ênfase na necessidade de substituir a mistificação pela "verdadeira ciência positiva". Mas fez um acréscimo crucial, ligando a ideologia a interesses setoriais de grupos dominantes da sociedade. A crítica da ideologia não poderia, daí em diante, ocupar-se exclusivamente da "inevitável" vitória da ciência sobre os preconceitos tradicionais, tendo que servir à superação prática da dominação de classe. A junção dos contrastes ciência/ideologia e ideologia/interesse setorial é responsável pela fecundidade da abordagem marxista – e, ao mesmo tempo, a fonte principal dos caprichos que o conceito de ideologia experimentou desde então. Preocupado acima de tudo em atacar "ideologias" específicas, primeiro sob a forma de filosofias idealistas da história e, depois, de economia política, Marx deu pouca atenção a considerar as possíveis implicações gerais da sua visão de ideologia.

---

322. *Ideology and Utopia*, p. 3.

Os três autores cujas concepções discuti acima de forma sumária tomaram caminhos diferentes de Marx, acrescentando naturalmente perspectivas próprias. Mas cada um teve que enfrentar um fenômeno que não se impôs de forma significativa a Marx, uma vez que o marxismo não adquiriu uma importância política maior durante a vida dele, qual seja *a interpretação do próprio marxismo como ideologia*. Pois nos escritos de Marx estava latente o problema de como o marxismo poderia escapar às restrições que faz a outros sistemas de ideias, a saber, que eles se baseiam em determinados interesses e são, portanto, ideológicos. O problema torna-se particularmente agudo quando visto contra o pano de fundo do historicismo alemão, como fizeram Lukács e Mannheim. A ideologia mistura-se então com questões de determinação histórica do conhecimento ou da verdade. Lukács foi o mais consistente dos dois, ao tentar reconciliar o historicismo com a defesa de uma versão de verdade sob o prisma privilegiado do partido como "vanguarda da história". Mas Lukács tinha pouco a dizer sobre a objetividade das ciências naturais e sua possível divergência com o caráter historicamente determinado das "ciências humanas", uma das preocupações típicas do historicismo alemão. Mannheim ocupou-se de aspectos da postulada divisão entre ciências naturais e sociais, mas de modo ambíguo e inconsistente.

Mannheim traçou sua distinção entre ideologias particular e total como a passagem de uma versão "restrita" para uma versão abrangente de ideologia. É importante ver uma diferenciação que isso esconde, mas que desde Marx está envolvida nas discussões sobre ideologia: entre ideologia *como discurso*, por um lado, e *como crenças dentro de "modos de vida"* – a vida prática em sociedade – por outro. Diferença que Marx não desenvolve explicitamente, mas implicada nas polaridades ciência/ideologia e ideologia/interesse setorial encontradas em sua obra. O primeiro contraste tende a tratar a ideologia no nível do discurso, como barreira à produção de conhecimento válido: o segundo considera a ideologia incorporada na condução prática da vida social. Marx não as vê como inteiramente separadas, pois, como já assinalei, os escritos dos "ideólogos" no primeiro sentido são parte integrante da "ideologia" no segundo sentido. A distinção entre ideologia como discurso e ideologia como experiência vivida aparece também nos textos de Habermas e Althusser. Estes autores, de fato, reconhecem explicitamente sua importância, mas Habermas tende talvez a se concentrar mais na ideologia como discurso, enquanto a principal contribuição de Althusser é o enfoque na ideologia como aspecto inerente da condução prática da vida social.

Três questões básicas decorrem do acima exposto: como abordar a relação entre ideologia e ciência, tanto a natural quanto a social; as ligações que devem ser feitas entre as polaridades ciência/ideologia e ideologia/interesse setorial; e se ideologia deve ser entendida em relação ao discurso, à conduta social prática ou a ambos. A essas podemos acrescentar outras duas questões. Na visão iluminista de ideologia, a razão deveria dissipar os erros e deficiências da tradição e do hábito: na medida em que isso se tornou um confronto entre ideologia e ciência, uma implicação possível é que a ciência, o "conhecimento de fundamento válido", ocupa uma esfera diferente da ideologia, constituindo cada uma um tipo diferente de sistema de crença, com diferentes "pretensões ao conhecimento". Essa concepção de ideologia persiste fortemente em Althusser, no contraste entre ciência e as ideologias "prática" e "teórica". Em Althusser a ideologia exclui a ciência, ainda que seja a base de que deriva a ciência, embora seja impossível tratar a ciência como ideológica ela mesma. Na abordagem de Habermas, uma das versões de ideologia em sua obra refere-se a aspectos dos sistemas simbólicos, incluindo a ciência, e não a um tipo de sistema. Assim, mais uma questão possível é saber se a ideologia pode ser encarada como um tipo de ideia – ou sistema de crença – divergente da ciência em certo sentido ou se devemos falar apenas de *aspectos ideológicos dos sistemas de símbolos*.

Não é muito difícil retirar da literatura anteriormente discutida uma quinta questão: Poderia haver um "fim da ideologia"? A questão, claro, foi muito discutida, sob diferentes disfarces. Nos próprios escritos de Marx, o fim da dominação de classe parece sinalizar o fim da ideologia e a maioria dos marxistas concordou com isso – Althusser é uma exceção. Mas a expressão "fim da ideologia" tem sido normalmente associada a críticos do marxismo. Segundo tais críticos, o marxismo é uma ideologia proeminente, mas em declínio: o fim da ideologia representa o fim do marxismo (assim como das crenças de extrema-direita) como força política significativa.

O conceito de ideologia

Abordar a questão da relação entre ciência e ideologia seria também mais uma vez partir do Iluminismo e seu impacto sobre Comte. A razão devia substituir o preconceito: para Comte, como para muitos outros, a ascensão da razão equivalia ao predomínio da ciência[323]. A ciência deveria repetir, na nossa compreensão da sociedade humana, a desmistificação que havia aparentemente produzido em relação ao mundo natural[324]. O mesmo ponto de vista foi enfatizado por Marx, porém de maneira mais complexa e sutil pela fusão com temas extraídos de Hegel e da filosofia clássica alemã. Em Comte e mais incertamente em Marx, a capacidade da ciência de "corrigir" crenças preexistentes incorporadas na tradição ou no hábito assimilou dois elementos, dois sentidos de "preconceito": como "pré-concepção" e como "irracionalidade".

Daí foi apenas um pequeno passo para radicalizar a oposição ciência/ideologia e tentar *definir* ideologia como "não ciência", algo que necessariamente envolvia pretensões "inválidas" ao conhecimento ou se distinguia da ciência (natural e

---

323. HUSSERL, E. *The Crisis of European Sciences and Transcendental Phenomenology*. Evanston: Northwestern University Press, 1970.

324. Cf. *New Rules of Sociological Method*, p. 162.

social) de alguma outra forma claramente determinável. A principal razão disso é clara. Tentar conceituar ideologia dessa maneira impõe a seus proponentes a carga pesada de ter que separar a ciência – o "conhecimento válido" – de modo claro e inquestionável das desculpas e presunções da ideologia. Os que adotaram tal abordagem da ideologia estavam naturalmente muitas vezes mais preocupados com as pretensões ideológicas de "pseudociências", falsas aspirantes ao trono da ciência, do que com religião e coisas semelhantes. (Embora se tenha revelado muito mais difícil chegar a critérios filosóficos plausíveis para separar ciência e religião do que poderia crer qualquer pensador progressista do final do século XVIII ou início de XIX.) Althusser e Popper produziram as defesas recentes mais articuladas da concepção de que a ciência pode ser separada de forma bem rigorosa de outros tipos de sistemas simbólicos. Mas, como assinalei antes, o que para Althusser são exemplos primordiais de ciências, o marxismo e a psicanálise, para Popper não passa de exemplos maiores de "pseudociências". Nem a versão de Althusser para os "critérios de demarcação" nem a de Popper são muito consistentes[325].

Cabe a Mannheim boa parte da responsabilidade pela difusão generalizada da ideia de que os problemas de ideologia estão necessariamente ligados à epistemologia. Sua versão da oposição entre ciência e ideologia fundava-se na noção de que a ideologia depende do contexto de uma maneira que não ocorre com a ciência (ou "conhecimento formal"). Tentei mostrar como ele foi levado nessa direção ao mesclar preocupações de Marx na crítica à ideologia com tradições do historicismo e da hermenêutica. Mannheim tomou o que lhe pareceu estar implicado na discussão de Marx sobre ideologia como a contextualidade dos sistemas simbólicos. O problema da ideologia, para Mannheim, confinava com o problema de como se poderia evitar o relativismo tanto no nível da epistemologia quanto no da luta das posições ideológicas na esfera política. Assim, interpretou a crítica de Marx à ideologia basicamente como uma redução da validade ou da possibilidade de justificação das ideias ao mostrar que estão ligadas a certas condições sociais ou históricas. Para Mannheim, dos dois aspectos do legado marxista à teoria da ideologia, a diferenciação entre ciência e ideologia e entre ideologia e interesse setorial, a primeira oposição é decididamente a mais proeminente. Assim o estudo da ideologia funde-se sem transição abrupta à sociologia do conhecimento: a única diferença entre os dois é que a sociologia do conhecimento reconhece que todos os tipos de visões do mundo são condicionados pelo contexto de sua produção.

Mas as dificuldades que Mannheim encontrou para separar ideologia de ciência pelo caráter contextual do conhecimento são tão insuperáveis quanto as enfrentadas por outros que tentaram definir ideologia por oposição a ciência. Mannheim não conseguiu apresentar nenhum critério claro para distinguir relacionismo de relativismo e suas caracterizações do "conhecimento formal",

---

325. Cf. "Positivism and its critics". In: *Studies in Social and Political Theory*, p. 57ss.

que de alguma forma escapa à determinação contextual a que outras ideias estão submetidas, são menos que plausíveis.

Tais considerações sugerem que deveríamos na verdade descartar o legado preconceituoso da crítica iluminista do preconceito, qual seja a visão de que a ideologia deve ser conceituada em oposição à ciência. Não quero negar a importância ou subestimar a dificuldade das questões epistemológicas sobre a "contextualidade" ou "circularidade" do conhecimento. Não quero dizer que a análise da ideologia possa escapar inteiramente a questões epistemológicas. O que quero argumentar – antecipando minha resposta à quarta questão colocada acima – é que, se nos libertamos da concepção de que ideologia é um tipo específico de sistema simbólico, distinto da ciência, podemos afirmar que a análise da ideologia não enfrenta dificuldades epistemológicas *especiais* se comparada com outras áreas da análise social. A abordagem da ideologia que vou sugerir certamente implica a aceitação de que a ciência social pode objetivamente produzir conhecimento válido. Mas envolve a rejeição da linha de argumentação segundo a qual a relação entre esse "conhecimento válido" e "pretensões inválidas ao conhecimento" é o aspecto definidor do que *é* ideologia.

Podemos romper com toda a orientação que acabo de referir *se tratarmos a polaridade entre ideologia e interesses setoriais como fundamental à teoria da ideologia*, em vez da oposição entre ideologia e ciência. Essa é a conotação da obra de Habermas, que nesse aspecto se aproxima mais de Marx que a obra de Althusser. Pois situar a teoria da ideologia basicamente em termos da diferenciação ideologia/interesses setoriais *é enfatizar que a principal utilidade do conceito de ideologia é a crítica da dominação*. Foi esse com certeza o principal objetivo de Marx, tanto nos primeiros textos quanto na crítica posterior da ideologia. Ao criticar os "ideólogos alemães", Marx se apropriou da oposição entre ideologia e ciência na metáfora da *camera obscura*, mas religou-a à ideologia enquanto dominação pelas contribuições dos ideólogos à "ilusão da época". Ao empreender uma extensa crítica da economia política, em *O capital*, ele não se preocupou em condenar a economia política como "não ciência", mas em relacionar suas imprecisões a uma filtragem para expurgar fatos ligados à dominação de classe.

Como disse, repudiar a concepção de que os traços básicos da ideologia devem ser identificados em contraste com a ciência envolve uma clara tomada de posição quanto à quarta questão mencionada acima: a de saber se a ideologia deve ou não ser considerada um tipo de sistema simbólico. A resposta positiva normalmente envolve uma oposição explícita entre ideologia e ciência, como no caso de Althusser. Uma variante, porém, aparece num dos usos que faz Habermas e que indiquei anteriormente, no qual ideologia é tratada como uma forma específica de sistema de ideias, característico da política moderna: o contraste aí é com a religião como tipo tradicional de sistema de legitimação. Ideologia também é empregada bem comumente como equivalente ao que Mannheim chamou de "utopia", ou seja, formas de crença que mobilizam a atividade política dirigida contra o *status quo*[326]. Se isso difere do conceito anterior por tender a associar de forma bem estreita movimentos políticos modernos a movimentos religiosos, a ideologia ainda aparece, nessa concepção, como um tipo de sistema de ideias (em geral de forma implícita também ou, senão, em contraste com a ciência). Mas na abordagem que quero sugerir não há, estritamente falando, tal coisa como *uma* ideologia: há apenas aspectos ideológicos dos sistemas simbólicos. A tese ou pressuposto de que as ideologias são tipos de sistemas simbólicos baseia-se em geral na divisão entre ideologia e ciência, que já descartei. Mas também rejeito a noção de ideologia como algo que se limita ao âmbito da política moderna: qualquer tipo de sistema de ideias pode ser ideológico. Não pode haver qualquer objeção particular a que se continue falando em "ideologia" ou mesmo "uma ideologia" se entendermos que isso é um pouco elíptico: *tratar um sistema simbólico como uma ideologia é estudá-lo como ideológico.*

Ideologia e interesses

Tudo isso, claro, não mostra como ligar a ideologia a interesses ou dominação. Mas podemos esperar que as questões envolvidas se esclareçam ao responder as outras questões colocadas anteriormente. Tentarei fazê-lo recorrendo também a noções introduzidas em outros ensaios. Argumentarei que analisar os aspectos ideológicos das ordens simbólicas é examinar *como estruturas de significação são mobilizadas para legitimar os interesses setoriais de grupos hegemônicos.*

O conceito de interesse tem sido tão controvertido quanto outro qualquer em teoria social e dá margem a uma série de problemas difíceis. Não pretendo lidar com eles no nível de detalhamento que merecem, mas quero fazer algumas observações sobre como abordar questões envolvendo interesses à luz da perspectiva que tento definir neste livro. Fiz cinco indagações básicas que uma teoria da ideologia tem que responder; farei a mesma divisão numérica na discussão dos interesses. Para seguir Barry, podemos considerar três tipos de definições que às vezes têm sido dadas a "interesse"[327]; depois de examiná-las, verei rapidamente em que sentido podemos falar de "interesses objetivos" e de "interesses coletivos" ou "de grupo".

Um argumento identifica interesses com desejos, de modo que dizer que determinado curso de ação é no interesse de alguém é o mesmo que dizer que esse ator deseja empreender tal curso de ação. Mas isso não bate, porque exclui a possibilidade de haver circunstâncias nas quais um ator deseja fazer algo que

---

326. Cf., p. ex., FEUER, L.S. *Ideology and the Ideologists.* Oxford: Blackwell, 1975. Para uma sondagem e análise dos usos de ideologia, cf. BIRNBAUM, N. "The sociological study of ideology (1940-1960)". *Current Sociology*, vol. 9, 1960. • HUACO, G.A. "On ideology". *Acta Sociologica*, vol. 14, 1971.

327. BARRY, B. *Political Argument.* London: Routledge, 1965, p. 174.

não corresponde a seus interesses; e parece que não há como negar que tais circunstâncias podem ocorrer. Um segundo uso de interesse busca elucidar seu sentido substituindo na equação o termo "desejo" por "pretensão justificada"[328]. Mas isso esbarra numa objeção semelhante à anterior: parece ser possível e útil fazer a separação entre a justificação de pretensões e a ação de acordo com interesses. Uma terceira formulação é utilitária: pode-se dizer que um curso de ação é no interesse de alguém se for mais agradável que outro qualquer. São várias as objeções possíveis a tal concepção, convergindo com dilemas tradicionais de cálculos utilitários. Se prazer for entendido num sentido mais ou menos comum, certamente a concepção é falsa; pois não é difícil perceber que uma ação penosa para um indivíduo pode eventualmente ser do seu interesse.

Argumento que os interesses estão intimamente relacionados aos desejos, ainda que seja um equívoco identificar o conceito de interesse com o desejo. Atribuir interesses a um ator ou atores implica logicamente atribuir-lhes também desejos. Os desejos (ou "desejar") são a base dos interesses: dizer que A tem interesse em determinado curso de ação, em alguma ocorrência ou situação é o mesmo que dizer que tal curso de ação, ocorrência ou situação facilita a possibilidade de A alcançar o que deseja[329]. Ter consciência dos próprios interesses, portanto, é mais do que ter consciência de um ou mais desejos; é saber como tentar realizá-los.

Se os interesses estão logicamente ligados a desejos e estes só podem ser atributos de sujeitos (posição que eu sempre defendi: sistemas sociais não têm desejos ou necessidades), tem sentido falar de "interesses objetivos"? Sim, pois os interesses só seriam "subjetivos" (pelo menos em certo sentido) se fossem *equivalentes* a desejos. Os interesses pressupõem desejos, mas o conceito de interesse não se refere aos desejos enquanto tais, mas a possíveis maneiras de realizá-los em certas circunstâncias, as quais podem ser determinadas tão "objetivamente" quanto qualquer outra coisa em análise social. A noção de interesses objetivos é frequentemente ligada à de "interesses coletivos": é a tese de que os interesses são propriedades estruturais das coletividades, que não têm nada a ver com os desejos mesmos dos atores. Se os grupos não têm desejos ou necessidades, têm então interesses? A resposta deve ser que não têm. Não obstante, os atores têm interesses *em virtude de sua inclusão em grupos específicos, classes, comunidades etc.* Por isso é tão importante não tratar desejos e interesses como conceitos equivalentes: os interesses implicam cursos de ação específicos em circunstâncias sociais e materiais contingentes. Uma pessoa compartilha com outras certos interesses comuns

---

328. BENN, S.I. "Interests in politics". *Proceedings of the Aristotelian Society*, vol. 60, 1960.

329. Essa formulação é *prima facie* próxima da que Barry apresenta. E algumas das definições que ele faz para utilizá-la (*Political Argument*, p. 178ss.) são relevantes aqui, embora eu não pretenda discuti-las. Mas Barry parece em geral entender desejos como "desejos empíricos", o que definitivamente não é a minha posição; e ele também confina a noção de desejos a "desejos privados" do indivíduo, o que leva sua concepção de volta a uma forma de utilitarismo. Cf. a crítica de William E. Connoly, *The Terms of Political Discourse* (Lexington: D.C. Heath, 1974, p. 53ss.).

(dado também o pressuposto de desejos comuns), por exemplo por ser da classe operária; há conflitos de interesse entre os capitalistas e os operários que são parte integrante da produção capitalista.

Agora, em minha opinião, uma teoria plenamente elaborada da ideologia requer uma antropologia filosófica. *Não devemos simplesmente identificar desejos com "desejos empíricos"* (o que as pessoas efetivamente querem em determinado momento e lugar), uma vez que esses últimos são condicionados e confinados pela natureza da sociedade de que o indivíduo faz parte. As questões que isso levanta são complexas e muito importantes para a natureza da teoria crítica em sociologia; não vou, porém, abordá-las neste contexto. Por mais significativas que sejam, o fio da atual discussão pode ser facilmente mantido sem que se tente resolvê-las. Pois há um interesse setorial ou uma "arena de interesses setoriais" de grupos dominantes que é peculiarmente universal: o interesse em manter a ordem de dominação existente ou os principais aspectos dela, porquanto essa ordem de dominação envolve *ipso facto* uma distribuição assimétrica de recursos que se pode usar para satisfazer desejos.

Discurso e experiência vivida

Podemos montar um esquema para analisar aspectos ideológicos do discurso e ordens simbólicas mais "profundamente arraigadas" fazendo uso de distinções propostas nos ensaios anteriores. Tal como representada nas figuras 5.1 e 5.2, a análise ideológica pode ser empreendida em dois níveis, que correspondem metodologicamente à diferenciação entre ação estratégica e análise institucional. Estudar ideologia como ação estratégica é concentrar-se no ângulo superior esquerdo das figuras 5.1 e 5.2 (que têm que ser pensadas como superpostas). Na sua forma mais "consciente" e "superficial", como discurso, a ideologia envolve aqui o uso de artifício ou manipulação direta da comunicação pelos integrantes das classes ou grupos dominantes para promover seus interesses setoriais. Está neste caso o tipo de estratégias políticas a que Maquiavel emprestou o seu nome. Mas é em geral ideologia do tipo mais fácil de perceber pelos que são objeto da manipulação política, por mais sutil e esperto que seja o príncipe.

Figura 5.1

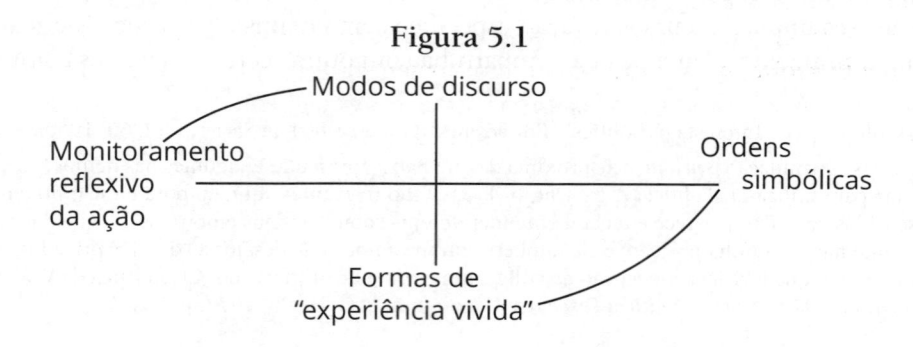

Figura 5.2

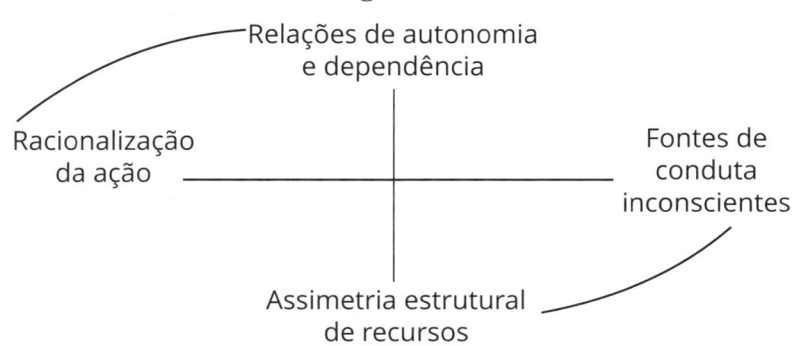

A existência de regiões *frontais* e *de bastidores* nas disposições espaciais de interação, que discutirei no próximo capítulo em relação à presença e ausência no tempo e no espaço (p. 203-206 adiante), é especialmente relevante no que toca aos aspectos mais manipulativos ou discursivos da ideologia. Preservar a distinção entre os aspectos "exibidos publicamente" das atividades sociais e os que se mantêm escondidos é aspecto fundamental tanto do uso ideológico dos sistemas simbólicos pelas classes ou grupos dominantes quanto das respostas dos integrantes de classes ou posições subordinadas. Todos os tipos mais discursivos de fenômenos ideológicos têm "cenários de exibição", parcialmente ritualizados no geral, que facilmente se prestam a divisões entre o que aparece e o que se esconde.

A análise ideológica de modos de discurso (entre os quais incluo os discursos formalizados das disciplinas intelectuais) obviamente não pode limitar-se à *epoché* metodológica da conduta estratégica. Examinar a ideologia *institucionalmente* é mostrar como as ordens simbólicas sustentam formas de dominação no contexto cotidiano da "experiência vivida". A análise institucional dos aspectos ideológicos dos sistemas simbólicos é representada no ângulo inferior direito das figuras 5.1 e 5.2. Estudar a ideologia sob esse ângulo é tentar identificar os elementos estruturais mais básicos que ligam significação e legitimação de modo a favorecer interesses dominantes. As formas mais "ocultas" de ideologia estariam no arco exterior do diagrama, ligando fontes de conduta inconscientes a assimetrias estruturais de recursos. Aqui os elementos ideológicos são provavelmente sedimentos profundos tanto no sentido *psicológico* quanto *histórico*. Consideremos, por exemplo, as repressões que sustentam a "privacidade" e a "autodisciplina" na vida cotidiana. Tais repressões podem ser bem de imediato associadas ao predomínio de diferenciações entre o aberto e o oculto na sociedade pós-feudal. Como mostrou Norbert Elias, o "processo civilizatório" se deu pelo crescente confinamento ou "ocultação nos bastidores" daquilo que é desagradável[330]. A "ordem" e "disciplina" cotidianas resultantes, incluindo mas não se limitando às rotinas do trabalho industrial, podem figurar entre as características ideológicas mais profundamente arraigadas da sociedade contemporânea.

Vários pontos centrais da argumentação de Geertz, numa das discussões mais esclarecedoras sobre ideologia encontradas na literatura[331], são compatíveis com a perspectiva que proponho. Mas Geertz segue a tendência comum de encarar ideologia como equivalente ao que chamei de sistema simbólico. O que para ele é característico da "ideologia" – a metáfora e a metonímia, que geram múltiplos níveis de significação – para mim são aspectos dos sistemas simbólicos em geral. Discuti-las como ideologia, como faz Barthes na famosa análise da foto do soldado negro na capa da *Paris-Match*, é mostrar como sustentam uma ordem existente de dominação. No ensaio seguinte examino como a polivalência dos sistemas simbólicos está ligada à influência da tradição e a fatores sociais que criam "interpretações" divergentes dos textos e outras formas simbólicas. Mas talvez seja importante mencionar isso aqui, devido à forte tendência entre os que escreveram sobre ideologia de definir o conceito em termos de símbolos "emotivos" ou "instigadores" que têm o poder de mobilizar para a ação – e que "vão além da ciência". Essa é uma das formas em que se conceitua ideologia a partir da oposição com ciência e que tem sido popular entre os que propõem o "fim da tese da ideologia". Ao negar a utilidade de definir ideologia por oposição a ciência, pretendo negar que o conceito de ideologia possa ser definido em função da condição epistemológica das ideias ou crenças a que se refere, isto é, em função da "cientificidade" dessas ideias e crenças. Não quero com isso dizer, é claro, que não há diferenças entre ciência e outros tipos de discurso ou sistemas simbólicos em relação a sua potencial incorporação ideológica nos sistemas sociais.

Ideologia e dominação

Obviamente não basta deixar as questões neste alto nível de abstração: temos que tentar indicar algumas das maneiras principais com que a ideologia efetivamente opera na sociedade. Ao fazê-lo, estamos procurando saber, no nível da análise institucional, como *a dominação se disfarça* e, no nível da conduta estratégica, como o poder é usado para esconder interesses setoriais. Os modos como se faz uma e outra coisa não implicam diferentes elementos ideológicos, mas dois níveis de análise ideológica ligados pela dualidade da estrutura. Proponho que as principais formas ideológicas são:

1) *A representação de interesses setoriais como universais*. Esse é *um* dos sentidos que podem ser dados ao teorema de Marx segundo o qual "as ideias da

---

330. ELIAS, N. *The Civilising Process*. Oxford: Blackwell, 1978.

331. GEERTZ, C. "Ideology as a cultural system". In: APTER, David (org.). *Ideology and Discontent*. Nova York: Free Press, 1964.

classe dominante são em todas as épocas as ideias dominantes". Na política moderna – em que, no sentido de Habermas, "a ideologia é coetânea com a crítica da ideologia" – a necessidade de sustentar a legitimidade com a alegação de que se representa os interesses da comunidade como um todo é um aspecto central do discurso político. Mas pode ser encarado como característica básica da incorporação de sistemas simbólicos na sociedade de forma mais geral o fato de alegações de legitimidade se apoiarem num apelo implícito ou explícito a interesses universais.

O contexto primordial para a crítica da ideologia na política moderna da sociedade capitalista continua sendo a análise da dominação de classe. As lutas ideológicas mais importantes ainda são travadas em torno da ocultação ou revelação da dominação de classe na origem do processo de acumulação do capital. Muitos marxistas (embora não tanto Marx) tenderam a descartar, porém, com excessiva ligeireza, "liberdades burguesas" setoriais que se mostraram capazes de certa universalização nos quadros da sociedade capitalista – substancialmente em parte como resultado mesmo das lutas dos movimentos trabalhistas. A "liberdade de contrato", por exemplo, é ainda hoje em larga medida um esteio ideológico do poder do capital. Por outro lado, como assinalei no ensaio anterior, a liberdade de contrato também tem sido ao mesmo tempo um importante elemento a facilitar a real ampliação dos direitos dos trabalhadores, por estar ligada ao seu exercício coletivo do poder. Ninguém mais nos dias de hoje, após o nazismo e o stalinismo, pode associar em bloco o "capitalismo" à falta de liberdade ou o socialismo à necessária criação ou ampliação de liberdades.

Os processos gêmeos de desenvolvimento do Estado liberal-democrático (nos lugares onde ele de fato se estabeleceu) e de forte concentração de capital são fenômenos em grande parte posteriores a Marx. A expansão da metade "democrática" da dupla liberal-democrática é outro exemplo significativo do potencial universalizante de ideais políticos originalmente setoriais. A argumentação plausível de MacPherson é que a democracia liberal do Ocidente resulta de um "composto histórico" entre Estado liberal e o voto democrático[332]. O Estado liberal implicava acima de tudo igualdade perante a lei e o direito de formar associações políticas. Esses dois princípios, no entanto, que de início serviram em larga medida a interesses setoriais da classe empresarial, ajudaram a tornar possível a conquista do sufrágio de massa – que até o final do século XIX era em geral considerado pela classe dominante um perigo para o Estado liberal.

2) *A negação ou disfarce das contradições*. Sugeri em outro ensaio que a tradução da contradição sistêmica em conflito social depende de vários fatores,

---

332. MacPHERSON, et al., "Social explanation and political accountability". Devemos notar as diferenças entre a posição de MacPherson e a dos teóricos da "cidadania e classe social". Cf. esp. MARSHALL, T.H. *Citizenship and Social Class*, Cambridge University Press, 1949. • BENDIX, R. *Nation-building and Citizenship*. Berkeley: University of California Press, 1977.

inclusive a percepção que têm os atores das condições estruturais de sua ação. É normalmente no interesse de grupos dominantes que se nega a existência de contradições ou se disfarça a sua natureza real.

Na sociedade capitalista isso se aplica particularmente à contradição básica entre apropriação privada e produção socializada. Eu gostaria de argumentar que uma das principais características da ideologia política que serve para disfarçar a natureza dessa contradição tem a ver com o âmbito atribuído ao "político", em oposição ao "econômico". Supõe-se que política diz respeito ideologicamente apenas à inclusão do cidadão na sociedade política, regulada essencialmente pelo direito ao voto. Conflitos que ocorrem fora dessa esfera, especialmente conflitos econômicos, são tidos como "não políticos". Os sistemas de autoridade da empresa industrial são protegidos da convergência potencialmente explosiva entre contradição e conflito de classe na medida em que o conflito industrial é "mantido fora da política" – ou que a "política é mantida fora do local de trabalho". Como tentei mostrar em outra parte, esse é o elemento de validade na tese da chamada "institucionalização do conflito de classe"[333].

3) *A naturalização do presente: reificação*. Os interesses dos grupos dominantes estão ligados à preservação do *status quo*. Formas de significação que tornam "natural" o estado de coisas existente, inibindo o reconhecimento do caráter histórico mutável da sociedade humana, servem, portanto, para sustentar esses interesses. Na medida em que a reificação é entendida como referindo-se a circunstâncias em que as relações sociais parecem ter o caráter fixo e imutável de leis naturais, essa pode ser considerada a maneira principal de dar um caráter natural ao presente.

Embora eu não tenha simpatia especial pela maioria das posições expressas em *História e consciência de classe*, a discussão da reificação nessa obra de Lukács deve ainda ser considerada a fonte básica para qualquer análise do problema. A isso deve-se acrescentar um ponto importante: a posição epistemológica de Lukács subjacente a sua abordagem da reificação, implicando uma reconciliação prévia entre sujeito e objeto, é bastante inaceitável[334].

Lukács relaciona a reificação, como fenômeno ideológico, à forma da mercadoria, tomando como ponto inicial o conceito de Marx de fetichismo da mercadoria. Penso que ele está certo em afirmar que "o fetichismo da mercadoria é um problema *específico* de nossa era, a do capitalismo moderno" – embora se deva dizer também que hoje, em contraposição a Lukács, esse juízo tem que ser estendido para incluir o socialismo de estado. Lukács deixa claro que a reificação é um fenômeno que permeia completamente os pressupostos tidos como seguros

333. *The Class Structure of the Advanced Societies*.

334. Para uma análise interessante das críticas de Adorno a Lukács a esse respeito, cf. ROSE, G. *The Melancholy Science*. Londres: Macmillan, 1978, p. 40ss. (cf. tb. os próprios comentários de Lukács sobre sua obra no prefácio de 1967.)

da experiência vivida, assim como outro que é característica generalizada do discurso intelectual:

> Assim como o sistema capitalista produz e se reproduz continuamente em níveis econômicos cada vez mais elevados, a estrutura da reificação penetra progressivamente de maneira cada vez mais fatal e definitiva na consciência do homem [...] Assim como a teoria econômica do capitalismo permanece presa no seu imediatismo autoproduzido, a mesma coisa acontece com as tentativas burguesas de compreender o fenômeno ideológico da reificação. Mesmo pensadores que não desejam negar ou encobrir sua existência e que têm mais ou menos claras na mente suas consequências humanas destrutivas permanecem na superfície e não tentam avançar além de suas formas objetivamente mais derivativas, aquelas mais distanciadas do processo capitalista na vida real, quer dizer, as formas mais exteriores e vazias dos fenômenos básicos da própria reificação[335].

A questão da reificação é imediatamente relevante, claro, para os aspectos ideológicos das próprias ciências sociais. A associação entre sociologia naturalista e o modo reificado é necessariamente íntima. Mas uma associação similar, embora menos direta, pode facilmente existir entre reificação e filosofias hermenêuticas, aquelas que negam a operação de leis causais na atividade social humana. Deixar de analisar as regularidades causais em determinadas formas de sociedade humana pode ser equivalente, nas suas conotações ideológicas, a tratar tais generalizações como leis com o mesmo caráter lógico das leis das ciências naturais. Agora, as ciências sociais são usadas ideologicamente com bastante frequência para uma manipulação direta: uma das aplicações desse tipo mais significativas e de longo alcance é o uso de análises de sistemas como meio de controle social dos seres humanos. Mas seria um equívoco supor que a influência ideológica das ciências sociais pode simplesmente ser entendida dessa forma. O caráter reificante das versões naturalistas da sociologia – que têm dominado o que chamarei em outro ensaio de "consenso ortodoxo" – expressa elementos profundos do conteúdo da experiência vivida, os quais ele ajuda a reforçar. Bauman expressou isso muito bem. A sociologia naturalista

> é alimentada pela experiência pré-predicativa do processo de vida como essencialmente não livre e da liberdade como um estado gerador de medo, eficazmente fornecendo saídas cognitivas e emocionais adequadas para as duas intuições [...] Ela auxilia o indivíduo no esforço espontâneo de descartar a liberdade de escolha excessiva, portanto ansiosa, seja postulando essa liberdade como ilusão ou advertindo-o de que é sustentada pela razão que foi delimitada e determinada de antemão pela sociedade cujo poder de julgamento ele não pode desafiar[336].

---

335. LUKÁCS, G. *History and Class Consciousness*. Londres: Merlin, 1971, p. 93-94.

336. BAUMAN, Z. *Towards a Critical Sociology*. Londres: Routledge, 1976, p. 34-35.

Comentário conclusivo: o fim da ideologia

Das questões colocadas anteriormente, resta a do "fim da ideologia". A noção de um fim da ideologia leva de novo às origens do termo, ao programa dos primeiros ideólogos que queriam substituir o preconceito pela ciência, pelo conhecimento racional. Ideologia referia-se originalmente à dissolução de tipos irracionais ou infundados de crença, ao fim da desrazão – perspectiva que mais tarde foi identificada com o fim da própria ideologia. Em Marx, o fim da ideologia pode ser previsto a partir das duas vertentes que distingui, contanto que a ideologia como dominação seja equiparada à dominação de classe, de modo que a superação das classes *ipso facto* acarreta o desaparecimento da ideologia. Entre os últimos teóricos do fim da ideologia, que tentaram voltar contra o marxismo a conotação pejorativa do termo "ideologia", a dissolução da ideologia foi entendida sobretudo no quadro de uma diferenciação entre ciência e ideologia. Segundo um desses autores, "ideologia é um conjunto de crenças impregnadas de paixão que busca transformar todo um modo de vida", uma "religião secular"[337]. Ideologia é qualquer sistema de crença que proclama a necessidade de mudança radical, reacionária ou progressista, na ordem de coisas existente. C. Wright Mills, dentre outros, assinalou que, nesse sentido, proclamar o fim da ideologia é também ideologia. Certamente não há dificuldade em aceitar a lógica disso em relação ao uso que sugeri neste ensaio para ideologia, pois é possível argumentar que o efeito da "tese do fim da ideologia" seria ajudar a legitimar relações de dominação preexistentes[338]. Trata-se de um ponto importante, pois oferece a possibilidade de generalização: *qualquer tipo de discurso, incluindo o marxismo, que preveja o fim da ideologia carrega assim a potencialidade de se tornar ele próprio ideológico.*

---

337. BELL, D. "Ideology: a debate". In: *Commentary*, vol. 38, out. 1964, p. 70.

338. Para relevantes contribuições, cf. WAXMAN, C.I. *The End of Ideology Debate*. Nova York: Funk and Wagnall, 1968.

6
Tempo, espaço e mudança social

Ao desenvolver definições de atuação e estrutura, sugeri que a noção de estruturação introduz a temporalidade como parte integrante da teoria social e implica romper com as oposições sincronia/diacronia e estático/dinâmico que foram tão marcantes no estruturalismo e no funcionalismo. Não seria verdadeiro dizer, é claro, que os autores que seguiram essas escolas de pensamento não se preocuparam com o tempo. Mas a tendência geral, especialmente na tradição funcionalista, foi identificar o tempo com a diacronia e o dinâmico; a análise sincrônica representa um "instantâneo atemporal" da sociedade. Por conseguinte, *o tempo é identificado com a mudança social*.

A identificação entre tempo e mudança tem como reverso a assimilação de estabilidade social a "atemporalidade", ou seja, a noção, explícita ou implicitamente associada à maioria das variedades funcionalistas em teoria social, de que a análise estática permite determinar as fontes da estabilidade, ao passo que a análise dinâmica é necessária para entender as razões das mudanças nos sistemas sociais. Isso foi de certa forma incorporado metodologicamente à antropologia funcionalista de Radcliffe-Brown e Malinowski e os que eles influenciaram. Por desconhecermos o passado de muitas sociedades pequenas e isoladas, não podemos estudá-las de forma dinâmica e especificar as mudanças que sofreram. Mas podemos, estudando-as no presente, revelar o que as mantém unidas; podemos indicar as fontes de sua estabilidade ao mostrar os fatores que lhes empresta coesão. Que tal equiparação do estático ao estável é insustentável fica demonstrado pelas duas maneiras com que o tempo obstinadamente se intromete nesse tipo de abordagem. Primeiro, no nível prático, simplesmente não há na verdade como realizar uma análise "estática": o estudo da atividade social envolve o transcurso do tempo, assim como a própria atividade. Em função disso, os antropólogos funcionalistas desenvolveram com efeito sua própria versão do "tempo reversível" de Lévi-Strauss, como se isso cancelasse a intrusão da temporalidade. Assim recomenda-se como princípio de investigação que o antropólogo não deve passar menos de um ano estudando uma sociedade, uma vez que assim é possível obter material de pesquisa ao longo de todo o ciclo anual da vida social[339]. Mas se o

---

339. Cf. os comentários de Gluckman sobre "dados e teoria" em GLUCKMAN, M. *Politics, Law and Ritual in Tribal Society*. Oxford: Blackwell, 1965.

tempo é reconhecido no nível das exigências práticas de pesquisa, através de uma visão de "tempo reversível", permanece estranho ao esquema teórico no qual a pesquisa é organizada e explicada. Segundo, mesmo no nível da teoria, a equiparação entre estático e estável incorpora sub-repticiamente um elemento temporal. Falar de estabilidade social *não pode* envolver uma abstração do tempo, uma vez que "estabilidade" significa continuidade no tempo. Uma ordem social estável é aquela em que há grande semelhança entre a maneira como as coisas são agora e como eram no passado[340].

No pensamento estruturalista se deu muito mais atenção às relações entre temporalidade, história e a divisão sincronia/diacronia do que no funcionalismo[341]. Em parte isso se deve sem dúvida aos intercâmbios entre Lévi-Strauss e Sartre. A visão de Lévi-Strauss sobre essas questões deve muito a Jakobson, embora aquele elabore consideravelmente a partir da posição deste, ainda que não de modo detalhado e abrangente. Lévi-Strauss assinala certos pontos na discussão com Sartre que vale a pena sustentar, embora não exatamente da forma em que os apresenta. Um deles diz respeito a suas reservas quanto à história como "código". Outro é a equiparação de certos contrastes fundamentais – que dizem respeito a problemas de tempo e história – entre as sociedades pequenas, relativamente "imutáveis", e as sociedades mais desenvolvidas, entre sociedades frias e quentes.

Agora, em certo sentido Lévi-Strauss está certo quando fala de história como um tipo de código, e Sartre também está certo quando insiste que não se trata simplesmente de um código como outro qualquer. Pois a história, como interpretação ou análise do passado, envolve a aplicação de algum tipo de aparato conceitual; ao passo que história como temporalidade, como ocorrência de eventos no tempo, é um aspecto inevitável de todas as formas sociais. O que está em questão não é apenas o tempo ou a história, mas também a *historicidade*, a consciência do "movimento progressivo" como característica da vida social de certas sociedades, sobretudo as do Ocidente pós-feudal, nas quais essa consciência é ativamente organizada para promover a mudança social. Com certeza Lévi-Strauss enfatiza justificadamente a importância do advento da historicidade no mundo moderno e das várias concepções de história que se produziram, assim como é justificado o contraste que faz entre isso e o "tempo reversível" das culturas tradicionais. Mas "tempo reversível" é denominação equívoca[342]. Não é na verdade ao tempo como tal que se refere Lévi-Strauss, mas à mudança

340. Cf. Gellner: "Como é possível dizer, como parece que disseram em uníssono alguns antropólogos, que o passado de uma sociedade tribal é desconhecido *e* que ela é estável?" (*Thought and Change*. Londres: Weidenfeld, 1964, p. 19).

341. Cf., entretanto, BELLAH, R.N. "Durkheim and history". *American Sociological Review*, vol. 24, 1959.

342. BARNES, J.A. "Time flies like an arrow". *Man*, vol. 6, 1971.

social ou, antes, sua relativa ausência nos tipos de sociedade a que dedicou suas pesquisas. Mais uma vez, então, vemos aí a equiparação de tempo a mudança social, embora de forma diferente da que é característica do funcionalismo. O tempo transcorre de forma sequencial em todas as sociedades, mas naquelas em que a tradição é proeminente os processos de reprodução social são entrelaçados a formas de consciência do passado, do presente e do futuro que são diferentes das formas correspondentes no mundo industrializado contemporâneo.

A tradição é o modo "mais puro" e inocente de reprodução social. Na sua forma mais elementar, pode-se dizer que a tradição é, nas palavras de um escritor, "como uma série indefinida de repetições de uma ação que em cada ocasião é empreendida supondo-se que foi realizada antes; ela é autorizada – embora a natureza da autorização possa variar amplamente – pelo conhecimento ou suposição de uma realização anterior"[343]. Desprender-se da tradição é algo que começa de certa forma por seu entendimento *como* tradição: a tradição tem maior força quando é entendida simplesmente como a maneira como as coisas eram, são (e devem ser) feitas. A fixação de certas práticas como "tradição", porém, mina a tradição ao colocá-la ao lado de outras formas estabelecidas de legitimação. O advento da alfabetização, especialmente a alfabetização em massa, é uma importante influência modificadora da tradição. Quando a alfabetização é confinada a uma pequena elite, não é necessariamente corrosiva para a tradição de forma direta, uma vez que seu monopólio por poucos pode servir para sancionar doutrinas que seriam supostamente inerentes às "escrituras clássicas". Mas podemos concordar com o autor citado acima em sua afirmação de que "uma tradição alfabetizada nunca é uma tradição pura, pois a autoridade das palavras escritas não depende apenas do seu uso e pressuposto. Como objetos materiais duráveis, elas atravessam os processos de transmissão e criam novos padrões de tempo social; elas falam diretamente a gerações remotas"[344].

Quando a tradição não é "pura reprodução social", quando não é mais dependente "apenas do seu uso e pressuposto", abre-se caminho para intrometer-se a "interpretação". Assim, embora a escrita e o texto se tenham tornado a preocupação de algumas das formas mais abstratas de estruturalismo (Barthes, Derrida), o surgimento da escrita tende a ser associado, num sentido profundo, à hermenêutica e à historiografia; mais, pode-se argumentar, as duas últimas são associadas ao surgimento de uma preocupação com problemas de ideologia tanto nas disciplinas intelectuais quanto na atividade política prática. "Preocupações hermenêuticas", no sentido de confrontação de interpretações conflitantes de material escrito, surgiram em todas as principais religiões mundiais. Mas uma marca da invasão da historicidade no Ocidente pós-feudal é que só aí a hermenêutica e a historiografia se tornaram intimamente entrelaçadas. Essa

---

343. POCOCK, J.G.A. *Politics, Language and Time*. Londres: Methuen, 1972.
344. Ibid., p. 255.

união foi parte crucial da crítica iluminista da tradição, pois os filósofos do Iluminismo não ficaram no nível da interpretação do passado, mas questionaram o princípio mesmo da própria tradição, ou seja, a autoridade que o passado exerce sobre o presente[345].

Não é de todo fantasioso supor que o desenvolvimento da escrita é subjacente ao aparecimento da "consciência do tempo linear" que mais tarde, no Ocidente, seria a base da historicidade como característica da vida social. A escrita permite o contato com "gerações remotas", como dissemos acima, mas além disso sua própria linearidade como forma material talvez estimule a consciência do transcurso do tempo como processo sequencial, levando "de" um ponto "para" outro ponto de maneira progressiva. É razoável dizer, provavelmente, que o "tempo", assim como a tradição, não é percebido em culturas tradicionais como uma "dimensão" separada em termos da própria consciência do tempo: a temporalidade da vida social é expressa no entrelaçamento que a tradição promove entre presente e passado, em que predomina o caráter cíclico da atividade social. À medida que o tempo é reconhecido como fenômeno distinto por direito próprio e inerentemente quantificável, passa a ser também naturalmente encarado como um recurso escasso e explorável[346]. Marx corretamente assinalou que essa era uma característica marcante da formação do capitalismo moderno. O que torna possível a transformação da mão de obra em mercadoria é sua quantificação em termos de tempo de trabalho e a criação do "dia de trabalho" claramente definido.

Relações tempo-espaço

Disse antes que é um erro básico identificar tempo com mudança social. Agora podemos ir adiante e examinar mais de perto os aspectos temporais da constituição dos sistemas sociais. Nesse contexto quero lançar mais uma tese, a de que a maioria das formas de teoria social não encarou com seriedade suficiente *não apenas a temporalidade da conduta social, mas também seus atributos espaciais*. À primeira vista, nada parece mais banal e pouco esclarecedor do que afirmar que a atividade social ocorre no tempo e no espaço. Mas nem o tempo nem o espaço foram incorporados ao núcleo da teoria social; em vez disso, são ordinariamente tratados mais como "ambientes" em que é encenada a conduta social. Com relação ao tempo, isso ocorre primordialmente devido à influência da diferenciação entre sincronia e diacronia: a equiparação de tempo e mudança

---

345. Para uma análise conservadora da evolução da hermenêutica e uma crítica do Iluminismo, cf. GADAMER, H.-G. *Truth and Method*. Sobre escrita e cultura. • cf. esp. GOODY, J. *The Domestication of the Savage Mind*, Cambridge University Press, 1977. • RICOEUR, P. *The Conflict of Interpretations*, p. 288ss.

346. Cf. MOORE, W.E. *Man, Time and Society*. Nova York: Wiley, 1963. • GURVITCH, G. *The Spectrum of Social Time*. Dordrecht: Reidel, 1964.

tem por consequência que o tempo pode ser tratado como uma espécie de "fronteira" das ordens sociais estáveis ou, pelo menos, como fenômeno de importância secundária[347]. A supressão do espaço em teoria social decorre de vários motivos, provavelmente em parte da ansiedade dos sociólogos em remover de suas obras qualquer conotação de determinismo geográfico. A importação do termo "ecologia" nas ciências sociais pouco fez para melhorar as coisas, uma vez que isso tende a estimular a confusão do espacial com outras características do mundo físico que podem influenciar a vida social e, ao mesmo tempo, a reforçar a tendência de tratar as características espaciais como fatores "ambientais" da atividade social e não como parte integrante dela.

Num ensaio anterior argumentei que os sistemas sociais podem ser tratados como sistemas de interação e discuti algumas das características dos sistemas. Mas é importante agora considerar alguns aspectos da interação abordados ali de modo bastante sumário. A maioria das escolas de teoria social, mas especialmente o funcionalismo, falhou em não situar a interação no tempo, por operarem com uma divisão entre sincrônico e diacrônico[348]. Uma imagem sincrônica de sistema social descarta a reprodução social ou, pelo menos, a trata como coisa dada: o outro lado da assimilação entre tempo e mudança, como observei acima, é a equiparação do atemporal ou estático a estabilidade. Quando analistas sociais que escrevem nessa veia falam de sistemas de interação como "padrões", têm em mente, muitas vezes de maneira bem vaga, uma espécie de "instantâneo" fotográfico das relações de interação social. A falha aí é exatamente a mesma do pressuposto de "estabilidade estática": esse flagrante instantâneo na verdade não revelaria de modo algum um padrão, porque *todos os padrões de interação que existem estão situados no tempo* e só quando examinados ao longo do tempo formam algum "padrão". Isso é mais claro, talvez, no caso dos indivíduos em encontro face a face. Seja lá o que mais possa ter ou não esclarecido a preocupação dos autores de métodos etnológicos com o "revezamento" nas conversas, uma coisa importante ele revela: o serialismo da ação dos interlocutores[349]. O fato de que apenas um normalmente fala por vez não é apenas um aspecto óbvio e trivial da conversa; ou, pelo menos, não tem sido óbvio para a maioria dos analistas sociais. Se as análises com método etnológico desse revezamento

---

347. Cf., no entanto, Shils: "O tempo fornece não apenas um cenário que permite a situação de um momento ser comparada heuristicamente à de outro momento. O tempo é também uma propriedade constitutiva da sociedade. A sociedade só é concebível como um sistema de variadas situações ocorrendo em momentos do tempo. A sociedade exibe seus aspectos característicos não em um único momento no tempo, mas em várias fases, assumindo formas variadas, mas relacionadas em diferentes e consecutivos momentos do tempo" (*Center and Periphery*. Chicago: Chicago University Press, 1975, p. xiii).

348. Cf. "Functionalism: après la lutte".

349. SACKS, H. & SCHEGLOFF, E.A. "A simplest systematics for the organization of turn-taking in conversation". *Language*, vol. 50, 1974.

coloquial parecem triviais, é porque seus autores não buscaram as implicações disso até o fim, numa conexão ampla com a temporalidade e a reprodução social. O estudo da conversação com método etnológico deu, no entanto, importante contribuição ao destacar que os atores sociais geralmente "administram" a conversa usando sua localização no tempo como uma forma de organizá-la[350].

A distinção comumente feita entre estudos "micro" e macrossociológicos" realmente não ajuda a elucidar algumas das diferenças chaves entre a interação face a face e outros tipos de relação em que se constituem os sistemas sociais. O termo *face a face*, no entanto, passa uma ideia da importância em interação social do posicionamento do corpo no espaço. Claro, o rosto é normalmente o foco de atenção nos encontros sociais e, como parte mais expressiva do corpo, é cronicamente monitorada pelos atores para checar a sinceridade do discurso e dos atos alheios. Nem toda interação que tem lugar na presença de outros, em que a sensação dessa presença influencia a interação, é "face a face": alguns exemplos de comportamento de multidão podem ser uma exceção. Mas a maioria desses exemplos é bem marginal: é espantoso até que ponto, mesmo em grandes assembleias, o termo "face a face" ainda se aplica de modo significativo. Em assembleias, palestras, concertos etc., o posicionamento da plateia é quase sempre tal que seus integrantes ficam coletivamente de frente para quem fala ou se apresenta para ela.

Na interação face a face, a presença de outros é fonte importante de informação utilizada na produção dos encontros sociais. A distinção entre micro e macrossociológico enfatiza o contraste entre pequenos grupos e coletividades ou comunidades maiores; mas uma diferença mais profunda é entre *interação face a face e interação com outros que estão fisicamente ausentes* (e com frequência também temporalmente). A extensão dos sistemas sociais no espaço e no tempo é um aspecto evidente do desenvolvimento geral da sociedade humana. A extensão da interação no tempo, como já sugerimos acima, é aberta de maneira fundamental pelo desenvolvimento da escrita. Nas culturas não alfabetizadas a tradição incorpora o somatório dos produtos culturais das gerações passadas; mas o aparecimento da escrita torna possível a comunicação com o passado de forma muito mais direta e que guarda certas semelhanças com a interação entre indivíduos fisicamente presentes[351]. O acesso que se abre ao passado com a existência material dos textos é, no entanto, uma interação distanciada se a compararmos com a presença de outros na interação face a face. O desenvolvimento da escrita amplia grandemente o escopo da interação distanciada no espaço e no tempo. Em culturas sem escrita o contato dentro do próprio grupo cultural e com outros grupos é sempre, forçosamente, face a face. Claro que nessas cir-

350. GARFINKEL, *Studies in Ethnomethodology*.

351. Cf. RICOEUR, P. "The model of the text: meaningful action considered as a text". *Social Research*, vol. 38, 1971, que analisa algumas dessas semelhanças.

cunstâncias os próprios atores podem agir como mediadores entre outras pessoas. Mas a escrita altera a natureza das transações que se podem realizar: a carta supera o portador e "fala" diretamente ao destinatário. Deve-se notar que a extensão da interação no espaço expressa numa carta enviada por um remetente a um destinatário também envolve a ausência temporal daquele no momento da comunicação, quando a carta é aberta e lida. A defasagem temporal numa troca de cartas é obviamente muito maior do que no "revezamento" das conversas; por outro lado, claro, um dos aspectos principais das modernas tecnologias de comunicação é que já não permitem que a distância no espaço comande a distância temporal na interação mediada. O telefone recaptura o imediatismo da interação face a face através da distância espacial, ao custo da restrição do contexto sensorial da comunicação; a comunicação por TV e vídeo restaura consideravelmente mais, devolvendo a interação distanciada à forma face a face. Se algumas das afirmações de McLuhan sobre a importância da televisão e do vídeo são exageradas, mesmo assim elas levantam importantes questões sobre transformações que podem estar ocorrendo nas estruturas de significação do mundo contemporâneo[352].

Tempo, espaço e repetição estão intimamente entrelaçados. Todos os métodos conhecidos de medir ou calcular o tempo envolvem a repetição: o movimento cíclico do sol, os ponteiros de um relógio, a vibração dos cristais de quartzo etc., tudo envolve movimento no espaço[353]. É difícil falar do tempo sem fazer metáforas espaciais, embora, se Worf estiver certo, isso possa em parte estar ligado a características específicas das línguas indo-europeias. Meu argumento em parágrafos anteriores atesta as íntimas conexões entre tempo, espaço e repetição na vida social. O caráter cíclico da repetição ou reprodução social em sociedades governadas pela tradição está indiretamente ligado à experiência e mapeamento do tempo. Mas a experiência do tempo provavelmente nunca se livra inteiramente de sua aparência cíclica, mesmo quando predomina a "consciência do tempo linear". Assim como os calendários e relógios interpolam ciclos no movimento sequencial do tempo, também períodos diários, semanais e anuais continuam a manter aspectos cíclicos na organização das atividades sociais nas sociedades contemporâneas. O mesmo se aplica ao tempo de vida do indivíduo, que ainda continuamos a chamar apropriadamente "ciclo de vida".

A extensão da vida social no tempo e no espaço já foi mencionada como característica geral do desenvolvimento social: escalas de tempo da atividade

---

352. McLUHAN, M. *The Guttemberg Galaxy*. Toronto: Toronto University Press, 1962.

353. Cf. Whitman: "Parece que, por mais precisos que sejam os elementos de controle repetitivo do relógio, nunca se pode chegar a um conceito de duração de tempo padrão sem referência prévia a congruência espacial. Na verdade, quanto mais preciso o relógio, mais complexas são as leis físicas espaço-temporais que têm que ser conhecidas e utilizadas" (*Philosophy of Space and Time*. Londres: Allen and Unwin, 1967, p. 71).

social são alteradas pelas transformações da comunicação à distância (cf. o que Heidegger chama de "des-separação", que faz a distância desaparecer). A interligação de tempo e espaço pode ser explorada na participação dos atores sociais em ciclos de atividade social e também no nível de transformação da própria sociedade[354]. O tempo-geografia tem a ver com a "coreografia" tempo-espaço da existência dos indivíduos ao longo de determinados períodos: o dia, a semana, o ano ou todo o tempo de vida. A rotina diária de atividades de uma pessoa, por exemplo, pode ser traçada como uma rota no tempo-espaço. Assim, a transição social envolvida no ato de sair de casa para ir ao trabalho é também um movimento no espaço. A interação social, sob esse ponto de vista, pode ser entendida como o "acoplamento" de rotas nos encontros sociais, o que Hägerstrand chama de "feixes de atividade". Os "feixes de atividade" ocorrem em determinadas "estações" – prédios ou outras unidades territoriais – em que coincidem as rotas ou caminhos de dois ou mais indivíduos; esses encontros se desfazem quando os atores se movem no tempo e no espaço para participar de outros feixes de atividades. O interesse dessa concepção da atividade social como uma "dança tecida no tempo e no espaço"[355] não depende da formulação específica de Hägerstrand, à qual podem-se fazer várias objeções; sua importância geral é que ressalta a coordenação do movimento no tempo e no espaço na atividade social como acoplamento de uma multiplicidade de rotas ou trajetórias. A mesma concepção pode ser aplicada a problemas muito mais amplos de mudança social aos quais voltarei mais adiante: a mudança na sociedade pode também ser entendida em termos de rotas no tempo e no espaço. *O desenvolvimento social tipicamente envolve o movimento espacial e também temporal*, cuja forma mais significativa em nosso tempo é a expansão mundial do capitalismo industrial do Ocidente.

Presença e ausência espaciais

O fato de que o conceito de estrutura social normalmente usado em ciências sociais – como a anatomia de um corpo ou as vigas de um prédio – foi tão impregnado por imagens espaciais pode ser outra razão, junto com o medo de cair no determinismo geográfico, pela qual a própria importância do espaço raramente foi enfatizada de forma suficiente em teoria social. A significação dos elementos espaciais para a análise social pode ser ilustrada de inúmeras maneiras, mas podemos manter um fio de continuidade com capítulos anteriores fazendo referência, primeiro, à teoria das classes.

---

354. Sobre a evolução dos conceitos de tempo e espaço com a decadência do feudalismo, cf. HELLER, A. *Renaissance Man*. Londres: Routledge, 1978, p. 170-196.

355. PRED, A. "The choreography of existence: comments on Hägerstrand's time-geography and its usefulness". *Economic Geography*, vol. 53, 1977, p. 208.

Na sociedade de classe a divisão espacial é um aspecto central da diferenciação de classes. De forma bastante grosseira, mas sociologicamente significativa, as classes tendem a se concentrar por regiões. Para mostrar isso pode-se facilmente exemplificar com os contrastes entre o Norte e o Sul da Inglaterra ou entre o Leste e o Oeste da Escócia. Essas diferenças espaciais têm sempre que ser encaradas como formações no tempo e no espaço em termos de teoria social. Assim, um dos aspectos importantes da diferença espacial de classes é a sedimentação *ao longo do tempo* de divergentes "culturas de classe" regionais, culturas de classe que hoje, claro, estão parcialmente dissolvidas por novos modos de transcender as distâncias espaço-temporais.

As ligações de maior consequência entre classe e espaço, no entanto, são ao mesmo tempo mais longínquas e mais imediatamente confinadas. Por um lado, o caráter de classe do capitalismo incorpora sistemas internacionais de centro e periferia; por outro, a dominação de classe é fortemente influenciada e reproduzida por padrões de diferenças entre as zonas rurais e urbanas e pela diferenciação de bairros nas cidades[356]. A segregação de bairros na sociedade capitalista não é predominantemente um processo controlado: resulta mais da luta de classes nos mercados imobiliários[357]. Mesmo assim, o controle social do espaço é, de formas específicas, uma característica de todas as sociedades. Praticamente todas as coletividades têm um *local* de operação, espacialmente distinto dos que existem em outras. "Local" é, sob certos aspectos, um termo preferível a "lugar", mais comumente empregado em geografia social, pois carrega algo da conotação de espaço usado como *cenário* para interação. Um cenário não é apenas um parâmetro espacial e ambiente físico no qual "ocorre" a interação: trata-se desses elementos utilizados como parte da interação. Características do cenário de interação, incluindo seus aspectos espaciais e físicos, como indiquei anteriormente (p. 92s.), servem rotineiramente aos atores sociais para sustentar a comunicação – fenômeno de importância nada pequena em teoria semântica.

Se a noção de local for combinada com a influência da presença/ausência físicas (entendidas potencialmente tanto como temporais quanto espaciais), podemos caracterizar a *pequena comunidade* como uma na qual há apenas curta distância nas separações espaço-temporais. Quer dizer, o cenário é tal que toda interação tem apenas que transpor um pequeno "vão" ao atravessar tempo e espaço. Não é apenas a presença física na interação imediata que importa na interação em "pequena escala", mas a *disponibilidade* temporal e espacial dos outros num local.

---

356. Só muito recentemente começou a se desenvolver uma literatura que trata dessas questões com sofisticação. Cf. esp. os textos de Harvey e Castells.

357. REX, J. & MOORE, R. *Race, Community and Conflict*. Londres: Oxford University Press, 1967.

Ninguém analisou tais fenômenos com maior perspicácia que Goffman, que em todos os seus textos expôs a importância do espaço e lugar – ou o que em sua primeira obra chamou de "regiões"[358]. Uma região, nesse sentido atribuído por Goffman, é parte do que chamei de local, que põe limites sobre um ou outro dos aspectos principais da presença. As regiões diferem pelo modo como são limitadas ou demarcadas, como também por quais aspectos de presença elas "deixam passar". Uma grossa divisória de vidro num estúdio de radiodifusão pode ser usada para isolar um ambiente sonoramente, mas não visualmente. As regiões são geralmente definidas, assinala Goffman, por relações tempo-espaço: a separação entre "espaço de estar" e "espaço de dormir" nas residências é também uma diferenciação nos tempos de uso.

É de grande interesse o contraste de Goffman entre *regiões de primeiro e segundo planos* onde transcorrem as encenações sociais – um contraste que sem justificação foi ignorado na literatura da teoria social (excetuando-se as próprias obras de Goffman). A separação espacial e social entre regiões frontais e de fundos, como Goffman as distingue, através da qual se mantêm ocultos ou ausentes vários aspectos da interação potencialmente comprometedores, pode ser associada de modo esclarecedor à consciência prática e à operação das sanções normativas. A sustentação de uma discriminação espacial entre frente e fundos é um aspecto proeminente do uso do local no monitoramento reflexivo da ação pela consciência discursiva e prática.

Em vários pontos deste livro busquei criticar os teoremas de Parsons sobre a relação que ele presume entre a "internalização de valores" e restrições normativas. Uma das minhas preocupações foi ressaltar a importância de outros modos de conformidade e desvio normativos que não os destacados por Parsons – sem cair no tipo de confrontação fútil entre "consenso" e "teoria do conflito" que por um tempo influiu na discussão dessas questões. Um desses modos de conformidade é o da "aceitação pragmática" (relutante, meio cínica, com distanciamento pelo humor) das prescrições normativas como "fatos" das circunstâncias da ação. O contraste entre regiões frontais e de fundos ajuda a demonstrar como essa aceitação pragmática é sustentada através do *domínio de cena*.

A importância normativa da diferença entre regiões de interação frontais e de fundos é bem analisada por Goffman. O desempenho em regiões de primeiro plano envolve normalmente esforços para criar e sustentar a aparência de conformidade aos padrões normativos aos quais os atores envolvidos podem ser indiferentes ou até frontalmente hostis quando se encontram em segundo plano. A existência de discriminações entre frente e fundos normalmente indica *penetração discursiva* substancial das formas institucionais dentro das

---

358. GOFFMAN, E. *The Presentation of Self in Everyday Life*. Nova York: Doubleday, 1959; para as visões mais recentes do mesmo autor sobre algumas questões de superposição, cf. GOFFMAN, E. *Frame Analysis*.

quais se dá a interação. É fácil também relacionar isso a questões da teoria de classes e de legitimação das estruturas de dominação. Trabalhadores do chão de fábrica, por exemplo, trabalham em um cenário no qual com frequência é possível transferir a separação espacial da supervisão da gerência para uma região prática de fundos, que só se torna plenamente frontal [*sic*] quando o gerente ou outros supervisores estão imediatamente presentes. Um exemplo citado por Goffman, descrevendo as atitudes dos operários num estaleiro naval, ilustra bem isso:

> Era divertido observar a súbita transformação toda vez que corria a informação de que o capataz estava no casco ou na oficina ou que o encarregado do escritório estava vindo. Os chefes de equipe corriam a alertar os seus homens para mostrarem serviço. "Não deixem que ele pegue vocês aí sentados", advertia. E onde não havia trabalho a fazer logo se atarefavam em dobrar e ajustar um tubo ou em apertar desnecessariamente um parafuso já firme no lugar[359].

É importante ver, como assinala o mesmo autor citado, que os dois lados nessa situação estão geralmente cientes, em maior ou menor grau, do que está ocorrendo. A direção admitir isso é um reconhecimento dos limites do seu poder e, portanto, tais intercâmbios socioespaciais são extremamente importantes na dialética de comando das organizações.

O chão de fábrica ou oficina é em geral demarcado fisicamente como um cenário espacial separado do "escritório"[360]. Mas é claro que semelhantes oportunidades para traduzir as separações espaciais em regiões, no sentido dado por Goffman, ocorrem em todos os locais em que as organizações operam. A caracterização de Weber para as burocracias modernas como hierarquias de funções aplica-se à diferenciação do espaço físico e também à diferenciação de autoridade. A separação espacial de funções permite vários tipos de atividades de bastidores para controlar as informações que "passam adiante", servindo assim para limitar o poder dos que ocupam escalões superiores[361]. Mas é claro que o uso controlado das diferenciações entre atividades abertas e encobertas não se limita aos atores em posições formalmente subordinadas nos locais das organizações. A capacidade de controlar os cenários é uma das principais prerrogativas do próprio poder: a sala da diretoria, por exemplo, pode ser tipicamente uma região frontal em que as atividades exibidas ao olhar público escondem manipulações mais significativas mantidas fora de vista.

---

359. ARCHIBALD, K. *Wartime Shipyard*. Berkeley: University of California Press, 1947, p. 159.

360. Cf. LOCKWOOD, D. *The Black-coated Worker*. Londres: Allen and Unwin, 1969, para uma discussão no contexto de questões mais amplas da teoria de classes.

361. Cf. PAHL, R.E. & WINKLER, J.T. "The economic elite: theory and practice". In: STANWORTH, P. & GIDDENS, A. *Elites and Power in British Society*. Cambridge: Cambridge University Press, 1974.

O espaço e a presença em pequenas comunidades ou em coletividades que envolvem apenas separações espaço-temporais de curta distância são primordialmente expressos através das características físicas e capacidades perceptivas do organismo humano. Os meios de disponibilização da presença em locais de grandes coletividades são necessariamente diferentes e muitas vezes envolvem, claro, apenas certos aspectos da disponibilidade de presença e do Estado-nação. As áreas faveladas de uma cidade, no caso dos serviços de correio, telefone etc. A oposição entre regiões frontais e de fundos parece manter-se sobretudo no nível da integração social, em que o cenário dos locais é controlado diretamente no monitoramento reflexivo da interação face a face. Mas um efeito algo similar pode ocorrer de maneira menos calculada nas cidades, que nas sociedades contemporâneas são os principais locais de intermediação entre os que têm uma disponibilidade de presença de curto prazo e o Estado-nação. As áreas faveladas de uma cidade, por exemplo, podem ser "ocultadas" das rotas espaço-temporais que seguem os que usam a cidade, mas não vivem nessas áreas.

O advento do Estado-nação moderno, com suas fronteiras territoriais claramente definidas, exemplifica a importância do controle do espaço como recurso gerador de diferenciais de poder. Muito se escreveu sobre isso; o controle do tempo como recurso em estruturas de dominação foi muito menos estudado. Um dos temas do *Capital*, como mencionei antes, é que a ordem econômica do capitalismo depende de um controle perfeito do tempo: o tempo de trabalho torna-se um aspecto fundamental do sistema explorador de dominação de classe. O tempo permanece hoje no centro das disputas entre capital e trabalho, como atestam facilmente tanto a arma dos empregadores que são os estudos sobre tempo e atividade quanto a reação dos trabalhadores sob a forma de operações-tartaruga. O controle do tempo como recurso usado em estruturas de dominação pode ser, no entanto, mais significativo do que mesmo Marx supunha. A invenção do calendário parece ter sido intimamente ligada ao surgimento da escrita e ambos se aliaram à exploração das "máquinas humanas" nos primórdios do Oriente Médio. Nas origens do capitalismo moderno, aventou Mumford, o relógio e não o motor a vapor deve ser considerado o protótipo da era da produção mecanizada. A aplicação de métodos quantitativos à análise da natureza, diz ele, ocorreu antes de tudo na quantificação do tempo. Máquinas de força existiram muito antes da invenção dos relógios: nestes encontramos "um novo mecanismo de força em que a fonte e a transmissão de energia era de tal natureza que assegurava o seu fluxo constante ao longo dos trabalhos, tornando possível a produção regular e um produto padronizado"[362].

---

362. MUMFORD, L. *Interpretations and Forecasts*. Londres: Secker and Warburg, 1973, p. 272.

Estabilidade e mudança: Merton e Evans-Pritchard

Já argumentei (p. 120s.) que substituindo a oposição sincronia/diacronia por uma concepção de estruturação se reconhece que a possibilidade de mudança é inerente a cada circunstância de reprodução social. Mas claramente não basta deixar as coisas nesse pé: suas implicações devem ser enunciadas. Os que utilizaram uma divisão entre sincronia e diacronia com frequência insistiram que toda análise da estabilidade social deve também *ipso facto* ser um relato de mudança. Mas isso fica no nível de um truísmo se não for demonstrado como de fato se realiza. Descartar a distinção entre sincronia e diacronia é na verdade a condição para tornar isso mais do que uma mera banalidade.

Ao advogar um programa para o funcionalismo nas ciências sociais, R.K. Merton fez uma distinção hoje famosa entre "funções manifestas" e "latentes", argumentando que é tarefa da análise social ir além daquelas para desvendar estas últimas. Embora a distinção não seja de todo sem ambiguidade[363], Merton buscou contrastar os propósitos ou, talvez, as razões dos autores para sua conduta e as funções que, ignoradas por eles, essa conduta preenche. Na interpretação de um fator social por suas funções latentes, *as razões ou necessidades da sociedade são reveladas como discrepantes (e, por forte implicação, mais importantes) que os propósitos ou razões dos atores envolvidos nas atividades em questão.* Na teoria da estruturação que esbocei nos ensaios anteriores, ao contrário, as sociedades ou sistemas sociais não têm quaisquer razões ou necessidades: o erro fundamental do funcionalismo é encarar a identificação das consequências (não intencionais ou não previstas) da ação como uma explicação para a existência (e persistência) dessa ação. O fato de que determinado fator ou prática social desempenha um papel na reprodução de um sistema social mais amplo, sem que isso seja pretendido e conhecido pelos atores envolvidos nessa prática ou por quaisquer outros, *não pode explicar por que ela desempenha esse papel*, por que persiste como prática social recorrente[364].

Podemos em certo sentido na verdade inverter a distinção feita por Merton. Embora seja indispensável à teoria social estudar o envolvimento de consequências não intencionais da conduta na reprodução dos sistemas sociais, as únicas "funções" (ou "resultados teleológicos") que têm importância explanatória na análise da estabilidade ou da mudança social *são as que Merton rotulou de funções manifestas.* Em outras palavras, só quando os próprios membros da sociedade tentam ativamente utilizar resultados projetados para preencher "necessidades sociais" por eles percebidas, aplicando o conhecimento sobre os efeitos da conduta na reprodução dos sistemas sociais, é que essa explicação teleológica da reprodução social pode ter algum papel na análise social.

---

363. Cf. "Functionalism: après la lutte".

364. J. Elster (*Logic and Society*, p. 121-122) destaca fortemente esse ponto.

Examinemos mais de perto a discussão de Merton sobre as funções latentes, tomando uma das ilustrações que faz: a dança da chuva dos hopi. A distinção entre funções manifestas e latentes, diz Merton, "ajuda a interpretação sociológica de muitas práticas sociais que persistem mesmo que seu propósito manifesto não seja alcançado". Uma tática tradicional em relação a esses fenômenos, argumenta, é declará-los meras "superstições" ou "sobrevivências irracionais". Quando determinado tipo de conduta social não alcança seu "propósito ostensivo, há uma tendência de atribuir sua ocorrência à falta de inteligência, à simples ignorância, a sobrevivências ou à assim chamada inércia". Os participantes dos rituais de chuva dos hopi acham que essas cerimônias geram chuva; se o objetivo não é alcançado e os hopi ainda assim preservam os rituais, é porque são supersticiosos, ignorantes ou irracionais. Merton questiona que essas qualificações expliquem alguma coisa sobre a persistência da dança da chuva. Mas a análise das funções latentes pode explicar:

> Se nos limitássemos ao problema da ocorrência ou não de uma função manifesta (intencional), seria um problema não para o sociólogo, mas para o meteorologista. E, com certeza, nossos meteorologistas concordam que a cerimônia da chuva não produz chuva; mas esse não é o ponto e, sim, meramente dizer que a cerimônia não tem essa utilidade tecnológica, que seu propósito e suas consequências efetivas não coincidem. [Mas] as cerimônias podem preencher a função latente de reforçar a identidade de grupo, criando uma oportunidade periódica de reunir os seus membros dispersos para participar de uma atividade comum. Como Durkheim, entre outros, indicou há muito tempo, tais cerimônias são um meio pelo qual se alcança a expressão coletiva de sentimentos que, em melhor análise, se revelam uma fonte básica da unidade do grupo. Portanto, através da sistemática aplicação do conceito de função latente, um comportamento *aparentemente* irracional pode *por vezes* se revelar positivamente funcional para o grupo[365].

Vale a pena observar várias coisas aqui. Primeiro, não é necessária uma leitura muito minuciosa desse trecho para perceber que a identificação da "função latente" do ritual hopi não explica na verdade coisa alguma sobre a sua persistência (pode-se descartar como irrelevante para os pontos aqui discutidos a admissão de que as funções latentes nem sempre podem ser descobertas). A tese de que a reunião do grupo para participar de cerimônias ajuda a promover a união comunitária por dar expressão a sentimentos que reforçam sua coesão identifica *uma consequência não intencional* da atividade ritualística, mas não explica de forma alguma por que a atividade persiste. Ou, mais precisamente, apenas fornece um postulado de "razões da sociedade", que não apenas transcendem as de seus membros como convocam determinada resposta social: a sociedade não

365. MERTON, R.K. *Social Theory and Social Structure*. Glencoe: Free Press, 1963, p. 64-65 [termos grifados no original].

apenas tem necessidades a preencher, mas de alguma forma consegue estimular ou sustentar funcionalmente modos adequados de satisfazer essas necessidades. A única maneira de não fazer essas suposições (latentes!) é cair de novo em algum princípio de sobrevivência adaptativa, isto é, postular que toda sociedade desse tipo que sobreviveu deve ter forçosamente desenvolvido alguma espécie de reunião como a dança da chuva. Mas mesmo que esse fosse de maneira geral um argumento aceitável[366], devemos observar mais uma vez que não explica *como é que* a dança da chuva persiste. Por que razão os hopi mantiveram uma forma de atividade "irracional"? Merton seguramente está certo ao dizer que o rótulo de "superstição" ou "sobrevivência" é pobre demais como explicação.

Segundo, Merton junta duas questões separadas e a plausibilidade de sua análise depende dessa fusão: as questões da importância das *consequências não intencionais da ação* e da *racionalidade da crença e da ação*. Ele liga especificamente o diagnóstico das funções latentes (que tentei mostrar que são ou implicam uma reificação: as "razões da sociedade") à investigação do que chama de "padrões sociais aparentemente irracionais". Sua discussão em termos de funções manifestas e latentes guarda na verdade uma semelhança impressionante com o renomado estudo de Evans-Pritchard sobre oráculos e bruxaria entre os axante, que no entanto é colocada como análise racional da crença[367]. Em relação aos rituais hopi para fazer chover Merton pergunta, como Evans-Pritchard, por que as pessoas continuam a participar de certas atividades sociais quando sabemos que são falsas as crenças a elas ligadas. Há diferenças interessantes e significativas entre as maneiras como Merton e Evans-Pritchard fazem e tentam responder a essa pergunta. Merton coloca a questão como sociólogo, preocupado em mergulhar para além dos propósitos ou razões manifestos que os hopi possam ter para realizar as cerimônias. Evans-Pritchard interpreta a questão mais do ponto de vista de um "observador ocidental", interessado na relação entre crença e ação num ambiente cultural estranho. E enquanto Merton tenta formular uma resposta em torno das consequências não intencionais da atividade, para descobrir "razões da sociedade" onde as dos atores participantes são deficientes, Evans-Pritchard busca uma resposta precisamente em termos das razões dos atores, tentando demonstrar que na verdade não são afinal tão "irracionais".

Agora, o debate sobre a racionalidade da crença envolve problemas extremamente difíceis, que felizmente não são, em sua maioria, relevantes para o nosso contexto. Tanto Merton quanto Evans-Pritchard fazem uma boa argumentação para rejeitar essas interpretações grosseiras que falam de "superstição" ou "sobrevivência" irracional. Mas o argumento de Merton – embora mos-

---

366. "Functionalism: après la lutte", p. 111-112.

367. EVANS-PRITCHARD, E.E. *Witchcraft, Oracles and Magic among the Azande*. Oxford: Oxford University Press, 1950. • WILSON, B. *Rationality*. Oxford: Blackwell, 1970. E inúmeras outras contribuições.

tre a importância de examinar as consequências não intencionais da ação – é definitivamente inferior ao de Evans-Pritchard. Pois Merton de fato não mostra por que persiste o ritual da chuva. Já Evans-Pritchard mostra o que há de errado em falar da feitiçaria axante como "superstição" ou "sobrevivência irracional", a saber, que os axante têm de fato boas razões para agir como agem, no contexto de suas crenças tradicionais. A importância sociológica da análise de Evans-Pritchard foi um tanto obscurecida pelas controvérsias filosóficas mais amplas a que deu margem. Sua explicação dá uma base muito melhor para entender como ocorre a reprodução social estável do que o diagnóstico de Merton das funções latentes da dança da chuva. Como disse antes, temos que inverter a perspectiva de Merton: o rastreamento de regularidades nas consequências não intencionais da ação tem que ser precedido pela investigação de como as próprias práticas em questão são reproduzidas, o que deve ser conduzido em termos mais próximos aos de Evans-Pritchard do que os de Merton. Pode valer a pena enfatizar mais uma vez que dizer isso não é negar a importância das consequências não intencionais na reprodução social: é, antes, afirmar que se trata de um movimento ilegítimo que, ao traduzir tais consequências como "funções", alega ter explicado a persistência ou estabilidade de determinadas práticas sociais. Vale a pena notar mais uma vez que a discussão do cerimonial hopi por Merton, ainda que bastante breve, não dá atenção alguma a qualquer material relacionado ao *contexto de participação* no ritual. Ele fala do "propósito" da dança da chuva, que é fazer chover, mas logo descarta isso como irracional porque as crenças em que se baseia são falsas. Mas, à parte a relevância já mencionada dos argumentos de Evans-Pritchard para isso, devemos assinalar que os propósitos ou razões que os próprios hopi têm para a continuada participação na cerimônia não são necessariamente idênticos ao seu "estatuto público", ou seja, o que se passa na ribalta. O ceticismo não é estranho às culturas tradicionais. Não podemos sequer supor que os analistas sociais foram os primeiros a discernir os efeitos do cerimonial na integração do grupo. Ao contrário, parece mais provável que líderes religiosos e talvez até participantes leigos tenham sido muitas vezes conscientes do fenômeno.

Mudança social e a teoria da estruturação

Não faz muito sentido buscar uma teoria geral da estabilidade e mudança nos sistemas sociais, uma vez que as condições de reprodução social variam demais entre diferentes tipos de sociedade. Na seção seguinte vou me concentrar em problemas da análise da mudança social nas sociedades industriais avançadas; neste ponto quero apenas fazer umas considerações gerais com as quais esses problemas podem ser ligados às concepções de estrutura e atuação que formulei anteriormente e que derivam das observações críticas que fiz sobre a diferenciação de Merton entre funções manifestas e latentes.

É importante ver que a explicação de Merton é insuficiente não apenas por causa das dificuldades com a noção de funções latentes, mas porque ele dá tão pouca atenção às "funções manifestas". Ele diz na verdade muito pouco sobre o que são funções manifestas, aparentemente identificando-as com os propósitos de determinado item ou prática sociais. Em sua preocupação de "olhar por trás" dos que participam das atividades que estuda, Merton não dá praticamente qualquer atenção a analisar como a persistência de práticas sociais está relacionada ao que chamei de racionalização da conduta. É por isso que, comparada à discussão de Merton, a obra de Evans-Pritchard é tão esclarecedora. A exposição de Evans-Pritchard pode ser considerada uma demonstração da necessidade de captar a racionalização da conduta *in situ* ao explicar a continuidade das formas institucionais. Mas se a obra de Evans-Pritchard complementa a de Merton nesse sentido, ela não examina (nem era esse seu objetivo) as consequências não intencionais da participação nas práticas pesquisadas sobre outros aspectos da sociedade mais ampla de que fazem parte.

O que acima foi dito sugere que ao interpretar as relações entre reprodução social, estabilidade e mudança nos sistemas sociais temos que conectar dois modos de análise. Primeiro temos que mostrar como, no contexto da racionalização da ação, são reproduzidas determinadas práticas, de que maneira a percepção que os atores têm das instituições que eles reproduzem nas e pelas práticas torna possível a própria reprodução dessas práticas. Isso necessariamente envolve a aplicação do teorema que destaquei em ensaios anteriores, aquele segundo o qual todos os atores sociais sabem bastante acerca do que fazem nos processos de interação; e ao mesmo tempo, no entanto, há muita coisa que desconhecem sobre as condições e consequências de suas atividades mas que mesmo assim influencia o seu curso. Segundo, temos que investigar os efeitos que o "desvio" da atividade face às intenções dos iniciadores exerce sobre a reprodução das práticas, por meio de processos que relacionam as práticas em questão a outros aspectos dos sistemas sociais mais amplos de que fazem parte. Isso pode ser proveitoso nos três níveis sistêmicos anteriormente delineados: o terceiro desses níveis, o da autorregulação reflexiva, religa-se de forma direta à racionalização da conduta nas práticas, uma vez que a conduta aí é guiada por uma consciência de que princípios realimentadores estão operando. Como concluí acima, esse é o sentido mais preciso que pode ser dado à "função manifesta" de Merton: pois aqui o caráter intencional da conduta, ou seja, o seu monitoramento reflexivo, incorpora a consciência das consequências da conduta para a reprodução do sistema. Vale a pena assinalar que muita coisa depende de *quem possui essa consciência*, algo que não aparece na discussão de Merton, que não aborda a *quem* se manifestam as "funções manifestas". Se no caso das cerimônias religiosas é mais provável que líderes profissionais sejam conhecedores das "funções latentes" do seu ritual (para os outros) do que os participantes leigos, não é difícil ver que isso provavelmente reforça o poder daqueles sobre esses.

Reprodução e rotinização

Como em ensaio anterior já discuti com algum detalhe os três níveis de reprodução social, vou me concentrar aqui na reprodução aproximativa das práticas. Argumentei que a racionalização da conduta é um aspecto universal da interação social humana. A racionalização da conduta sempre opera no contexto da dualidade de estrutura, através da qual se produz o ordenamento da vida social. O verdadeiro eixo do "problema da ordem" é como a dualidade de estrutura opera na vida social: como se produz a *continuidade da forma* na condução diária da atividade social. "Continuidade" é com efeito um termo mais útil para o exame da relação entre estabilidade e mudança na sociedade do que palavras como "persistência", pois há continuidades mesmo nas fases mais radicais e profundas de transformação social (exceto, talvez, no caso limite do total extermínio físico dos membros de uma sociedade). Só em função dessas continuidades é que noções como "revolução" têm sentido e utilidade, tanto para os participantes de processos de mudança revolucionária quanto para observadores históricos ou sociológicos que tentam descrevê-los ou interpretá-los. A importância atual de concepções descontinuístas em ciência social e filosofia não deveria apagar as continuidades que tornam possível a descontinuidade. De certa forma a popularidade contemporânea de noções descontinuístas representa uma oportuna reação ao "evolucionismo progressista" em várias esferas; mas, pelo menos em certas versões, concepções descontinuístas ainda operam contra o pano de fundo de uma perspectiva estática à qual se contrapõem como uma crítica. Se entendermos adequadamente o caráter temporal de toda atividade social, veremos que nem a oposição estabilidade/mudança nem a oposição continuidade/descontinuidade expressam polaridades mutuamente excludentes. Os sistemas sociais só existem através de sua contínua estruturação no curso do tempo: não há espaço, como disse antes, para o termo desestruturação em análise social.

O "problema da ordem" é visto por Parsons – e pela maioria de seus opositores – em grande parte como um problema de *conformidade*, ou seja, de como os indivíduos aderem às demandas normativas dos grupos sociais em que se incluem. Mas reformular o "problema da ordem" como continuidade através da descontinuidade revela questões mais básicas em teoria social e fornece, a meu juízo, uma visão da relação entre motivação e normas diferente da que Parsons desenvolveu.

As visões de Parsons e Althusser, tratadas como formas diferentes de "objetivismo", foram criticadas por Bourdieu de um ponto de vista em certos aspectos similar ao que quero sugerir aqui. Bourdieu escreve sobre o que chamei de dualidade de estrutura da forma que segue. Temos que entender, diz ele, que "as próprias estruturas objetivas são produto de práticas históricas e são constantemente reproduzidas e transformadas por práticas históricas cujo princípio produtivo mesmo é produto das estruturas que ele tende por conseguinte a reproduzir"[368]. Para expressar de modo mais simples esse pala-vreado: a vida social é inerentemente recursiva. Em vez da relação que Parsons estabelece entre padrões de valor e motivação, Bourdieu introduz a noção de *habitus*. Por esse conceito ele parece entender hábitos compartilhados por um grupo ou comunidade de atores.

Assinalar a importância do hábito sugere algo potencialmente significati-vo e que em certo sentido é quase o oposto do ponto de vista adotado por Parsons. "Hábito" ou "convenção" indica atividades ou aspectos de atividades *relativamente imotivados*. Se a abordagem parsoniana do "problema da ordem" se baseia no pressuposto de que as características mais centrais da atividade social em uma comunidade são também as mais fortemente motivadas (via in-teriorização de valores como componentes motivacionais da personalidade), eu quero propor que o que ocorre é justamente o contrário. Quer dizer, muitos dos elementos de mais profunda sedimentação da conduta social são estabelecidos cognitivamente (não necessariamente de forma consciente, no sentido de "dis-cursivamente disponíveis"), em vez de se basearem em determinados "motivos" que instam à ação; *sua continuidade é assegurada pela própria reprodução social*. Esta última frase soa tautológica, mas não o é se explicada de forma adequada.

A mútua inteligibilidade dos atos e do discurso, na e através da língua, é tal-vez a condição mais básica de uma interação contínua. A reprodução da língua, no entanto, como condição e resultado da produção dos atos da fala e outras formas de comunicação, *não é um fenômeno motivado*. O argumento aqui tem que ser claramente entendido. Falar uma língua e, portanto, reproduzi-la não é algo, naturalmente, sem relação com os desejos do falante; ao contrário, é de certa forma um meio de realizá-los. Todo mundo que fala uma língua tem, assim, interesses na reprodução dessa língua, mas assegurar tal reprodução não é geralmente uma força motivadora dos falantes da língua. (Pode vir a ser no caso de uma comunidade que, por exemplo, esteja preocupada em manter viva uma língua ameaçada de extinção.)

Agora, se essa posição for aceita, a rotina passa a ocupar um lugar muito importante na reprodução das práticas. A ação rotineira é uma ação fortemente saturada pela suposição de algo garantido, "dado como seguro", em que as par-tes aceitam de modo latente métodos etnológicos usados para gerar interação ao longo do tempo, por mais que envolvam um esforço de atenção reflexiva. A relação entre rotina e motivação é conforme à que descrevi na análise de si-tuações críticas. De acordo com o modelo de estratificação do agente sugerido anteriormente, os desejos dos atores estão enraizados num sistema de segurança básica em grande parte inconsciente e estabelecido nos primeiros anos de vida. Podemos considerar que a formação inicial do sistema de segurança básica en-

---

368. BOURDIEU, P. *Outline of a Theory of Practice*. Cambridge: Cambridge University Press, 1977, p. 83.

volve modos de controle de tensão no curso dos quais a criança é "projetada para fora" no mundo social e são lançados os alicerces da identidade do eu. Parece plausível supor que esses modos profundamente sedimentados de controle de tensão (principalmente redução e controle da ansiedade) são muito eficazes quando o indivíduo experimenta o que Laing chama de segurança ontológica. *Quando são mais eficazes, são menos intrusivos* na influência sobre o monitoramento reflexivo da conduta do ator. Pode-se considerar que a segurança ontológica depende da fé implícita que os atores têm nas convenções (códigos de significação e formas de regulação normativa) através das quais se efetua, na dualidade de estrutura, a reprodução da vida social. Na maioria das situações da vida social, a sensação de segurança ontológica assenta-se normalmente no conhecimento mútuo, usado de tal modo que a interação é "sem problemas" ou pode ser em grande parte "tida como segura".

Não é difícil ver por que deve haver uma íntima relação entre a manutenção da segurança ontológica e o caráter rotineiro da vida social. Ali onde prevalece a rotina, a racionalização da conduta prontamente se conjuga ao sistema de segurança básica do ator nas convenções que existem e a que se recorre na interação como conhecimento mútuo. É por isso que, em situações sociais rotinizadas, raramente os atores são capazes ou sentem a necessidade, em resposta a perguntas que se fazem mutuamente no curso da atividade social, de justificar ou dar razões para comportamentos que são conformes às convenções.

Se a rotina é um aspecto tão importante na continuidade da reprodução social, podemos investigar as fontes e a natureza da mudança social nas sociedades industrializadas tentando indicar as condições em que o caráter rotinizado da interação social é mantido ou deslocado. A rotina é mais forte quando sancionada, santificada, pela tradição, quando o "tempo reversível" é invocado para ligar passado e presente na reprodução social. Embora a qualificação de "sociedade tradicional" possa muitas vezes ser usada como um guarda-chuva para abrigar todo tipo de sociedade ainda não substancialmente industrializada, é bem provável que a força da tradição seja maior nas sociedades menores e mais isoladas, de um tipo que hoje praticamente desapareceu do mundo. (A expressão "sociedade tradicional" pode ser duplamente equivocada, uma vez que a influência da tradição nunca evapora por completo, mesmo nas sociedades contemporâneas de maior mobilidade ou fluidez.)

A mudança, é claro, não está ausente mesmo das sociedades mais implacavelmente presas nas garras da tradição. Mas só duas formas amplas de mudança parecem ocorrer nessas sociedades. Um tipo pode ser chamado *incremental*: a mudança que ocorre como resultado não intencional da própria reprodução social. Talvez a mudança incremental prototípica seja a mudança linguística. Todo uso da língua é uma modificação potencial dessa língua, enquanto age para reproduzi-la. O exemplo da língua também mostra que a mudança incremental ocorre em toda espécie de sociedade. Pois, embora seja sem precedentes o índice de mutação nas línguas ocidentais desde o século XVIII[369], incluindo a proliferação de neologismos deliberadamente construídos, a maioria das mudanças linguísticas se dá apenas lentamente na medida em que afeta a organização geral da língua. À parte mudanças secretadas, pode-se presumir que todas as outras fontes de mudança nas sociedades frias dominadas pela tradição decorrem do impacto externo de influências que atuam para gerar desrotinização: os efeitos de transformações ecológicas agudas, de desastres naturais, ou o estabelecimento de relações de dependência ou conflito com sociedades de composição cultural diferente. Tal não é o caso com sociedades maiores nas quais já existe dominação setorial étnica ou de outro tipo. Seria um erro, no entanto, supor que isso simplesmente introduz novas fontes internas de potencial desrotinização através da influência de conflitos étnicos ou de classe, embora seja esse certamente o caso; pois também tende a coincidir com a ruptura de distinções fáceis entre o que é "interno" numa sociedade e o que é "externo" a ela – mesmo que seja necessário como nunca fazer essas distinções (como argumento a seguir).

Até aqui usei o termo "desrotinização" sem esclarecer seu sentido, o que é preciso fazer a fim de discutir problemas de mudança social nas sociedades industrializadas. Por "desrotinização" entendo qualquer influência que age contra a força da suposta segurança da interação cotidiana. A rotina está intimamente ligada à tradição no sentido de que a tradição "subscreve" a continuidade de práticas no decorrer do tempo. Quaisquer influências que corroam ou coloquem em questão práticas tradicionais levam consigo a probabilidade de acelerar a mudança. Mas podemos separar – ao menos para análise – três tipos de situações nas quais um conjunto existente de práticas tradicionais pode ser minado; podemos colocá-las em ordem crescente segundo o seu potencial para estimular a mudança social. Inicialmente, há as situações do tipo mencionado acima, que agem exteriormente sobre as sociedades frias. Nem o impacto de eventos naturais nem o choque com outras sociedades (se são do mesmo tipo) colocam em questão características gerais da tradição: certas práticas tradicionais são, em vez disso, substituídas por outras. Isso não é propriamente minar crenças e comportamentos tradicionais, mas substituir certas práticas tradicionais por outras práticas tradicionais. Não é o que ocorre com o segundo tipo de situação social que podemos distinguir, que é aquela em que surgem diferentes "interpretações" de normas estabelecidas: já indiquei a importância da alfabetização aí. O choque de interpretações diferentes da tradição já coloca em questão de certa forma o próprio domínio da tradição, mas apenas substituindo a "tradição" por "tradições"; isso, no entanto, é evidentemente um elemento básico para o surgimento de movimentos sociais com grande potencial transformador.

---

369. Cf. WILLIAMS, R. *Keywords*. Londres: Fontana, 1976.

O terceiro tipo de situação, que é realmente específico do mundo ocidental moderno, envolve o repúdio da tradição enquanto tal como forma de legitimação e é, por conseguinte, a fonte mais profunda de potencial desrotinização. Não é apenas uma questão de desencanto no sentido weberiano, por mais que esse desencanto possa contribuir para dissolver o predomínio da tradição. Sua expressão mais aguda está na ascendência da historicidade como uma forma de consciência histórica: a mobilização ativa de fatores sociais na busca de sua própria transformação. Seja qual for a natureza precisa da relação envolvida, não há dúvida de que o triunfo da historicidade nesse sentido acompanha a ascensão do capitalismo moderno[370]. A era do capitalismo moderno é a que marca o predomínio de dois tipos distintos de coletividade: a *organização* "legalmente racional" e o *movimento social secular*. Se dermos um sentido técnico especial a "organização", o termo pode ser usado em referência a coletividades resultantes de ou cuja forma foi fortemente influenciadas por inovação social consciente. O conceito weberiano de "rotinização", intimamente ligado à sua análise tanto da *traditionale Herrschaft* [norma tradicional] quanto da burocracia, pode ser um tanto equívoco nesse ponto. Pois, embora toda regulação burocrática seja inegavelmente uma forma maior de rotinização da conduta na sociedade contemporânea, essa ênfase pode nos tentar a esquecer até que ponto mesmo organizações fortemente burocratizadas são cronicamente inovadoras se comparadas a tipos de grupo ou comunidade mais tradicionais. Cabe um comentário bem semelhante à formulação de Weber sobre a natureza dos movimentos carismáticos. Embora, como utilizado por Weber, "carisma" capte adequadamente o potencial de desrotinização dos movimentos sociais, não é um termo particularmente útil para mostrar as diferenças entre movimentos que surgem no segundo nível de desrotinização descrito acima e os que são típicos da Idade Contemporânea.

Crítica dos modelos de mudança progressiva

Qualquer tentativa de compreender os parâmetros de mudança na Idade Moderna deve, naturalmente, reconhecer a importância básica do que referi anteriormente como extensão dos sistemas sociais no espaço e no tempo: a historicidade e a desrotinização são elementos essenciais dessa extensão. Consciência da história como uma progressão de mudança, não como reencenação constante da tradição, e a disponibilidade de "exemplares", em diferentes pontos no tempo ou no espaço, de processos de transformação em curso alteram fundamentalmente as condições gerais de reprodução social nas sociedades contemporâneas. Como diz E.H. Carr, "[u]ma razão pela qual a história se repete tão

---

370. Para uma visão bem diferente dessas questões e um uso diferente do termo "historicidade", cf. TOURAINE, A. *The Self-production of Society*.

raramente é que as *dramatis personae* [personagens]na segunda encenação têm conhecimento prévio do *dénouement* [desfecho]"[371] (ou, como coloca Marx, quem não aprende com a história ao repeti-la pode transformar tragédia em farsa).

Com essas considerações em mente, alguns comentários críticos podem ser feitos sobre concepções de mudança social até aqui dominantes em ciências sociais. Como tentei mostrar alhures[372], tais concepções foram em geral fortemente influenciadas pelo contexto em que se originaram: as transformações políticas e econômicas nas sociedades ocidentais europeias do final do século XVIII ao início do século XX. Tanto o marxismo clássico quanto o que a meu ver foi sua contrapartida no pensamento do século XIX, a teoria da sociedade industrial, foram profundamente influenciados por aspectos da experiência europeia que em parte se revelaram específicos dessa experiência e que hoje não têm mais a mesma relevância para processos de mudança. Os séculos XIX e XX na Europa Ocidental marcaram um período em que as revoluções política e econômica estiveram intimamente ligadas, com o desenvolvimento econômico figurando como condição estimuladora da transformação política. A transferência das massas populacionais de um ambiente agrário para um meio urbano industrial parece ter ocorrido como processo progressivo interno de estados-nações já estabelecidos. Nos escritos de Marx e de muitos pensadores liberais evoluídos há lacunas semelhantes: uma subestimação da importância do estado no desenvolvimento econômico e do poder militar como força de coerção, além de uma concentração em processos internos de mudança. Marx certamente apreciava o impacto histórico mundial do capitalismo ocidental, seu ímpeto incansável para a expansão e o efeito corrosivo que exerce sobre culturas tradicionais. Foi assim capaz de romper em parte com o que chamo de "modelo progressivo" de mudança social. Um modelo progressivo é um modelo que trata a mudança social como o desdobramento e *aparecimento progressivo de traços que um tipo específico de sociedade presumivelmente tem dentro de si desde o começo*. Tal concepção é especialmente clara entre os que pensaram a mudança social fazendo algum tipo de analogia biológica, com a "maturação" da sociedade sendo comparada ao crescimento de um organismo. No funcionalismo contemporâneo, em que saíram de moda as analogias biológicas diretas, os principais modelos progressivos focalizam tipicamente a diferenciação de funções: examina-se a mudança social como algo que envolve a diferenciação progressiva das instituições. Tais concepções, em contraposição à de Marx e dos marxistas, tendem a ver o desenvolvimento social como um processo unificado, com a diferenciação das instituições ocorrendo de forma coordenada como partes de um corpo em crescimento.

---

371. CARR, E.H. *A History of Soviet Russia*. Vol. I. Londres: Macmillan, 1969, p. 88.

372. *Studies in Social and Political Theory*, p. 14ss. • "Classical social theory and the origins of modern sociology". *American Journal of Sociology*.

Rejeitar um modelo progressivo de mudança não requer em absoluto, como argumenta Nisbet[373], o abandono de termos como "desenvolvimento". Muito menos implica, quando falamos do mundo contemporâneo, tomar a posição (como faz Nisbet, seguindo Teggart) de que mudança social de alguma importância resulta apenas da intromissão de "eventos externos" nas culturas ou sociedades. Tal é o caso mais ou menos em sociedades nas quais a tradição é dominante na reprodução social, embora mesmo aí possamos reconhecer a influência da mudança incremental. Mas claramente deixa de ser assim quando a historicidade e a desrotinização avançaram muito. O capitalismo industrial não apenas desloca e absorve outras formas sociais, ele opera através da mutação econômica e da inovação tecnológica crônicas, que certamente estão no coração dessa "expansão incansável" identificada por Marx e cujas origens ele diagnosticou no processo de acumulação. Se os modelos progressivos se concentram em influências endógenas nas sociedades ou tipos de sociedade postulados, é provável que interpretações "exógenas" como a de Nisbet ainda tratem as sociedades, estranhamente, como sistemas fechados em si mesmos (até serem perturbados por influência externa) e, também, deixem sem explicação as fontes de "intromissão externa" em que colocam toda a ênfase. Os eventos ou episódios que Nisbet menciona como fenômenos externos – "invasões, migrações, abertura de novas rotas comerciais, explorações" – são todos obviamente "internos" se considerarmos as sociedades em que se originam e não aquelas sobre as quais têm impacto.

Essas impropriedades conceituais provavelmente decorrem de duas fontes. Uma é a tendência de tratar cada sociedade como um todo unificado: nisso e também na tendência de encará-la como um sistema fechado, as concepções exógenas assemelham-se aos modelos progressivos a que se opõem em outros aspectos[374]. Se, no entanto, considerarmos que as sociedades envolvem relações de autonomia e dependência entre grupos que existem sob várias formas de conflito e tensão entre si, podemos reconhecer divisões "dentro" que podem ser em certos aspectos tão acentuadas quanto as que separam o que está "fora". A segunda impropriedade é uma expressão de algo que assinalei anteriormente: o fato de não se teorizar o espaço como integrante da análise social. As palavras "dentro" e "fora" são obviamente de caráter espacial, mas geralmente aplicadas na literatura apenas de um modo vago e, em certo sentido, de maneira mais metafórica do que o necessário. Todos os episódios mencionados acima na citação de Nisbet envolvem transição no espaço físico; seus promotores vêm de fora da sociedade ou sociedades afetadas por seu impacto, num sentido claramente espacial da

---

373. Cf. as críticas de Nisbet às metáforas sobre crescimento, ligadas à "causação imanente, continuidade, diferenciação, necessidade e uniformitarismo [sic]" (NISBET, R.A. Social Change and History. Nova York: Oxford University Press, 1969, p. 251 et passim).

374. Para uma discussão relevante, cf. MARTINS, H. "Time and theory in sociology". In: REX, J. Approaches to Sociology. Londres: Routledge, 1974.

palavra "fora" (embora se deva notar que a maioria deles pode também ocorrer "dentro"). Tais episódios sempre envolvem, portanto, movimentos de grupos ou populações de um lugar para outro: se reconhecermos os atributos espaciais dessas "intromissões externas", provavelmente não focaremos apenas o "resultado final" de seu impacto, mas os veremos, para adaptar uma frase de Hägerstrand, *como rotas espaço-temporais que envolvem antes coletividades que indivíduos.*

Mas há talvez um aspecto mais importante nesse segundo ponto – pelo menos em relação ao mundo contemporâneo – que é a importância do controle do espaço territorial, fixo e determinado, pelo Estado-nação. Na maioria dos textos sociológicos é bem claro o uso de "sociedade" como equivalente de Estado-nação. O que justifica isso e torna necessário que se continue a falar do que acontece "dentro" e "fora" das sociedades é a coincidência das fronteiras territoriais com a centralização administrativa. Uma sociedade industrializada não é um todo unificado no sentido que pressupõem os modelos progressivos, mas têm fronteiras definidas que conjugam o social e o espacial dentro do sistema político-militar do Estado-nação.

Mudança social na sociedade contemporânea

Uma abordagem satisfatória dos problemas de mudança social na sociedade contemporânea tem que dar proeminência às seguintes noções[375]:

1) Relações de autonomia e dependência entre sociedades ou estados-nações. Em nível abstrato, trata-se simplesmente de uma maior generalização do que defini como característico de todos os sistemas sociais, que é serem constituídos por relações regularizadas de autonomia e dependência (relações de poder). Se reconhecermos que a territorialidade do Estado-nação é a base mais importante para se separar as fontes de mudança em endógenas e exógenas, não há dificuldade em admitir que, ao mesmo tempo, há relações de autonomia e dependência que escapam às suas garras: coletividades nominalmente internas aos estados que são talvez mais fortemente integradas em redes transnacionais (o exemplo contemporâneo mais importante é o das gigantescas empresas multinacionais).

Em nível mais substancial, relações de autonomia e dependência entre nações-estados têm que ser entendidas no contexto da formação da economia capitalista mundial. Em *The Class Structure of the Advanced Societies* argumentei que a estrutura de classe das sociedades industriais capitalistas expressa um alinhamento definido entre economia e política no qual (de várias maneiras possíveis e diferentes segundo situações específicas) os aspectos principais da organização econômica são mantidos "isolados" das operações políticas e

---

375. *Studies in Social and Political Theory*, p. 19-20.

vice-versa[376]. Acho plausível afirmar que a contrapartida disso nas relações internacionais da economia mundial e um dos seus pilares nada secundários é a existência de formas similares de "isolamento" *que operam tanto externa quanto internamente*. Essa é na verdade a ideia principal da interpretação de Wallerstein para a ascensão da economia mundial europeia a partir do final do século XV. Ele argumenta que a economia mundial iniciada pelo advento e expansão do capitalismo ocidental difere de maneira fundamental da economia dos impérios anteriores. Nesses, as ligações entre a metrópole e as regiões subordinadas eram primordialmente políticas, com as relações econômicas sendo administradas por uma burocracia coletora de impostos. Na economia capitalista mundial, as ligações amplas são primordialmente econômicas, enquanto as decisões políticas são em grande parte confinadas às áreas em que o Estado-nação tem monopólio do controle legal e controle dos meios de violência. Nas palavras de Wallerstein, "o capitalismo como modo econômico baseia-se no fato de que os fatores econômicos operam em uma arena mais ampla do que qualquer sociedade política pode controlar totalmente"[377]. Essa tese pode ser aceita sem que concordemos inteiramente com a análise de Wallerstein, pois, assim como Nisbet mas numa veia bem diferente, ele tende a exagerar a influência da organização exterior da economia mundial em detrimento dos componentes "internos" do processo de acumulação capitalista[378].

Devemos assinalar também que não vivemos hoje apenas em uma *economia mundial*, mas em uma *ordem militar mundial*, no sentido de que o equilíbrio do poder militar entre os dois blocos dominantes – e as várias formas de assistência militar direta ou encoberta a estados estabelecidos e movimentos insurgentes – tem grande influência nas mudanças em todas as partes do globo.

2) O desenvolvimento desigual de diferentes setores ou regiões dos sistemas sociais. Esse é outro sentido no qual podemos investigar os caminhos do desenvolvimento, tanto dentro dos estados-nações quanto nas relações de autonomia e dependência entre eles. Como assinalei antes, o predomínio de modelos de mudança progressivos em teoria social expressa em parte peculiaridades do desenvolvimento das sociedades ocidentais europeias no século XIX, especialmente a britânica. Os elementos de um modelo progressivo discerníveis em Marx (o surgimento progressivo de condições favoráveis à mudança revolucionária pela concentração de grandes massas de trabalhadores em fábricas e nas cidades, a relativa emancipação de um proletariado em plena expansão e a formação de sindicatos operários atuantes e associações políticas destinadas finalmente a assumir o poder político) também se baseiam fortemente no exemplo britânico

---

376. *The Class Structure of the Advanced Societies*.

377. WALLERSTEIN, I. *The Modern World-system*. Nova York: Academic Press, 1974, p. 348.

378. Para uma crítica nessa linha, cf. BRENNER, R. "The origins of capitalist development: a critique of neo-Smithian Marxism". *New Left Review*, n. 104, jul.-ago./1977.

ou numa interpretação dele. Mas Marx tinha também uma "segunda teoria da revolução", não sem ligação com a primeira mas conciliada a ela apenas de forma ambígua[379], que antecipa uma concepção do desenvolvimento desigual mais tarde ampliada por Trotsky e Lênin. Essa "segunda teoria" envolve a ideia de que as condições iniciais para a transformação revolucionária são encontradas na conjunção entre atraso e avanço: o tipo de situação explosiva que para Marx existiu na Alemanha do final da década de 1840 e na Rússia uns trinta anos depois. Mas o desenvolvimento desigual não se limita, claro, a essas situações dramáticas, embora não possa haver dúvida de que concepções de desenvolvimento desigual são básicas para explicar a ocorrência de revolução política nos tempos modernos, tanto no que diz respeito ao desenvolvimento interno dos estados-nações quanto, em nível global, ao confronto entre as sociedades industriais avançadas e o "Terceiro Mundo".

Em cada um desses níveis uma concepção de desenvolvimento desigual pode ser expressa em termos espaço-temporais, porque a noção implica índices diferenciados de mudança na política e na economia e, também, sua localização em diferentes regiões. Falar de "regiões", mais ou menos no sentido corriqueiro, parece à primeira vista de pouca importância em teoria social, por ser um termo tão comum e genérico. Mas já assinalei sua utilidade na interação face a face e pode também ser aplicado em escala mais ampla. Pode-se argumentar que há três divisões básicas na cisão e na união no mundo de hoje: *classe, diferenças étnicas e reivindicações territoriais*. Cada uma tende à regionalização no tempo e no espaço. Anteriormente mencionei que as divisões de classe são caracteristicamente regionalizadas: em amplos setores regionais e na distribuição dos bairros em áreas urbanas. Mas as regiões nas sociedades também têm muitas vezes uma significação cultural ou étnica que pode transpor ou reforçar as divisões de classe. Nas relações entre nações-estados, a influência de diferenças regionais de desenvolvimento é expressa no fato de que o termo "Ocidente" – não obstante o Japão – pode ser usado mais ou menos como equivalente a "sociedades capitalistas avançadas". O predomínio de modelos de mudança progressiva, como sugeri, reflete um etnocentrismo generalizado a partir (de interpretações suspeitas) do domínio político, militar e econômico alcançado pelo Ocidente sobre o resto do mundo. É significativo que ideias que ligam diretamente as relações de autonomia e dependência ao desenvolvimento regional desigual tenham em grande parte surgido em áreas submetidas ao domínio ocidental. Algumas dessas ideias nascidas na periferia permaneceram na periferia da teoria social como um todo, mas deveriam ser trazidas ao seu centro. O conceito de colonialismo interno, por exemplo, proposto por Casanova, tem sido muito criticado, mas corrigido de forma adequada pode ser esclarecedor, quer aplicado às sociedades industrializadas ou a outras. Além disso, podemos ver facilmente que o interesse em ligar relações de autonomia e depen-

---

379. Cf. *The Class Structure of the Advanced Societies*, p. 38-40.

dência nacionais ao desenvolvimento desigual não deveria limitar-se aos laços entre sociedades economicamente avançadas e sociedades "subdesenvolvidas". A título ilustrativo podemos mencionar o caso de países mediterrâneos como Espanha ou Grécia, que não são "subdesenvolvidos" no sentido usual da palavra nem plenamente industrializados como seus vizinhos do Norte. Algumas de suas características se devem à proximidade espacial dos centros metropolitanos do capitalismo avançado, que têm sobre esses países um impacto direto ausente das sociedades mais remotas em relação a esses centros.

3) Fases críticas de mudança social radical, nas quais é transformado o alinhamento das principais instituições de uma sociedade, envolvendo ou não processos de revolução política. É um ponto metodológico e substancial. Tem aspectos metodológicos no sentido de indicar a importância da teoria da mudança social em estudos que alguns autores classificam de episódicos, enfocando sequências de mudança de duração média, mas com consequências de longo alcance para a sociedade ou região envolvida[380]. Quatro tipos de episódios, que podem se combinar de variadas maneiras, são óbvia e obstinadamente significativos no mundo moderno: (a) processos acelerados de industrialização ou seu início; (b) revolução política, entendida não apenas como os eventos imediatos à conquista ou mudança de poder, mas estendendo-se por um período de "circunstâncias precipitantes" anterior à tomada revolucionária do poder e de reorganização social pós-revolucionária; (c) processos de decadência ou ruptura institucional produzida pelo choque de culturas tradicionais com o imperialismo econômico das sociedades avançadas; (d) processos de decadência ou ruptura institucional produzida pelos efeitos da guerra.

Analisado de modo mais substancial, esse ponto faz referência a dicotomias entre o tradicional e o moderno que caracterizaram modelos de mudança progressiva. Essas concepções dicotômicas dominaram o pensamento do século XIX, com variadas formulações: por exemplo, *status versus* contrato, *Gemeinschaft versus Gesellschaft* [comunidade *versus* empresa], solidariedade mecânica *versus* solidariedade orgânica. Mas sua influência perdurou século XX adentro, apesar de inúmeras objeções críticas registradas contra elas. Uma marca da ascendência de longo alcance que tiveram na teoria social é o fato de que Parsons fez da distinção *Gemeinschaft/Gesellschaft* a base de suas "variáveis padrão" – assim transformando um contraste fundado em traços específicos do desenvolvimento europeu no século XIX em um conjunto de características supostamente universais de todas as formas de sociedade humana.

Concepções dicotômicas dessa espécie não deixam necessariamente de ser esclarecedoras: suas falhas derivam na verdade da associação com modelos progressivos e de certos pressupostos que ela traz com frequência em seu bojo. Dois

---

380. GELLNER, E. *Thought and Change.*

desses pressupostos, muitas vezes implícitos e não explicitamente declarados, merecem a nossa atenção[381]: o de que o caráter institucional de uma sociedade é determinado sobretudo por seu nível de avanço tecnológico ou econômico e o de que, portanto, a sociedade ou sociedades mais desenvolvidas economicamente em determinado momento qualquer (não importa como se defina "mais desenvolvidas economicamente") mostram às outras sociedades, no presente, a imagem delas no futuro. A Grã-Bretanha foi vista muitas vezes no século XIX como um caso típico, mas no século XX, pelo menos em teorias sociopolíticas não marxistas, foi substituída nesse papel pelos Estados Unidos.

Críticos dos contrastes dicotômicos têm falado, porém, em vez disso, em várias "mesclas" possíveis de tradição e modernidade em sociedades específicas. Se é útil que seja assim desviada a atenção de modelos progressivos para noções de dependência e desenvolvimento desigual, quero defender que o reconhecimento da importância de "fases críticas" de mudança pode acrescentar algo mais. Pois é possível dizer que nas fases críticas ocorre entre as instituições uma espécie de "soldadura por pontos" que cria formas de integração passíveis de em seguida se tornar resistentes a novas mudanças. Uma teoria das fases críticas pode, assim, em princípio, ser aplicada para dar conta tanto de aspectos genéricos dos episódios quanto das formas como se estabelecem diferenças entre sociedades em níveis semelhantes de desenvolvimento econômico. Discuti em outra parte como isso pode ser aplicado para esclarecer certas diferenças crônicas observáveis em termos de consciência de classe, conflito industrial e movimento operário entre Estados Unidos, Grã-Bretanha e França[382].

4) Uma ideia de mudança tipo "pula-carniça", segundo a qual o que "avança" em certas circunstâncias pode inibir outros saltos mais tarde, ao passo que o que fica "para trás" em determinado ponto pode depois se tornar uma base propícia para o avanço rápido. Este quarto ponto está na verdade implícito nos outros três e a primeira parte do teorema pode ser bem ilustrada pela análise das mudanças que ocorreram na Grã-Bretanha nos últimos 150 anos. O Reino Unido alcançou sua posição de liderança do meio para o fim do século XIX substancialmente em parte porque foi a "primeira sociedade industrial", capaz também de explorar os frutos das possessões imperiais em todo o mundo. Mas hoje, num estágio pós-imperial, os remanescentes do desenvolvimento inicial da indústria britânica reduzem sua capacidade de alcançar as metas preferenciais de um rápido crescimento econômico, se compararmos a Grã-Bretanha a sociedades que se industrializaram mais tarde e em diferentes circunstâncias internas e externas. O efeito pula-carniça pode, no entanto, aplicar-se igualmente em relação a imperativos tecnológicos, mais limitados, como a episódios mais amplos de mudança social.

---

381. *The Class Structure of the Advanced Societies*, p. 19-22 *et passim*.
382. Ibid., p. 211ss.

O efeito pula-carniça chama nossa atenção de volta à historicidade – ou à consciência da história como aspecto fundamental da história moderna – em sociedades nas quais as fontes da desrotinização são múltiplas. Pois os processos de mudança tipo pula-carniça envolvem a consciência de que alguns eventos do passado não precisam ser repetidos no futuro, de que *mundos possíveis evitáveis* são a outra face de futuras condições sociais pelas quais batalhar.

As ciências sociais e a história: algumas observações

Ao concluir este trabalho, algumas observações podem ser feitas, as quais não tentarei defender em detalhe, sobre as relações entre história – enquanto relato escrito – e as ciências sociais. Não é incomum alegar-se, como parte de uma reação às filosofias positivistas nas ciências sociais, que a sociologia deveria se tornar ou ser encarada como de caráter "histórico". Mas dito assim, sem rodeios, isso significa muito pouco numa época em que os historiadores estão se tornando mais "sociológicos" e quando questões básicas sobre a natureza da investigação histórica são contestadas como nunca. Como alegação mínima pode-se dizer que aquilo que a história é ou deveria ser não se pode analisar separadamente do que são ou deveriam ser as ciências sociais. Mas eu deveria me propor ir além disso. *Simplesmente não há distinções lógicas ou mesmo metodológicas entre as ciências sociais e a história, propriamente consideradas.*

Falando das relações entre ciência social e história, Braudel escreve: "Por *estruturas* os observadores sociais entendem uma organização, coerência, relações relativamente fixas entre realidades e grupos sociais. Para nós, historiadores, uma estrutura é sem dúvida fabricação, arquitetura, porém, mais do que isso, é uma realidade que o tempo só corrói lentamente..."[383]. Essa, no entanto, é uma versão da distinção entre sistema e estrutura: se o uso que Braudel faz de "estrutura" não é o mesmo que eu faço, diz respeito de qualquer forma à "ligação" com o tempo que venho ressaltando neste livro.

A concepção de Braudel sobre a preocupação da história com a *longue durée* encontra, naturalmente, poucos ecos entre os historiadores anglo-saxões e é ainda mais distante dos exemplos históricos que os filósofos normalmente discutem. As questões de maior destaque recente na filosofia da história do mundo anglófono são as suscitadas pelo debate entre Hempel e Dray. Não abordarei essas questões aqui, mas quero apontar alguns problemas que receberam pouca atenção dos dois participantes da controvérsia.

Vale a pena notar que esse debate se colocou de modo bem similar aos que opuseram positivistas e antipositivistas em ciências sociais. Ou seja, os principais problemas em questão diziam respeito a interpretações das ações humanas

---

383. BRAUDEL, F. *Écrits sur l'histoire*. Paris: Flammarion, 1969, p. 50.

segundo as razões apresentadas pelos agentes *versus* interpretações segundo leis universais com a mesma forma lógica das leis das ciências naturais. Mas, seja lá o que possa ter surgido da controvérsia, ela não esclareceu várias questões chave que são levantadas ao se tentar explicar a conduta humana. Primeiro, os termos em que Dray ajudou a enquadrar o debate referem-se explicitamente ao que chama de "ações de agentes individuais". Ele admite que "as ações individuais, enquanto tais, estão abaixo do limiar de interesse adequado, pois só entram na história na medida em que têm 'importância societária'"[384]. Mas não discute como definir "importância societária" (termo que tomou emprestado a Mandelbaum) nem por que seria legítimo considerar a explanação histórica sob esse aspecto limitado. Por conseguinte, Dray ignora algumas importantes questões levantadas por sua posição. Não basta afirmar que as razões dos agentes ou a "razoabilidade da ação de um agente" são de interesse vital para a história, por mais razoável que possa ser essa afirmação. Pois isso evita questões sobre como a razoabilidade do comportamento ou o que chamei de "racionalização da ação" se liga a outros aspectos centrais da vida social, quais sejam, outras características dos agentes além de suas razões para determinada conduta, e às consequências não intencionais de seu comportamento intencional.

Segundo, embora a controvérsia se ocupe da relação entre racionalização da ação e leis do comportamento humano, em nenhum momento do debate *essa relação é considerada ela mesma como uma questão histórica*, que diz respeito ao tipo de conhecimento que os seres humanos têm das condições de sua ação. As razões que têm os atores para seus atos, ou seja, as maneiras como o monitoramento reflexivo da conduta se ligam à sua racionalização, *incluem* "generalizações" ou "leis", as quais, expressas ou não de forma causal, não estão de modo algum sob controle exclusivo dos observadores da história ou da sociedade.

Em terceiro lugar, todas essas leis são elas próprias "históricas", no sentido de que estão submetidas a parâmetros específicos de reprodução social, que envolvem determinados alinhamentos de consequências intencionais e não intencionais da ação[385] (embora haja, claro, leis naturais de tipo universal que afetam os limites e possibilidades técnicas da atividade humana). Dizer que as leis sociológicas são "históricas" é afirmar que as relações que expressam são em princípio instáveis à luz de alterações nas condições de racionalização da ação: tais alterações incluem a internalização das próprias leis. Considere-se um exemplo que figura no debate Hempel-Dray (embora efetivamente introduzido na controvérsia por outros atores)[386]: a generalização de que "[n]os combates

---

384. DRAY, W. "The historical explanation of actions reconsidered". In: HOOK, S. *Philosophy and History*: A Symposium. Nova York: New York University Press, 1963, p. 105.

385. *New Rules of Sociological Method*, p. 153-154 *et passim*.

386. RESCHER, N. & HELMER, O. "On the epistemology of the inexact sciences". *Management Science*, vol. 4, 1959.

marítimos, de 1653 a 1805, grandes esquadras eram inconvenientes demais para ser efetivamente controladas", apresentada como importante para explicar a derrota de Villeneuve em Trafalgar. Pode-se observar quanto a isso que: (a) leis naturais estão seguramente envolvidas nas "limitações técnicas" da guerra no século XVII, mas como condições restritivas das atividades que de fato ocorriam; (b) a inconveniência de grandes esquadras pode ter feito diferença considerável na decisão de Nelson de entrar em combate e nas razões que teve para tentar conduzir de certa maneira o curso da batalha, quer soubesse ou não da generalização em questão – e de certo seu conhecimento ou não disso é importante para estabelecer a natureza do seu raciocínio; e (c) é provável que o conhecimento dessa generalização pelos oficiais tenha sido um dos fatores que levaram a mudanças subsequentes na forma e na tática das batalhas navais.

Em quarto e último lugar, embora a controvérsia Hempel-Dray seja toda acerca da explicação histórica e os dois participantes reconheçam que não pode haver uma única forma lógica de explicação em história, não se dá atenção suficiente ao caráter contextual das investigações e seus resultados. O objetivo de uma explicação, como diz corretamente Dray, "é resolver algum tipo de charada"; e acrescenta: "Quando um historiador pretende explicar uma ação histórica, seu problema geralmente é que não sabe a razão que teve o agente para praticá-la"[387]. Mas essa é apenas uma dentre várias outras fontes de perplexidade que geram a pergunta "por que?" – ainda que se suponha que a principal tarefa da explicação histórica seja entender determinados atos de indivíduos específicos. Dray, naturalmente, admite que história é muito mais do que a interpretação de "ações históricas", mas é preciso simplesmente observar como essa formulação é restritiva e artificial.

---

387. DRAY, W. "The historical explanation of actions reconsidered", p. 108.

7
Perspectivas da teoria social hoje

Neste trabalho conclusivo tentarei situar no contexto de uma análise geral das perspectivas atuais da teoria social algumas das questões discutidas anteriormente no livro. O ponto de partida lógico dessa análise é a situação de desordem que caracteriza a teoria social hoje – cuja consciência é comum a todos que trabalham em ciências sociais. Mais ou menos nos últimos dez anos viu-se o renascimento de formas tradicionalmente estabelecidas da teoria (como a hermenêutica), o surgimento de perspectivas aparentemente novas (em especial a etnometodologia) e uma tentativa de incorporação à teoria social de várias abordagens supostamente decorrentes de esforços filosóficos antes separados (a filosofia final de Wittgenstein, a filosofia da linguagem comum e a fenomenologia). A essas podemos acrescentar o importante ressurgimento da teoria marxista. Esta, no entanto, não pode sempre ser claramente distinguida de tendências não marxistas da ciência social, uma vez que as mesmas divisões aparecem, ainda que de forma bem diferente, dentro do próprio marxismo: os contrastes entre vários tipos de "marxismo fenomenológico", "teoria crítica", "estruturalismo marxista" etc. são muitas vezes tão pronunciados quanto os que existem fora do marxismo.

Temos que reconhecer, no entanto, que ainda há "sociologias nacionais" bem distintas – ou, mais precisamente, tradições intelectuais associadas a grandes comunidades linguísticas, como a inglesa, a francesa e a alemã. O grau de proeminência dos diferentes parâmetros teóricos indicados acima varia entre essas comunidades e minhas observações neste ensaio serão primordialmente sobre a ciência social no mundo de língua inglesa.

O consenso ortodoxo

As razões imediatas da desordem teórica na sociologia de língua inglesa podem ser discernidas bem facilmente. Do pós-guerra até pelo menos o final da década de 1960 houve como um consenso que sustentou o "meio-campo" da sociologia. Não era, na verdade, um consenso absoluto, mas dava o foco do debate tanto para os que o apoiavam quanto para os seus críticos. Esse consenso envolvia, ao menos a meu juízo, duas vertentes interligadas, conjuntos de ideias cujos antecedentes podem ser rastreados século XIX adentro, mas reelaboradas em novas formas nas décadas de 1950 e 1960. A primeira refere-se ao que chamei genericamente de teoria da sociedade industrial[388]. Os que contribuíram para essa teoria – autores como Lipset, Bell e Parsons nos Estados Unidos, Aron e Dahrendorf na Europa – defenderam uma gama de concepções bastante semelhantes. Optando por um contraste bipolar entre a "sociedade tradicional" e a "sociedade industrial", concluíram que nenhuma forma de sociedade socialista poderia ser caracteristicamente diferente de uma sociedade capitalista; socialismo e capitalismo são, no máximo, meramente dois subtipos parcialmente distintos de sociedade industrial. Esses autores sustentaram a visão de que, com a maturidade da ordem industrial, o conflito de classes perde seu potencial transformador. Concordaram com Durkheim[389] que intensas lutas de classe são características das tensões criadas na fase inicial de desenvolvimento da sociedade industrial; uma vez reguladas normativamente as relações de classe, o conflito acomoda-se à ordem existente. A "institucionalização do conflito de classe", significando a regulação normativa das lutas de classe e ao mesmo tempo seu confinamento às esferas separadas da negociação industrial e da mobilização política, também supostamente acarretaria o fim da ideologia: o marxismo e outras formas de pensamento socialista radical eram considerados expressões ideológicas das mesmas tensões que produziram intensos conflitos de classe nos estágios iniciais de formação da sociedade industrial.

Essas ideias, desenvolvidas num contexto político de liberalismo progressista, durante uma fase de crescimento econômico relativamente estável do capitalismo ocidental, parecem agora quase arcaicas após um período de conflito político e econômico intensificado. Podem mesmo ser interpretadas agora como ilustração preventiva dos perigos da generalização excessiva em análise social: um período de pouco mais de uma década foi tomado como evidência para as asserções e projeções mais genéricas sobre tendências profundamente enraizadas na "sociedade industrial". (A natureza salutar dessa lição não deve ser ignorada por aqueles propensos a tratar oscilações no suave crescimento atual das economias ocidentais como base para retomar um marxismo ortodoxo de tipo dogmático.) A teoria da sociedade industrial provavelmente perdeu hoje a maior parte da adesão de que desfrutou outrora entre os sociólogos e os cientistas políticos: mesmo alguns dos seus defensores mais entusiasmados reviram as posições que tinham anteriormente.

Uma vez que a teoria da sociedade industrial, tal como elaborada nos anos 1950 e 1960, estava intimamente ligada a certas interpretações das mudanças políticas e econômicas no Ocidente no imediato pós-guerra, algumas de suas deficiências podem ser bem facilmente identificadas à luz dos desdobramen-

---

388. *Studies in Social and Political Theory*, p. 14-20. • "Classical social theory and the origins of modern sociology". *American Journal of Sociology*, vol. 81, 1976.

389. Cf. o meu *Durkheim* (Londres: Fontana, 1978, p. 21-33).

tos subsequentes nas sociedades capitalistas avançadas. (Pode-se tomar como ilustração a expansão por atacado da educação superior, que só há alguns anos virou uma tendência a longo prazo profundamente entranhada na "sociedade industrial"[390].) Tal não é o caso com a outra vertente do antigo consenso em sociologia, de caráter mais abstrato e envolvendo uma avaliação geral da forma lógica e prováveis êxitos das ciências sociais. Podemos distinguir por sua vez duas características dessa segunda vertente da sociologia ortodoxa ou tradicional: o predomínio do *funcionalismo* e do *naturalismo*. São essas perspectivas que vão me ocupar neste ensaio.

Cada uma dessas características esteve longamente associada à teoria da sociedade industrial: as escolas de pensamento que vão de Comte e Durkheim à moderna sociologia americana, passando por Parsons, foram de importância primordial em sustentar essa conexão. O pensamento funcionalista, sempre fortemente associado aos modelos de mudança progressiva baseados em metáforas de crescimento ou evolução biológicos, tem se mostrado em geral bem de acordo com o lema "ordem e progresso", motivo comteano ecoado de uma forma ou de outra por todos os defensores da teoria da sociedade industrial[391]. O "funcionalismo", claro, é apenas um corpo de doutrinas frouxamente interligadas. Várias versões relacionadas foram desenvolvidas neste século: o "funcionalismo antropológico" de Radcliffe-Brown e Malinowski, o "funcionalismo normativo" de Parsons e o "funcionalismo de conflito" de Merton. Não é importante aqui tentar uma caracterização direta dos traços principais do pensamento funcionalista. Mas vale a pena ressaltar que o funcionalismo tem sido normalmente associado à ideia de que a biologia fornece um modelo aproximado para a sociologia, pois se alega que ambas as disciplinas tratam de sistemas e não de agregados. Tentei mostrar em outra parte que modelos de sistemas biológicos, especialmente os que se ligam à noção de homeostase, não bastam para esclarecer algumas das questões chaves levantadas pela análise de sistemas sociais[392]. Isso também foi em certo sentido reconhecido por Parsons, que nos seus escritos mais recentes voltou-se para modelos cibernéticos de controle de informação[393].

De Comte e Durkheim à moderna sociologia americana, o funcionalismo tem sido intimamente ligado a uma visão naturalista em filosofia social, se entendermos naturalismo como a tese de que os arcabouços lógicos das ciências natu-

---

390. Cf. KARABEL, J. & HALSEY, A.H. *Power and Ideology in Education*. Nova York: Oxford University Press, 1977.

391. É um erro, como tentei mostrar em outro texto, associar o funcionalismo sobretudo a posições políticas conservadoras ("Four myths in the history of social thought". In: *Studies in Social and Political Theory*).

392. Cf. "Functionalism: après la lutte". In: *Studies in Social and Political Theory*.

393. Para as visões de Parsons sobre cibernética, cf. "The relations between biological and social-cultural theory" e outros textos em PARSONS, T. *Social Systems and the Evolution of Action Theory*. Nova York: Free Press, 1977.

rais e das ciências sociais são essencialmente os mesmos. Nenhuma interpretação dessa perspectiva é mais abrangente do que a formulada por Comte. E quero apontar pelo menos um importante resquício da posição comteana que se manteve parte integrante da sociologia que dominou no período posterior à Segunda Guerra. A "hierarquia das ciências" foi proposta por Comte para ser aplicada tanto analítica quanto historicamente. Quer dizer, fornecia uma exposição lógica das relações entre as ciências, inclusive entre biologia e sociologia: cada ciência depende das que estão abaixo dela na hierarquia e, no entanto, tem ao mesmo tempo sua própria esfera factual de investigação rigorosamente autônoma (noção que posteriormente seria reiterada por Durkheim). Mas se entendida lateralmente e não de forma horizontal, a hierarquia das ciências propiciava uma compreensão histórica da evolução do desenvolvimento científico – em combinação, claro, com a "lei dos três estágios". A ciência desenvolve-se primeiro em relação aos objetos e eventos mais afastados do envolvimento e controle humanos. A matemática e a física são, portanto, os primeiros campos estabelecidos com base científica; a história subsequente da ciência é a história de uma aproximação cada vez maior da própria sociedade humana. A conduta humana é mais refratária ao entendimento científico porque o mais difícil de tudo para os seres humanos é observar sua própria conduta cientificamente. A sociologia, assim, é a última ciência a surgir. Mas o significativo nessa concepção geral é que ela vincula uma formulação naturalista da lógica em sociologia *a um registro de seu caráter juvenil se comparada às ciências naturais*. A sociologia "chega atrasada", extensão final do espírito positivista à explicação da conduta social humana.

A noção de juventude aplicada à sociologia em comparação à biologia e especialmente à física e à química sobreviveu como elemento significativo do consenso dominante. Sua importância é precisamente ligar supostos aspectos lógicos da ciência social a uma percepção própria específica da história da disciplina. Se parece haver certas diferenças entre as ciências naturais e as ciências sociais em questões como a definição de um conjunto de leis de caráter universal formuladas com precisão, essas diferenças podem ser explicadas como resultantes do tempo relativamente curto transcorrido desde que a sociologia se estabeleceu em bases científicas. A tese do naturalismo é sustentada pelo pressuposto de uma defasagem entre os respectivos desenvolvimentos das ciências naturais e sociais.

As décadas de 1950 e 1960 viram uma união parcial, especialmente na sociologia americana, do funcionalismo com filosofias positivistas da ciência, tais como formuladas por Carnap, Hempel, Nagel e outros. Essa junção criou um meio importante para formular a perspectiva naturalista do consenso ortodoxo. Muitos sociólogos abraçaram essas filosofias positivistas, que eram essencialmente formas liberalizadas de empirismo lógico[394], com um fervor que os cegou

---

394. Cf. "Positivism and its critics", ibid., p. 44-57.

para o fato de que a visão de ciência do empirista lógico é apenas uma filosofia da ciência dentre outras possíveis. A filosofia da ciência do empirista lógico veio a ser vista simplesmente como o que a ciência natural *é* e o que a sociologia deveria ser. Se os filósofos empiristas, por seu lado, tiveram menos pressa em consumar a união e eram na maioria céticos sobre a lógica do funcionalismo, mesmo assim acabaram aceitando que a análise funcional, partilhada pela biologia e a ciência social, poderia se conformar às exigências do método científico[395].

Dilemas atuais

A dissolução do consenso ortodoxo foi seguida por uma Babel de teorizações que clamam atualmente por atenção. Podemos distinguir três reações predominantes ao cenário de aparente desorientação da teoria social. A primeira é uma reação de desespero ou desilusão. Há alguns propensos a argumentar, uma vez que aqueles que se ocupam dos problemas mais abstratos da teoria social não conseguem concordar sequer sobre os pressupostos básicos para o estudo da conduta social humana, que tais problemas podem ser efetivamente ignorados com a prática continuada da pesquisa social. Alega-se que muitas questões tratadas como de "teoria social" são na verdade mais de caráter filosófico que sociológico: as querelas dos "teóricos sociais" podem, portanto, ser ignoradas em prol da concentração no fazer da pesquisa social. Mas essa posição não resiste a exame mais detido. Bem ao contrário do caráter insustentável da concepção positivista segundo a qual questões de filosofia podem ser claramente distinguidas do corpo principal da teoria social, devemos insistir que as considerações teóricas não podem deixar de ter um potencial de impacto mesmo sobre os tipos mais puramente "empíricos" de investigação social. Uma segunda reação pode ser descrita como a busca de segurança a qualquer custo: um retorno ao dogmatismo. Este é certamente o caso de alguns que voltaram a posições marxistas ortodoxas. Em certos sentidos tais posições partilham claramente perspectivas semelhantes ao consenso de outrora na sociologia dominante; e são igualmente estéreis quando confrontados a questões levantadas por outras posições teóricas.

A terceira resposta à desordem teórica das ciências sociais hoje é quase exatamente o oposto da primeira. Em vez de desespero, é uma reação de júbilo: a diversidade de perspectivas teóricas é bem-vinda como testemunho da fecundidade intrínseca da teoria social. Não podemos nem devemos buscar o encerramento dessa diversidade. Mesmo algumas das principais figuras outrora envolvidas no consenso ortodoxo acabaram se voltando para essa visão[396]. E é

395. Cf. esp. HEMPEL, C.G. "The logic of functional analysis". In: *Aspects of Scientific Explanation*. Nova York: Free Press, 1965.

396. Cf. o interessante ensaio de Robert K. Merton, "Structural analysis in sociology" (in: BLAU, P.M. *Approaches to the Study of Social Structure*. Nova York: Free Press, 1975).

uma visão que, se expressa de forma adequada, tem muito a recomendá-la. Pois é plausível argumentar que as discussões crônicas e a discordância persistente sobre como abordar o estudo da conduta social humana expressam algo acerca da própria natureza dessa mesma conduta social; e que desacordos profundamente enraizados sobre a natureza do comportamento humano são inerentes ao comportamento humano enquanto tal e, assim, necessariamente se intrometem no cerne do discurso filosófico e da teoria social. Admitir a importância disso, no entanto, não deveria implicar que se defenda a conveniência de criar tantas perspectivas abstratas divergentes sobre o comportamento social humano quanto possível. Podemos admitir a probabilidade de contínuos desacordos sobre questões básicas do estudo da atividade humana, mas ao mesmo tempo ressaltar a importância de estabelecer ligações entre posições divergentes e também de tentar transcender essas divergências.

Quero rejeitar, portanto, cada uma dessas reações à Babel teórica e propor, em vez disso, que a teoria social precisa de uma reconstrução sistemática. Digo isso não prevendo a substituição de uma velha ortodoxia por uma nova, mas na esperança de fornecer para a discussão de questões centrais em teoria social uma base mais satisfatória do que a do antigo consenso ou a permitida pelo hermético isolamento em que tende a persistir a atual diversidade de posições teóricas. Quero argumentar que o consenso ortodoxo não pode ser tranquilamente esquecido ou descartado meramente como um reflexo ideológico do estado de bem-estar social capitalista, mas que suas fraquezas têm que ser identificadas se quisermos justificar sua rejeição; e quero dizer que agora essas fraquezas podem ser discernidas sem muita dificuldade. Também quero argumentar ainda que um diagnóstico das deficiências do antigo consenso indica a necessidade de teorizar – de focar a análise teórica de – questões que foram ignoradas por aquele consenso. Proponho listar cinco dessas deficiências ou conjuntos de deficiências que caracterizaram o consenso de outrora.

As origens da "sociologia"

À primeira delas fiz breve referência acima: é que a sociologia dominante incorporou uma *interpretação equivocada de suas origens em relação às* ciências sociais. Como também mencionei acima, este é um ponto com duplo aspecto: envolve asserções sobre o desenvolvimento passado da ciência social, mas também diz respeito a implicações lógicas desse desenvolvimento em termos de contrastes entre as ciências sociais e naturais.

Não há espaço aqui para fundamentação da tese de que a ciência social é uma novata em comparação com a biologia ou as outras ciências naturais, ou seja, a ideia de que a "sociologia" foi a última disciplina a assumir uma base científica, rompendo com a filosofia especulativa e a filosofia da história. Mas temos boa razão para mostrar ceticismo ante essa afirmação se considerarmos a sua frequência: com efeito, representantes de cada geração de pensadores sociais desde pelo menos o início do século XVIII inclinaram-se a afirmar que estavam iniciando um novo estudo científico do homem em sociedade, em contraste com o que se fizera anteriormente[397]. Vico considerava-se fundador de uma "nova ciência" da sociedade. Montesquieu e Condorcet fizeram reivindicações semelhantes, afirmando que rompiam com o que existira antes. Comte disse mais ou menos a mesma coisa em sua época, reconhecendo a contribuição desses precursores, mas em grande parte relegando-os à pré-história da sociologia, que só através dos seus esforços estaria adquirindo base científica. E assim prosseguiu: Marx argumentou o mesmo em relação a Comte, Durkheim em relação a Marx e, uma geração depois, Parsons em relação a Durkheim e outros. O fato de que tais argumentos foram apresentados de forma tão persistente por sucessivas gerações de pensadores sociais não mostra em si e por si mesmo que eles não possam ser sustentados, mas justifica que sejam encarados à luz do ceticismo. De qualquer forma, afirmarei aqui que é um erro a ideia de que a sociologia é uma novata se comparada às ciências naturais, um erro cuja origem deve ser encontrada na aceitação sem questionamento das alegações de uma ou outra geração de autores (normalmente ou Marx ou a "geração de 1890-1920", a que pertencia Durkheim). A ciência social é tão velha quanto a ciência natural; pode-se dizer que, reconhecíveis em sua forma "moderna", remontam ambas ao pós-Renascimento europeu.

Claro que diferentes áreas das ciências naturais e sociais se desenvolveram de modo desigual. Para evitar possíveis mal-entendidos, devo ressaltar que a rejeição da tese do caráter juvenil das ciências sociais não significa negar que elas tenham progredido ou que tenha havido importantes rupturas e desvios entre fases diferentes de seu desenvolvimento, assim como entre escolas intelectuais rivais. Além disso, temos que ter cuidado com a terminologia: a invenção do termo "sociologia" por Comte e sua subsequente difusão por Durkheim (que o encarava, porém, como "meio bárbaro") tiveram muito a ver com a noção de que a "grande linha divisória" do pensamento social pode se situar em algum ponto do meio para o fim do século XIX. "Sociologia" significava algo próximo do que viria a ser o consenso ortodoxo – *"progresso com ordem" no amadurecimento do capitalismo industrial, naturalismo no arcabouço lógico da ciência social e funcionalismo*. O termo "sociologia" é, portanto, fortemente comprometido e continuo a usá-lo apenas por reconhecer que é tão corrente hoje em dia que não há esperança de substituí-lo por outro mais apropriado.

---

397. Cf. "Classical social theory and the origins of modern sociology".

Problemas de nomologia

Se a noção da natureza juvenil da sociologia não se sustenta, também não se sustentam as implicações que dela se podem tirar para explicar o nível aparentemente rudimentar de desenvolvimento da ciência social se comparada às ciências naturais. A sociologia não se encontra no estágio de dar os primeiros passos em caminhos já trilhados com sucesso pelas ciências naturais (dizer isto, devo firmemente ressaltar, não significa dizer que os êxitos alcançados pelas ciências naturais são irrelevantes para as ciências sociais).

A diferença mais característica entre ciência social e natural, que inevitavelmente preocupou os defensores do naturalismo, é a aparente falta em ciência social de conjuntos de leis formuladas com precisão e aceitas universalmente pelos que integram uma comunidade profissional. Há obviamente vários requisitos para abordar esse assunto. As ciências naturais não constituem uma unidade; algumas disciplinas e áreas disciplinares são mais "avançadas" nomologicamente que outras. Também as ciências sociais, se incluírem a economia, não são uma peça única. Provavelmente os que trabalham em ciências sociais são propensos a subestimar profundas discordâncias que prevalecem entre os cientistas físicos sobre problemas bem fundamentais em suas áreas de atuação. Ainda assim, os contrastes mesmo entre os campos menos "avançados" da ciência natural e os campos mais "avançados" das ciências sociais, do ponto de vista nomológico, são claros e demonstráveis.

Rejeitar a tese de que a ciência social é uma novata significa também rejeitar uma interpretação dessa diferença como "atraso". O que fazer, então, das questões sobre a existência de leis e sua forma lógica em ciências sociais?

Quero propor que certamente existem leis nas ciências sociais, se entendermos "leis" no sentido abrangente de generalizações de um caráter causal; só parece haver uma escassez de leis em ciência social se tais generalizações forem descartadas como sem importância ou carentes em comparação com as que se encontram em certas áreas das ciências naturais. (Isso não implica que estabelecer leis é necessariamente a única preocupação das ciências naturais ou sociais.) Mas há duas razões principais para supor que as leis das ciências sociais, mesmo nas áreas em que a quantificação é mais factível, serão diferentes das típicas leis dos vários campos das ciências físicas. Uma das razões não se refere a um contraste lógico e, embora não trivial, vou tratá-la como essencialmente sem interesse; a outra razão é de caráter lógico e mais significativa para os propósitos desta nossa discussão.

A primeira diz respeito à indeterminação das teorias pelos fatos. Tornou-se princípio bem estabelecido da filosofia da ciência que as teorias não são determinadas pelos fatos, ou seja, que nenhum acúmulo factual vai em si e por si mesmo determinar que uma teoria específica seja aceita e outra rejeitada, uma vez que pela modificação da teoria ou por outros meios as observações em questão podem ser acomodadas a ela. Há boa razão para supor que o nível de indeterminação das teorias pelos fatos na maioria das áreas da ciência social é provavelmente maior que na maioria das áreas da ciência natural. Os fatores envolvidos são bem conhecidos e não há necessidade de examiná-los: incluem dificuldades de reprodução das observações, a relativa impossibilidade de experimentação, a escassez de "casos" para análise comparativa em relação a teorias voltadas para as sociedades como um todo etc.

A segunda razão é mais importante, pelo menos para esta discussão, porque diz respeito à diferença profundamente enraizada entre a forma lógica das leis nas ciências sociais e nas ciências naturais. Embora o caráter das leis nas ciências naturais seja ainda controverso e muito debatido, há pouca razão para duvidar de que a maioria é putativamente universal na forma dentro dos limites de sua aplicação[398]; todas as leis operam dentro de certas condições-limite, mas as relações causais específicas que elas expressam são imutáveis dada a ocorrência dessas condições. Não é esse o caso, entretanto, com as leis das ciências sociais, em que as relações causais envolvidas, como tentei mostrar em outro trabalho[399], sempre se referem a "mesclas" de consequências intencionais e não intencionais dos atos reproduzidos. As leis em ciências sociais são de caráter *histórico* e em princípio *mutáveis* na forma. Já argumentei que todas as formas de conduta social regularizada podem ser analisadas como tipicamente envolvendo conjuntos de conexões entre as condições não reconhecidas da ação, a racionalização da ação no contexto do seu monitoramento reflexivo intencional e as consequências não intencionais da ação[400]. As condições-limite das leis nas ciências sociais incluem como elemento básico o conhecimento que têm os atores, em dado contexto institucional, das circunstâncias de sua ação. Se as ligações normalmente estabelecidas entre condições não reconhecidas, a racionalização e as consequências não intencionais da ação são transformadas em modos de reprodução social, o resultado é a alteração das relações causais expressas por uma ou mais leis – alteração que pode ser decorrência de se adquirir conhecimento sobre essa lei ou leis. Uma vez conhecidas – por aqueles cuja conduta elas expressam – as leis podem passar a ser aplicadas como regras e recursos na dualidade de estrutura: o que chama a nossa atenção para isso é o próprio sentido duplo (e dupla origem) de "lei" como preceito para e generalização sobre a ação. Dizer que todas as leis em ciências sociais são históricas e em princípio mutáveis não significa, é claro, negar que possam existir leis formalmente universais sobre aspectos físicos do organismo humano que sejam possivelmente relevantes para o estudo da conduta social.

---

398. Cf., no entanto, uma importante correção das visões tradicionais sobre as leis científicas em HESSE, M. *The Structure of Scientific Inference*. Londres: Macmillan, 1974.

399. *New Rules of Sociological Method*.

400. Ibid., p. 153-154 *et passim*.

O consenso ortodoxo era familiarizado com a mutabilidade das leis nas ciências sociais sob a forma de "profecias de autossatisfação" e "autonegação"[401]. Mas aí a relação entre a apropriação reflexiva do conhecimento e as condições da ação é percebida, primeiro, apenas como um "problema" enfrentado pelo investigador social; e, segundo, como afeta apenas à produção de evidências para generalizações, não a questões epistemológicas relevantes para o caráter mesmo dessas generalizações. Profecias de autossatisfação e autonegação, em outras palavras, são vistas como previsões que, pelo próprio fato de serem anunciadas ou propagadas, servem para criar as condições que as tornam válidas ou, alternativamente, produzem a consequência contrária. O "problema" que colocam é o de marginalizar o efeito nocivo que esses inconvenientes têm sobre os testes de hipóteses. Mas se o caráter mutável de todas as generalizações em ciências sociais é reconhecido, temos que concluir que essa perspectiva é bastante inadequada. Em vez de tentar marginalizar e tratar meramente como um "problema" a potencial incorporação de teorias e observações científicas sociais à racionalização reflexiva dos que são "objeto" delas, ou seja, os agentes humanos, temos que tratar o fenômeno como de interesse e importância essenciais para as ciências sociais. Pois fica claro que toda generalização ou forma de estudo sobre uma sociedade existente constitui *uma intervenção potencial nessa sociedade*; e isso leva às tarefas e objetivos da sociologia *como teoria crítica*.

Linguagem comum e ciência social

O segundo conjunto de deficiências que caracterizou o antigo consenso tem a ver com sua dependência de uma hoje *ultrapassada e falha filosofia da linguagem*. Tentarei demonstrar que as implicações disso estão diretamente ligadas a questões que acabo de discutir. A sociologia ortodoxa dava como indiscutível uma velha visão da linguagem: uma velha visão, no entanto, que recebeu novo impulso com a obra de Russell, o primeiro Wittgenstein e, em seguida, o empirismo lógico. De acordo com essa concepção, a linguagem é acima de tudo um meio para descrever o mundo (físico ou social). A linguagem deveria ser estudada como um instrumento de descrição – e podemos descobrir uma isomorfia entre a forma estrutural ou certos elementos básicos da linguagem e os mundos-objeto a que dá acesso. A versão mais desenvolvida e sofisticada dessa concepção está no *Tractatus* de Wittgenstein, segundo o qual as unidades básicas da linguagem são "imagens" de unidades correspondentes no mundo real.

A própria rejeição de Wittgenstein a suas concepções anteriores é apenas um elemento numa convergência de filosofias bem distintas entre si sob outros aspectos: a filosofia da linguagem comum, a fenomenologia de Schutz e a her-

---

401. Isso tem origem em MERTON, R.K. "The self-fulfilling prophecy". In: *Social Theory and Social Structure*. Nova York: Free Press, 1957.

menêutica contemporânea. Essas três correntes chegaram à mesma conclusão de que é errôneo tratar a linguagem como algo que se caracteriza de modo mais adequado como instrumento de descrições. A descrição é apenas uma dentre muitas outras coisas operadas na linguagem e através dela. A linguagem é um meio de prática social e, como tal, envolvida em todas as diversas atividades dos atores sociais. O famoso exemplo de Austin é ainda tão bom quanto outro qualquer para ilustrar isso. As palavras proferidas numa cerimônia nupcial não constituem uma descrição da cerimônia: *são* parte dela. Um outro exemplo igualmente bem conhecido descreve a linguagem como tendo tantas utilidades e, portanto, tantas facetas quanto as ferramentas numa caixa de ferramentas[402].

Como o consenso ortodoxo aceitava a visão estabelecida tradicional sobre a linguagem, os que trabalhavam dentro dele descartavam a relação entre linguagem comum – usada no dia a dia – e as metalinguagens técnicas da ciência social como não tendo particularmente qualquer interesse ou importância. Supunham que o objetivo dos conceitos introduzidos ou inventados pelo sociólogo é melhorar ou corrigir, se necessário, as impropriedades da linguagem comum. Esta é com frequência imprecisa e confusa, deficiências que podem ser superadas pelos conceitos das metalinguagens, formulados com clareza e precisão[403]. Mas a suposição de que a relação entre a linguagem comum e as linguagens técnicas da ciência social não coloca questões de qualquer interesse ou dificuldade particulares não pode ser mantida se entendermos a importância das novas concepções filosóficas de linguagem. A linguagem leiga ou comum não pode ser simplesmente descartada como passível de correção à luz de neologismos sociológicos, uma vez que a linguagem leiga entra na constituição mesma da própria atividade social.

Isso foi reconhecido pelos que trabalham com a perspectiva filosófica pós-wittgensteiniana, como também pelos fenomenologistas. Podemos discernir na literatura pelo menos duas interpretações distintas das ligações entre a linguagem comum e os conceitos técnicos das ciências sociais. Uma foi formulada por Schutz sobre o que chama de *postulado de adequação*, termo tomado de empréstimo a Weber. Ele sustenta que os cientistas sociais presumem como relevantes coisas diferentes das que importam aos atores leigos na conduta cotidiana. Em ciência social estamos interessados em conhecimentos de caráter geral, independentes de contexto, ao passo que os estoques de conhecimento usados pelos atores na vida social são, por outro lado, formas de um "saber de livro de receitas", em que se privilegia o domínio prático das exigências das atividades diárias. Os conceitos inventados pelo cientista social podem, portanto, diferir dos utilizados na linguagem comum, porque envolvem uma ordem de relevâncias diferente. Mas têm que encontrar um critério de adequação aos da linguagem

---

402. WITTGENSTEIN, L. *Philosophical Investigations*. Oxford: Blackwell, 1972, §11.

403. Cf. p. ex., LACHENMEYER, C.W. *The Language of Sociology*. Nova York: Columbia University Press, 1971.

comum. As diversas formulações de Schutz para o postulado da adequação não são totalmente isentas de ambiguidade. Ele parece sustentar, no entanto, que os conceitos das ciências sociais só podem ser considerados adequados na medida em que sejam em princípio traduzíveis para a linguagem cotidiana dos atores leigos[404]. Se é isso mesmo o que ele entende, trata-se de um ponto de vista pouco defensável. Em que sentido a noção de "preferência de liquidez" tem que ser traduzível em conceitos da linguagem comum dos atores envolvidos em atividades econômicas? Parece não haver razão de supor que uma avaliação da adequação do conceito à teoria econômica tenha algo a ver com a possibilidade ou impossibilidade dessa tradução. As deficiências da perspectiva de Schutz são também indicadas pelo exame do comportamento de crianças bem pequenas, ao qual podemos muito bem querer aplicar terminologias técnicas de ação; se as crianças são novas demais a ponto de não terem ainda dominado habilidades linguísticas elementares, não haveria obviamente qualquer possibilidade de testar a adequação dessas terminologias em um processo de tradução.

O postulado da adequação, de Schutz, não é satisfatório, portanto, para abordar as ligações entre linguagem leiga e os conceitos da ciência social. Uma visão alternativa é proposta por Winch e direi que é mais próxima do correto. Winch sustenta que há um "laço lógico" entre a linguagem comum e as linguagens especializadas das ciências sociais, indicando que a natureza desse laço é o inverso da que implica o postulado de Schutz. Ele existe não porque os conceitos sociológicos tenham que ser transpostos para noções leigas, mas antes pelo oposto: porque os conceitos inventados pelo cientista social pressupõem o domínio dos conceitos aplicados pelos próprios atores sociais no curso de sua conduta. Winch não enuncia isso de maneira satisfatória e não deixa claro o bastante que esses conceitos leigos são de praxe apenas parcialmente disponíveis para os atores em termos discursivos; nem explica realmente por que linguagens específicas seriam de todo necessárias em ciência social, como tenta fazer Schutz[405]. O ponto principal de sua concepção, no entanto, é bem claro e válido: uma expressão como preferência de liquidez só se aplica ao comportamento – e às consequências do comportamento – de atores que já dominaram, no sentido da consciência prática, noções como "risco", "lucro", "investimento" etc. incorporadas aos contextos de uso da linguagem comum.

Deixarei para a próxima seção a questão de saber por que metalinguagens seriam de todo necessárias em ciências sociais, pois respondê-la exige o exame de pontos a serem aqui discutidos. Não podemos, porém, deixar as coisas como

---

404. Os conceitos da ciência social "devem ser construídos de tal modo que um ato humano realizado no mundo da vida por um ator individual da maneira indicada pelo constructo típico seria compreensível para o próprio ator e para seus companheiros segundo interpretações da vida cotidiana pelo senso comum" (SCHUTZ, A. *Collected Papers*. Haia: Mouton, 1967, p. 44).

405. WINCH, P. *The Idea of a Social Science*. Londres: Routledge, 1963.

as deixou Wittgenstein no tocante à relação entre linguagem leiga e a terminologia das ciências sociais. O "laço" entre as duas não é apenas de natureza lógica, mas tem *implicações práticas* relacionadas à importância da reflexividade, de que já falamos. Não é só o fato de que o analista social depende do "conhecimento mútuo" – fundado em categorias da linguagem comum – para gerar caracterizações de seu campo de investigação. Há uma relação em mão-dupla entre a linguagem leiga e a da ciência social, porque quaisquer conceitos introduzidos pelos sociólogos podem em princípio ser apropriados pelos próprios atores leigos e aplicados como parte do discurso da "linguagem comum". Pode acontecer, assim, que termos sejam tomados ao discurso leigo por especialistas técnicos (um bom exemplo é o termo "econômico") e ganhem sentidos novos que mais tarde retornem ao discurso leigo. Tal fenômeno não interessa apenas à história das ideias. De novo isso se abre para questões que não podem efetivamente ser postas de lado em ciência social da maneira como sugere o consenso ortodoxo. Pois este sempre assumiu uma ligação instrumental entre as descobertas sociológicas e suas "aplicações" práticas, ligação que se supunha logicamente a mesma que a existente entre as ciências naturais e a tecnologia.

Revelação, conhecimento mútuo, senso comum

Para levar adiante essa discussão, no entanto, há uma outra fonte de fraqueza no antigo consenso que deve ser analisada. Vou identificá-la dizendo que a sociologia ortodoxa se apoiava num *modelo revelador supersimples de ciência social*, baseado em pressupostos naturalistas. Os aspectos essenciais desse modelo são os que seguem. Supõe-se que as descobertas da ciência social são reveladoras ou desmistificadoras das crenças do senso comum sobre o mundo físico. O que a ciência faz é "checar" as visões de mundo do senso comum e suas atitudes em relação ao mundo, mostrando que algumas delas são equivocadas e usando outras como ponto de partida para desenvolver explicações dos objetos e acontecimentos mais detalhadas e profundas do que as fornecidas pelo conhecimento leigo. O progresso da ciência abala as ilusões das crenças habituais. E assinala-se que em certas circunstâncias as descobertas que a ciência reivindica sofrem resistência dos que preferem agarrar-se às crenças e concepções tradicionais. Essas descobertas são rejeitadas ou ignoradas, seja em função de interesses estabelecidos ameaçados por elas ou em função da inércia do hábito ou preconceito. Há os que continuam a sustentar que a terra é plana, não importa quão conclusiva pareça a outros a evidência contrária.

No consenso ortodoxo essa visão foi transferida em bloco à sociologia. Há fortes razões para supor (seguindo em especial os argumentos desenvolvidos por Husserl em *A crise das ciências europeias*) que é uma abordagem inadequada mesmo no tocante à relação entre ciência natural e "senso comum"; mas aqui vou me ocupar apenas de suas implicações quando transposta às ciências sociais.

De acordo, então, com o modelo revelador acima exposto, a "resistência" às descobertas dos investigadores sociais assume a mesma forma da que encontram certas afirmações da ciência natural: uma "recusa de ouvir", por adesão obstinada a crenças e ideias preexistentes. Mas é provável que qualquer um que trabalhe em ciências sociais esteja familiarizado com um tipo bem diferente de resistência às descobertas reivindicadas no seu campo. Longe de sofrerem resistência porque afirmam coisas que as pessoas em geral não querem saber, essas descobertas enfrentam rejeição *por já serem bem conhecidas e familiares*. Alega-se com frequência que a sociologia simplesmente nos diz o que já sabemos, embora envolto muitas vezes em jargão esotérico, de modo que de início pode parecer novidade. É o que se poderia chamar de *crítica leiga da sociologia*.

Mas os sociólogos costumam não levar a sério a crítica leiga a suas afirmações, geralmente atribuindo-a a hábitos arraigados de pensamento ou a preconceito. A seu ver, a resistência às descobertas da ciência social inclui uma resistência à própria ideia de se estudar a conduta social humana de maneira científica. As objeções leigas à ciência social são, no entanto, tão corriqueiras que é necessária uma defesa mais plausível contra elas; o que é possível também com uma elaboração do modelo revelador. O objetivo da sociologia é checar as crenças do senso comum. Nos casos em que a investigação social revela que corresponde aos fatos o que os atores creem acerca das condições de sua própria ação ou sobre outros aspectos da sociedade, as descobertas sociológicas parecerão inevitavelmente banais e pouco esclarecedoras. Diz-se que apenas em tais casos a sociologia é atacada pelos críticos leigos. Mas há outros exemplos em que a análise social mostra que as crenças do senso comum são na verdade inválidas – e, nesses casos, a ciência social é reveladora.

Se os praticantes da ciência social não têm dado muita atenção à crítica leiga da sociologia, por sua vez alguns filósofos têm. Louch, por exemplo, argumentou que os conceitos da sociologia são "desnecessários e pretensiosos"[406]. Para explicar a atividade social humana precisamos apenas inquirir as razões dos atores para agir como agem. Uma vez determinadas as razões que tinham ou têm, o que se pode fazer com linguagem comum, não há mais o que perguntar. A antropologia, diz Louch, pode fornecer uma coletânea de "relatos de viagem", mas a sociologia é um exercício redundante – pior que isso, na verdade, pois a substituição de termos da linguagem comum por conceitos técnicos pode obscurecer o que antes era evidente para todo mundo e, assim, ser usada pelos poderosos como um instrumento de dominação sobre os que têm menos poder. Winch namora essa mesma conclusão, embora evidentemente dê à antropologia mais importância do que Louch. Como ele não explica com clareza o papel dos conceitos técnicos em ciência social e exclui a possibilidade de se formular leis

---

406. LOUCH, A.R. *Explanation and Human Action*. Oxford: Blackwell, 1966, p. 160.

causais sobre as condutas sociais, é difícil ver em que consistiria uma "sociologia winchiana"[407].

Quero sugerir que deveríamos com efeito levar a sério a crítica leiga da sociologia, mesmo que afinal não possa ser sustentada. Pois é correto afirmar que todo membro de uma sociedade deve saber bastante (tanto na prática quanto no discurso) sobre o funcionamento dessa sociedade, em virtude de sua participação nela; ou, de forma mais precisa, que tal conhecimento é incorporado como um elemento na produção e reprodução da sociedade através da dualidade de estrutura. Não é de modo algum tão fácil quanto supunha o consenso ortodoxo descobrir de que modo as ciências sociais podem trazer esclarecimento aos membros de uma sociedade que é objeto de estudo. A explicação da conduta social humana pelas razões dos atores não pode certamente ser ignorada pelos sociólogos: a racionalização da ação é o componente fundamental da atividade social que a sociologia ortodoxa descartava. Por outro lado, deve-se ressaltar com igual ênfase que a racionalização da ação é sempre limitada em todo tipo de contexto social; e é na investigação da natureza e persistência desses limites que se encontram as tarefas da ciência social. Como propus em ensaio anterior, há três tipos de circunstâncias relevantes aqui: elementos inconscientes na ação, consciência prática e consequências não intencionais da ação, todos combinados na reprodução dos sistemas sociais.

Outro aspecto dessas questões deve ser mencionado. É notável que a "redescoberta da linguagem e do senso comuns" resultou muitas vezes numa espécie de *paralisia da vontade crítica*. Tendo percebido que a linguagem comum e a atitude natural não podem meramente ser desprezadas ou corrigidas pelo analista social, alguns autores foram tentados a concluir que nenhum tipo de avaliação crítica das crenças e práticas é possível onde tais crenças e práticas fazem parte de um sistema cultural alheio ao observador. O debate em torno da discussão de Winch sobre a feitiçaria axânti é bem conhecido, como também o provocado pelo princípio da "indiferença etno-metodológica" de Garfinkel. Nessas controvérsias, a meu ver, os grupos oponentes têm ambos razão, cada um do seu lado, mas todos deixaram de fazer uma distinção fundamental. Está certo alegar que a condição para produzir descrições válidas de uma forma de vida implica ser capaz, em princípio, de participar dela (sem necessariamente ter participado na prática). Conhecer uma forma de vida é conhecer uma linguagem, mas conhecê-la no contexto das práticas que são organizadas segundo o "senso comum" ou pressupostos tácitos que dão o pano de fundo para o discurso. Nesse sentido, a tarefa hermenêutica é parte integrante das ciências sociais. Mas daí não se segue que as crenças e práticas envolvidas numa forma de vida não possam ser submetidas a uma avaliação crítica, aí incluída a crítica da ideologia. Temos que distinguir entre o *respeito pela autenticidade da crença*, condição necessária de

---

407. Cf. esp. WINCH, P. *The Idea of a Social Science*, p. 83ss.

qualquer confronto hermenêutico entre jogos de linguagem, e a *avaliação crítica da justificação da crença*. De maneira menos complicada, temos que diferenciar entre o que chamo de "conhecimento mútuo" e o que pode simplesmente ser chamado de "senso comum".

O conhecimento mútuo é um meio indispensável de acesso na mediação de sistemas de significado e inclui a condição factual da compreensão tácita e discursiva partilhada por um observador com aqueles cuja conduta ele procura caracterizar. Em grande parte porque o que está envolvido na aplicação do conhecimento mútuo é normalmente um conhecimento tácito, a necessidade de respeitar a autenticidade da crença nem sempre se torna evidente para os pesquisadores sociais. Mas se vê facilmente a diferença que faz essa orientação nos casos em que está ausente. Assim, de acordo com visões "fisiológicas" da esquizofrenia, o que os esquizofrênicos dizem deve ser considerado muitas vezes mera tagarelice sem sentido. Se Laing estiver certo, porém, a linguagem dos esquizofrênicos tem sentido, na medida em que algumas noções tidas como seguras pela maioria da população são questionadas ou expressas de forma bem diferente pelos esquizofrênicos. Dialogar com pessoas esquizofrênicas, com um propósito hermenêutico, só é possível se aceitarmos que suas palavras e conduta podem ser tratadas "metodologicamente" como autênticas. Tratar esse discurso e comportamento como autênticos significa manter em suspenso sua possível validade ou falsidade.

O que chamei anteriormente de "redescoberta da linguagem e do senso comuns" é, nesses termos, *o discurso da importância do conhecimento mútuo*: este conhecimento não é corrigível para o observador sociológico. É apenas o suporte metodológico mencionado acima que separa o conhecimento mútuo do que proponho chamar de "senso comum". Por "senso comum" entendo a desmontagem do conhecimento mútuo: o exame das condições lógica e empírica das crenças envolvidas (tácita e discursivamente) numa forma de vida. O senso comum é corrigível à luz das descobertas reivindicadas pelas ciências naturais e sociais. A diferença entre conhecimento mútuo e senso comum pode ser ilustrada com a controvérsia sobre a feitiçaria axânti. Winch está certo em dizer que descrições adequadas das crenças e práticas ligadas à bruxaria axânti são "racionais" – na medida em que tal termo significa neste contexto que existem quadros de coerência interna em que tanto um observador sociológico quanto os axânti bebem para descrever a feitiçaria. Mas Winch está errado na medida em que parece inferir disso que o reconhecimento da "racionalidade" ou autenticidade da bruxaria axânti e dos oráculos divinatórios impede a avaliação crítica das crenças e práticas assim caracterizadas ou identificadas. O conhecimento mútuo é o meio necessário para identificar o que ocorre quando um feiticeiro joga um feitiço maligno num indivíduo para provocar a morte da pessoa. Mas isso não é de modo algum uma barreira lógica à investigação crítica sobre os fundamentos empíricos que podem ser invocados para sustentar a validade das crenças ligadas a essa prática ou sobre suas possíveis ramificações ideológicas.

Claro, eu não quero dizer que isso é uma solução para os problemas da "racionalidade"; seria mais adequado dizer que é aí que começam esses problemas, sobre a justificação racional da crença. Não é esse o ponto, porém, no contexto específico da minha argumentação aqui. Winch e outros demonstraram de forma inteiramente convincente a ingenuidade do consenso ortodoxo quanto ao caráter revelador da ciência social. Só estou preocupado neste momento em propor que, portanto, não deveríamos sucumbir passivamente à paralisia da vontade crítica. Há muitos fios ligando a justificação racional da crença à teoria crítica e tentarei discuti-los em detalhe no livro que se seguirá a este. Quero, no entanto, deixar claro o que me parece um ponto lógico importante, que mostra a meu ver que a avaliação crítica das crenças e práticas é uma característica inevitável do discurso das ciências sociais. É que a avaliação crítica das crenças do senso comum não apenas logicamente pressupõe recorrer ao conhecimento mútuo, mas *o contrário também é verdadeiro*. Pois quaisquer caracterizações de crenças ou práticas por um observador sociológico pressupõe a possibilidade de sua justificação, em resposta à possível avaliação crítica de outros sobre a adequação ou precisão dessas caracterizações mesmas.

A teoria da ação

Como quarto tipo de deficiência do antigo consenso podemos dizer que *a sociologia ortodoxa carecia de uma teoria da ação*. Mas quero também afirmar que isso estava ligado diretamente à ausência de questionamentos sobre o poder que são fundamentais à teoria social. A falta de uma teoria da ação, ou seja, de uma concepção da conduta monitorada reflexivamente pelos agentes sociais em parte conscientes das condições de seu comportamento, deve ser atribuída sobretudo ao predomínio do naturalismo como filosofia das ciências sociais. Nas versões ou aplicações mais cruas do naturalismo em sociologia, a conduta é explicada meramente como resultado de causas sociais. Como tentativa mais completa de produzir uma síntese funcionalista de teoria da ação, o "quadro de referência da ação", de Parsons, foi justificadamente o esquema teórico geral mais influente na sociologia (de língua inglesa). Críticos com frequência assinalaram que, a despeito da terminologia da ação utilizada por Parsons, agentes humanos parecem reconhecidamente escapar ao alcance do seu esquema: o palco está montado, o roteiro escrito, os papéis definidos, mas os intérpretes curiosamente estão fora de cena[408]. Os críticos, porém, nem sempre compreenderam por que isso se dá. Em *Estrutura da ação social*, Parsons identifica teoria da ação com "voluntarismo", com isso referindo-se primordialmente ao caráter intencional da conduta humana, e com a capacidade dos atores de escolher entre diferentes projetos

---

408. Cf. algumas das contribuições a BLACK, M. *The Social Theories of Talcott Parsons*. Englewood Cliffs: Prentice-Hall, 1961.

e objetivos[409]. O voluntarismo é interpretado contra o pano de fundo do "problema da ordem" levantado por Hobbes, como colocando a questão de como a intencionalidade ou diversidade de intenções é compatível com a "ordem". A reconciliação do problema de Hobbes com o voluntarismo torna-se assim a questão principal que o quadro de referência da ação é chamado a resolver, reconciliação que é alcançada encarando-se os valores simultaneamente como base do consenso social e como componentes motivadores das personalidades dos membros da sociedade. À parte as dificuldades levantadas por essa tese com respeito à natureza e significância dos valores – e da "ordem"[410] –, tal abordagem não se presta a chamar atenção para a importância das razões na conduta humana, para o fato de que os seres humanos monitoram reflexivamente sua conduta através do conhecimento que têm das circunstâncias de sua atividade. Embora Parsons separe no seu esquema os símbolos "cognitivos" e os "catéticos", *seus atores sociais não são agentes capazes, conhecedores.*

Claro que nem o naturalismo nem o funcionalismo reinaram incontestes no pós-guerra. Na sociologia americana, os que escreveram sob uma perspectiva de interacionismo simbólico divergiram de modo significativo do que o consenso ortodoxo enfatizava, especialmente no tocante à preocupação com a teoria da ação, como indiquei acima. Mas o "interacionismo simbólico" – expressão de Blumer para um conjunto difuso de influências emanadas de G.H. Mead – foi desde o início prejudicado por uma compreensão teórica inadequada dos problemas da análise e transformação institucionais. A importância das concepções de Mead sobre o desenvolvimento da reflexividade, do gesto e do símbolo eclipsaram o fato de que a forma como tratou a sociedade, representada como "o outro generalizado", é rudimentar. A filosofia social de Mead (como a psicologia do desenvolvimento, de Piaget) carece de uma compreensão mais ampla da sociedade como formação diferenciada e historicamente situada. Além disso, apesar do êxito de Mead em colocar a reflexividade no centro das preocupações da filosofia e teoria sociais, as origens do "eu" na dialética entre "eu" e "mim" permanece obscura e inexplicada. Sua preocupação maior é com a emergência do "mim", ou seja, o "eu" social. Daí talvez não ser surpresa que praticamente some de vista entre alguns de seus seguidores a relação reflexiva entre "eu" e "mim", em troca de uma concentração no eu social. Uma vez realizado esse movimento, dada a penúria de uma conceituação adequada das instituições e mudanças institucionais, está aberto o caminho para a ideia de que o interacionismo simbólico e o funcionalismo podem se conjugar de maneira útil. O primeiro lidaria com questões "microssociológicas", das relações sociais em pequena escala, ao passo que o segundo ficaria com as questões "macrossociológicas", que têm a ver com o caráter institucional da sociedade.

---

409. PARSONS, T. *The Structure of Social Action*. Glencoe: Free Press, 1949, p. 737ss. *et passim*.
410. Cf. *New Rules of Sociological Method*, p. 98.

No ensaio "Atuação e estrutura" argumentei que a introdução exitosa de uma teoria da ação na sociologia não pode ser feita sem uma reelaboração complementar da ideia de estrutura. Tal reelaboração é de imediato relevante para questões relacionadas à linguagem comum e à crítica leiga da ciência social. A noção de *dualidade de estrutura*, que destaquei como tema central deste livro, envolve o reconhecimento de que o monitoramento reflexivo da ação tanto recorre à organização institucional da sociedade como a reconstitui. O reconhecimento de que todo indivíduo, para ser um membro ("competente") da sociedade, deve saber bastante sobre o funcionamento dessa sociedade é precisamente a base principal do conceito de dualidade de estrutura. A tese de que a noção de atuação humana não pode ser adequadamente explicada sem a noção de estrutura, e vice-versa, está necessariamente ligada à afirmação de que a temporalidade tem que ser tratada como parte integrante do entendimento conceitual da constituição da vida em sociedade. Sejam quais forem as incompatibilidades entre o pensamento estruturalista e a história, uma das contribuições específicas do estruturalismo, de Saussure em diante, foi iluminar o ordenamento temporal da reprodução social. A totalidade social não pode ser entendida da melhor forma como uma determinada "presença", segundo as concepções funcionalistas do todo, mas como relações de presença e ausência ordenadas recursivamente. As restrições dos estruturalistas às filosofias e formas de teoria social que dão primazia ao sujeito podem ser facilmente compreensíveis contra o pano de fundo do cartesianismo; e é essencial entender a importância da tese de que temos que rejeitar qualquer concepção de um sujeito "transparente para si mesmo". Mas aqui também abordamos as limitações das teorias estruturalistas, que são crivadas de dualismos herdados de Saussure. Um desses dualismos é o de estrutura e acontecimento, geralmente sobreposto ao de inconsciente e consciente. O predomínio dessas oposições efetivamente impediu a possibilidade de uma explicação satisfatória da atuação humana pelo pensamento estruturalista. A superação do dualismo estrutura/acontecimento, pelo menos na teoria sociológica, é mais fácil – ou assim quero crer – introduzindo-se uma distinção entre sistema e estrutura, o primeiro ordenado pela reprodução de acontecimentos situados no tempo e no espaço, a segunda constituindo tanto o meio como o resultado dessa reprodução. Tal distinção está ligada diretamente à rejeição da polaridade inconsciente/consciente, já que uma teoria da atuação deve reconhecer a importância básica da consciência prática na reprodução social. Consciência prática não é "consciência" tal como normalmente entendida nas teorias estruturalistas; mas é também facilmente distinguível de inconsciente em qualquer dos sentidos desse termo.

O estruturalismo e o funcionalismo traem suas origens comuns nos conceitos de poder a que têm sido com frequência associados. Para muitos autores que trabalham dentro dessas escolas de pensamento, se por acaso elaboram um conceito qualquer de poder, este é encarado como um fenômeno que confronta o indivíduo numa sociedade ou coletividade. Isso já era claro em Durkheim, que ao abordar problemas de poder tendia a fazê-lo de forma comparável a suas análises da influência coerciva dos fatos sociais[411]. Já os autores que abordam a filosofia da ação, por outro lado, ou encararam o poder como a capacidade de um agente individual de realizar sua vontade ou em grande parte (especialmente na literatura influenciada por Austin e o derradeiro Wittgenstein) ignoraram por completo as questões relacionadas ao poder. A esse respeito há um ponto de contato direto entre a filosofia da ação e o "funcionalismo normativo", *cada um dos quais, de maneiras bem diferentes, tratou em geral normas ou convenções como exemplificações do "social"*. A definição de poder dada por Weber, como a chance de um agente fazer valer a sua vontade mesmo contra a resistência dos outros, tem sido provavelmente a mais utilizada com frequência na literatura. Critico essa definição sob dois aspectos. Por um lado, reflete a posição metodológica subjetivista de Weber, e leva ao dualismo de ação e estrutura que, insisti, deve ser superado; por outro lado, considerada unicamente do ponto de vista da ligação entre poder e atuação, não vai muito fundo. Pois a noção de ação humana implica logicamente a de poder, entendido como capacidade transformadora: "ação" só existe quando um agente tem a capacidade de intervir ou evitar intervir em uma série de acontecimentos de modo a poder influenciar o seu curso. A introdução de uma teoria da ação em sociologia implica, portanto, encarar o poder como parte tão essencial e integrante da interação social quanto as convenções. Mas as mesmas considerações que se aplicam à teoria da ação também se aplicam em geral ao poder: temos que relacionar o poder, como recurso de que os agentes lançam mão na produção e reprodução da interação, às características estruturais da sociedade. Nem um nem outro aspecto do poder é mais "básico".

As ciências sociais e naturais

A quinta deficiência do consenso ortodoxo foi muito discutida nos últimos anos, mas quero argumentar que suas implicações não podem ser adequadamente entendidas à parte das questões referidas nas seções precedentes. Este quinto ponto, que retoma temas introduzidos no início do ensaio, é que a sociologia ortodoxa *estava intimamente ligada a um modelo positivista de ciência natural*. O termo "positivista" passou a ser empregado de forma tão indiscriminada[412] que é importante assinalar que, no contexto das ideias que informavam o antigo consenso, ele pode ser usado num sentido bem definido: para referir o que alguns filósofos rotularam de "modelo recebido" da ciência natural. O modelo recebido foi fortemente condicionado por versões liberais do positivismo

---

411. Cf. esp.: "Deux lois de l'évolution pénale". *Année sociologique*, vol. 4, 1899-1900.
412. "Positivism and its critics". In: *Studies in Social and Political Theory*.

lógico tal como elaborado por Carnap e outros; mas seria posteriormente consolidado e reelaborado por integrantes do "Grupo de Berlim" (especialmente Hempel) e por correntes indígenas da filosofia americana (representadas, por exemplo, por Nagel).

Já assinalei a importante conjunção, nem sempre inteiramente feliz, dessa abordagem da filosofia da ciência com o funcionalismo. Mas claro que a influência das visões naturalistas foi bem além disso: muitos autores que se mostraram céticos em relação ao funcionalismo ou francamente críticos supunham que o modelo recebido das ciências naturais é apropriado para a sociologia. As concepções do empirismo lógico sobre ciência natural, particularmente o método hipotético-dedutivo defendido originalmente por Hempel e Oppenheim, alcançaram aceitação generalizada[413]. Eram utilizadas para sugerir que a ciência social deveria ter como meta (reconhecidamente distante) a formulação de hierarquias de leis ligadas por dedução e que a explicação, tanto nas ciências sociais quanto naturais, consiste na subsunção dedutiva de uma observação ou evento de acordo com uma lei[414]. Mas o primeiro objetivo não traduz uma interpretação geral adequada do caráter nomológico das ciências naturais e tem ainda menos relevância para a sociologia, dado o caráter histórico das leis da conduta social humana – em ciências sociais as leis são em princípio abertas ao "ambiente" a que se referem. À luz dessas considerações, dizer que explicar é ligar dedutivamente um evento a uma lei parece especialmente dogmático e restritivo, mesmo no caso das ciências naturais, quanto mais na esfera das ciências sociais.

A explicação, concebida mais amplamente, pode ser entendida de forma mais adequada como a solução de charadas ou o esclarecimento de dúvidas e interrogações; sob esse ponto de vista, explicar é tornar inteligíveis observações ou eventos que não podem ser facilmente interpretados no contexto de uma teoria ou esquema de sentido existentes. A distinção entre descrição e explicação assume assim, de certa forma, um caráter contextual: a identificação ou descrição de um fenômeno, por sua incorporação em determinado esquema de sentido, é explicativa quando essa descrição ajuda a resolver uma questão. Essa noção ampla de explicação liga as investigações explanatórias da ciência de modo bem íntimo às indagações cotidianas. Em um e outro caso não há uma forma logicamente fechada de explicação; quer dizer, *todas as tentativas de satisfazer indagações pressupõem uma "cláusula etc." contextual*, que considera uma investigação concluída "para os objetivos presentes".

Mas isso, claro, explica muito pouco sobre a natureza da explicação. Em especial, não mostra quais as características de uma explicação "satisfatória" ou "válida" de um fenômeno se comparada com outras que podem ser considera-

413. HEMPEL, C.G. & OPPENHEIM, P. "Studies in the logic of explanation". *Philosophy of Science*, vol. 15, 1948.

414. Cf. HOMANS, G. *The Nature of Social Science*. Nova York: Harcourt Brace, 1967.

das falhas[415]. Não pretendo me ocupar dessa questão aqui. O que quero mesmo ressaltar é: dizer que a explicação é contextual não implica, como poderiam supor os adeptos do consenso ortodoxo, defender uma versão "suave" ou humanística da sociologia. Não pode haver, em especial, um retorno à oposição entre *verstehen* e *erklären* [entender e esclarecer], oposição que serviu na tradição hermenêutica para diferenciar entre as tarefas das ciências sociais e das ciências naturais. Pois um aspecto notável no desenvolvimento da hermenêutica é que a maioria dos autores que viam as ciências sociais ou humanas como caracteristicamente ocupadas com os "sentidos" ou "produtos culturais" aceitava um modelo positivista de ciência natural. É bem sabido que Dilthey foi influenciado fortemente pela *Lógica* de John Stuart Mill e aceitava a definição geral que este deu de ciências naturais como um florete para sua concepção de ciências humanas. Mais recentemente, o trabalho de Winch sobre a base filosófica das ciências sociais parece depender da concepção de ciência natural desenvolvida pelo empirismo lógico; e a elaboração de Habermas de uma noção de interesses constitutivos do conhecimento parece ainda reter elementos de um modelo positivista de ciência, retomando assim em parte a diferenciação *verstehen/erklären*[416].

A principal implicação das ideias que apresentei neste ensaio é que, na fase atual da teoria social, estamos envolvidos na rotação simultânea de dois eixos: o da nossa compreensão sobre o caráter da atividade social humana e o da forma lógica da ciência natural. *Não são empreendimentos inteiramente separados, mas que se alimentam de uma rede de problemas comuns.* Pois assim como ficou evidente que questões hermenêuticas são parte integrante de uma compreensão filosófica da ciência natural, também ficaram evidentes as limitações das concepções de ciências sociais que excluem a análise causal. Não podemos tratar as ciências naturais e sociais como *duas formas de empreendimento intelectual constituídas de maneira independente*, cujas características podem ser determinadas separadamente e em seguida reunidas e comparadas. Os filósofos e sociólogos têm que permanecer atentos ao avanço das ciências naturais, mas qualquer filosofia da ciência natural pressupõe, por sua vez, uma posição definida em relação aos problemas da teoria social.

---

415. Alan Ryan deixa claro esse ponto de forma um tanto enfática em *The Philosophy of the Social Sciences* (Londres: Macmillan, 1970, p. 48-49).

416. "Habermas's critique of hermeneutics". In: *Studies in Social and Political Theory*.

Índice analítico

conflito
    contradição e 17, 136-149, 158, 191s.
    de classe 137s., 156, 191s., 228
    poder e 101, 149
conformidade 204, 212
conhecimento 16s., 81s.
    controle centralizado do 164
    dos agentes 16s., 82, 148
    mútuo 17, 92s., 242s.
    sociologia do 89, 169-174, 184s.
consciência 43, 48, 50
    discursiva 17, 35, 81s., 204s.
    falsa 39, 169
    histórica 216
    ideologia e 166-194
    prática 14, 16, 35, 53, 67s., 81s., 89,
       204, 241, 245
    reflexiva 40
    tecnocrática 175
    teoria reducionista da 155s.
consciência histórica 216
contexto 92
continuidade 72, 133-135, 212-214
contradições 136
    classe e 136s., 163-165, 191s.
    conflito e 17s., 24s., 137-139, 142-149,
       158, 191s.
    dispersão das 148, 158
    do capitalismo 136s., 139-145, 147s.,
       191
    em Marx 136-147, 156s., 163s.
    entre capitalismo e socialismo 142s.,
       145-148, 191
    entre estruturas 142-146, 148s., 157s.
    entre forças e relações de produção
       138-141, 154-162, 164
    entre homem e natureza 163
    fusão de 158, 160
    na lógica 143
    na teoria social 136s., 141-146
    primárias e secundárias 147

sistema 85, 145-147
    sobredeterminadas 158-161
contrafinalidade 144s.
contrastes dicotômicos 223
contrato, liberdade de 191
controle
    dialética do 17, 81, 149, 152s., 205s.
    do espaço 206, 218s.
    do tempo 206
    informação 164, 205, 229
    poder e controle 149
conversão religiosa 131s.
corporações trans(multi)nacionais 219
crença, racionalidade da 209, 241s.
Culler, J. 38, 52

democracia liberal 191
dependência 131
    autonomia e 17, 96-101, 117, 152,
       189, 218-222
Derrida, J. 51
    crítica do signo 39-44
    diferenças da linguagem 44-48, 55-57
    significante e significado 47s.
desconstrução 44, 47
descontinuista, concepção 212
desejos 186-188
desenvolvimento desigual 221-223
desestruturação 79
desrotinização 215-218
Destutt de Tracy, A. 166
determinismo 14, 16, 79, 99, 122
diacronia; cf. sincronia e diacronia
dialética do controle 17, 81, 149, 152s.,
    205s.
diferença
    da linguagem 23s., 30, 41-49, 106
    sentido (significado) como 92s.
    na ação social 64

Malinowski, B.K. 29, 34

Mannheim, K. 169-176, 180s., 182, 184, 185

Marx, K. 16, 62s., 115s., 118s., 153, 156s., 162, 171, 192, 198, 217s., 220s.
  contradição em 136-143, 144-147, 156s.
  ideologia 166-169, 172s., 181-186, 190s., 194
  materialismo 139s., 153-156

marxismo 13s., 62s., 78, 108, 217s., 227
  como ideologia 173, 181s., 183, 228
  de Althusser 118s., 157-161
  funcionalismo no 117s., 155

materialismo
  histórico 139s., 153-155, 157
  idealismo e 154

Mead, G.H. 60, 126s., 244

mediação 111s.

mentiras 106

Merton, R.K. 117, 125, 207-210, 211

mito 30, 39, 51
  estrutura do 32s., 34s., 37s.

modelos biológicos 229

motivação 66, 68s., 110, 133, 213

mudança social 18, 145, 154-157
  contemporânea 219s., 223
  desrotinização 215s.
  espacial 218
  espaço-tempo e 195-226
  estabilidade e 207, 210-212
  fases críticas de 222s.
  incremental 214s., 218
  instituições e 121
  linguagem e 28s., 41, 120s., 214
  modelos progressivos de 216-223, 229
  radical 222
  reprodução e 120s., 210s.
  tempo e 120, 195, 196s., 198s., 201-203, 216

teoria da estruturação 78s., 207, 210
  tipo "pula-carniça" 223s.

mulheres, discriminação contra as 121

música 32

naturalismo 229s., 233, 243s.

natureza/homem
  contradição 163
  exploração 165

negatividade 137, 142, 163

Nisbet, R.A. 218

normas 90s., 111
  legitimação e 109s.
  papel ligado às 122-124
  práticas e 90s., 93s.

Oakeshott, M. 76

objetificação (objetivação como coisificação, reificação) 62s.

objeto; cf. relação sujeito/objeto

objetos culturais, produção de 57

Ogden, C.K. 27

oposição binária 33, 107

ordem, problema da 109s., 212s., 244

Paci, E. 62s.

padrões de valor 109s.

papel desempenhado
  ligado às normas 122-124
  práticas e 123
  tensão 123s.
  teoria do, problemas da 122-125

paradigmático/sintagmático, distinção 44, 107

Parsons, T. 33, 78, 82, 109s., 119, 122s., 204, 212s., 222

Índice geral

Coleção Sociologia

- *A educação moral*
  Émile Durkheim
- *A pesquisa qualitativa*
  VV.AA.
- *Sociologia ambiental*
  John Hannigan
- *O poder em movimento*
  Sidney Tarrow
- *Quatro tradições sociológicas*
  Randall Collins
- *Introdução à Teoria dos Sistemas*
  Niklas Luhmann
- *Sociologia clássica – Marx, Durkheim, Weber*
  Carlos Eduardo Sell
- *O senso prático*
  Pierre Bourdieu
- *Comportamento em lugares públicos*
  Erving Goffman
- *A estrutura da ação social – Vols. I e II*
  Talcott Parsons
- *Ritual de interação*
  Erving Goffman
- *A negociação da intimidade*
  Viviana A. Zelizer
- *Sobre fenomenologia e relações sociais*
  Alfred Schutz
- *Os quadros da experiência social*
  Erving Goffman
- *Democracia*
  Charles Tilly
- *A representação do Eu na vida cotidiana*
  Erving Goffman
- *Sociologia da comunicação*
  Gabriel Cohn
- *A pesquisa sociológica*
  Serge Paugam (coord.)
- *Sentido da dialética – Marx: lógica e política - Tomo I*
  Ruy Fausto
- *Ética econômica das religiões mundiais - Vol. I*
  Max Weber
- *A emergência da teoria sociológica*
  Jonathan H. Turner, Leonard Beeghley e Charles H. Powers
- *Análise de classe – Abordagens*
  Erik Olin Wright
- *Símbolos, selves e realidade social*
  Kent L. Sandstrom, Daniel D. Martin e Gary Alan Fine
- *Sistemas sociais*
  Niklas Luhmann
- *O caos totalmente normal do amor*
  Ulrich Beck e Elisabeth Beck-Gernsheim
- *Lógicas da história*
  William H. Sewell Jr.
- *Manual de pesquisa qualitativa*
  Mario Cardano
- *Teoria social – Vinte lições introdutórias*
  Hans Joas e Wolfang Knöbl
- *A teoria das seleções cultural e social*
  W.G. Runciman
- *Teoria dos sistemas na prática – Vol. I - Estrutura social e semântica*
  Niklas Luhmann
- *Problemas centrais em teoria social*
  Anthony Giddens
- *A construção significativa do mundo social*
  Alfred Schütz

CULTURAL

Administração
Antropologia
Biografias
Comunicação
Dinâmicas e Jogos
Ecologia e Meio Ambiente
Educação e Pedagogia
Filosofia
História
Letras e Literatura
Obras de referência
Política
Psicologia
Saúde e Nutrição
Serviço Social e Trabalho
Sociologia

CATEQUÉTICO PASTORAL

Catequese
Geral
Crisma
Primeira Eucaristia

Pastoral
Geral
Sacramental
Familiar
Social
Ensino Religioso Escolar

TEOLÓGICO ESPIRITUAL

Biografias
Devocionários
Espiritualidade e Mística
Espiritualidade Mariana
Franciscanismo
Autoconhecimento
Liturgia
Obras de referência
Sagrada Escritura e Livros Apócrifos

Teologia
Bíblica
Histórica
Prática
Sistemática

VOZES NOBILIS

Uma linha editorial especial, com importantes autores, alto valor agregado e qualidade superior.

REVISTAS

Concilium
Estudos Bíblicos
Grande Sinal
REB (Revista Eclesiástica Brasileira)
SEDOC (Serviço de Documentação)

VOZES DE BOLSO

Obras clássicas de Ciências Humanas em formato de bolso.

PRODUTOS SAZONAIS

Folhinha do Sagrado Coração de Jesus
Calendário de mesa do Sagrado Coração de Jesus
Agenda do Sagrado Coração de Jesus
Almanaque Santo Antônio
Agendinha
Diário Vozes
Meditações para o dia a dia
Encontro diário com Deus
Guia Litúrgico

CADASTRE-SE

www.vozes.com.br

EDITORA VOZES LTDA.
Rua Frei Luís, 100 – Centro – Cep 25689-900 – Petrópolis, RJ
Tel.: (24) 2233-9000 – Fax: (24) 2231-4676 – E-mail: vendas@vozes.com.br

UNIDADES NO BRASIL: Belo Horizonte, MG – Brasília, DF – Campinas, SP – Cuiabá, MT
Curitiba, PR – Fortaleza, CE – Goiânia, GO – Juiz de Fora, MG
Manaus, AM – Petrópolis, RJ – Porto Alegre, RS – Recife, PE – Rio de Janeiro, RJ
Salvador, BA – São Paulo, SP